CCIEE
智库研究

城乡一体化

——中国生产力再一次大解放

Integration of Urban and Rural Areas:
A New Liberation of China's Productivity

主　编／马庆斌

社会科学文献出版社
SOCIAL SCIENCES ACADEMIC PRESS (CHINA)

《城乡一体化》课题组名单

顾　问　郑新立

主　编　马庆斌

编　委　（以姓氏笔画为序）

王天龙　王冠群　王福强　刘向东
张焕波　陈　妍　徐长春　徐占忱
黄志龙　梁云凤　逯新红　景春梅
曾少军

目 录

国际篇

实践篇

总 报 告

城乡一体化

——中国生产力再一次大解放*

马庆斌**

前言

城乡一体化——中国生产力再一次大解放，这个命题是中国国际经济交流中心的研究者们在对新中国成立以来，尤其是改革开放30多年以来中国经济社会发生的深刻变化进行回顾与梳理，对全球金融危机以来中国传统经济发展方式受到前所未有的挑战进行思考，以及对中央提出加快转变经济发展方式迫切性的深入理解基础上提出的。过去的农村家庭联产承包责任制改革和城市经济体制改革都是基于提高人的积极性，解放生产力的过程。当前，我们提出城乡一体化——中国生产力再一次大解放，是基于这样一个理念，经过积极稳妥推进城镇化和新农村建设“双轮驱动”战略实施多年后，经济实现了较长时期平稳较快增长，

---

* 本书是中国国际经济交流中心系列智库研究报告的一部分。本报告主题设定、框架设计以及专家约稿是围绕中国国际经济交流中心常务副理事长郑新立同志提出的“城乡一体化——中国生产力再一次大解放”这一命题展开的。编写过程中，得到研究部负责人王宪磊同志，王军和张永军同志以及各位同仁的帮助和建议。

总报告在梳理国内外城乡一体化理论研究，分析中国城乡一体化的现状、问题，回顾中国城乡一体化的历程，总结国内东部、中部和西部地区典型实践的基础上，提出未来一段时期城乡一体化的总体思路和政策建议。

分报告突出理论分析和实践经验总结。理论分析部分围绕城乡一体化进程中的城镇化、金融、财税、土地、政府管理等问题展开。中国国际经济交流中心的年轻学者们，上海、北京、湖南（长沙）、内蒙古等地的专家、官员总结凝练各地在推进城乡一体化方面的实践经验，为本研究报告的顺利推出付出了心血。

** 马庆斌，中国国际经济交流中心，博士，副研究员。

但是，环境污染、资源能源短缺以及国内消费较低水平徘徊等问题开始凸显，传统的经济发展方式面临挑战，尤其是应对全球金融危机的背景下，加快转变经济发展方式更加迫切。推进经济结构战略性调整在未来五年实现实质性突破，中国经济长期稳步较快增长，就需要在城乡关系上实现突破，在城乡之间实现一体化，一个重要途径是促进城乡要素的全面、自由、双向流动。

即将到来的2011年注定是一个特殊的年份。它是人类社会进入21世纪第二个10年的开始，是中国“十一五”的完美收工之年，“十二五”的开始之年。“十二五”规划建议提出将加快转变经济发展方式作为未来五年的主线，因此，在某种意义上2011年更是新中国成立以来第三个“30年”的实践探索的开始。第一个“30年”，中国从一个半殖民地半封建国家转变成一个具有相对完整工农业经济基础和独立自主的国家；第二个“30年”，中国经过农村经济体制和城市经济体制的改革，释放了巨大生产力，彻底将中国从一个羸弱、封闭的国家转变成为一个经济总量世界第二的强大、开放、民主的国家；第三个“30年”必将是中华民族实现全面复兴的关键时期，这个关键时期，推动城乡一体化无疑会再一次解放中国的生产力，推动中国经济平稳较快增长。

展望未来五年，中国经济社会将面临深刻而全面的“转型”。这将是我国推进城乡一体化的关键时期，需要加快推进农村改革，建立城乡一体化的体制机制，为转变经济发展方式、实现公平与可持续发展奠定重要基础。城乡一体化进程全面推进将极大地改变中国经济社会面貌，再一次解放中国的生产力，推动中国顺利走出“中等收入陷阱”，向全面小康社会迈进。

稳步推进城镇化是中国经济长期稳步较快增长的持久动力，是加快转变经济发展方式的着力点。历史经验显示，在这个经济转型过程中，很多国家陷入了人均收入徘徊不前的“中等收入陷阱”。中国要冲出“中等收入陷阱”，向高等收入国家行列迈进，就需要寻找新的强大而持久的经济动力源。这个动力源就是将积极稳妥地推进城镇化作为扩大内需的重要着力点，作为推动经济结构战略性调整的重要途径，与此同时，坚持实施新农村建设战略，需要尽快破除制约经济发展体制障碍，逐步缩小城乡之间差距，实现规划、产业、就业、社会管理和要素市场的一体化。2009年，中国的城镇化水平已经达到了46.6%，2010年中国城镇化水平有望达到47.6%。未来一段时期，中国的城镇化进程将保持一个稳步较快的发展态势，中国将由一个拥有庞大工业基础的农业大国，开始加速向一个拥有强大农业基础的工业现代化国家迈进。

城乡一体化关键在于协调推进农业现代化、城镇化和工业化。没有农业的现代化，城镇化和工业化就难以为继，单纯依靠政府财政投入推动农业发展的弊端已经开始显现，过度分散的农地经营模式，将庞大的劳动力束缚在农村，难以为我国持续的城镇化和工业化提供劳动力和农业机械等制造业产品消费市场，尽快建立富余社会资金与农业现代化的良性机制，通过家庭农场、专业大户、农业合作社以及鼓励农产品龙头企业向种植业和养殖业领域延伸，培育新的农业经营主体，不断提高农业劳动生产率和土地的产出率，改变城乡差距不断扩大的根本状况，即以二三产业为主体的城市生产效率远高于以农业分散经营为主的农村经济生产效率的状况。在未来 10～20 年的时间，稳步推进城镇化，积极推进农业现代化，每年将1000 万～2000 万的农业人口转移出来，利用 10～15 年的时间最终将2 亿～3 亿的农业劳动力转移到效率更高的二三产业领域。同时将农村土地流转到懂市场、懂技术、懂现代农业的人手中，使得过度碎片化经营的土地实现规模经营，提高农业生产效率，缩小城乡之间平均劳动率的差距。规模化、现代化的农业经营还会拉动中国农业制造业的发展，为中国农机制造业提供更为庞大的市场。与此同时，进入城市以后的农业人口会由于收入的提高，消费水平升级，消费规模扩大，极大拉动消费市场。最终实现三次产业协调发展，消费、投资和出口协同拉动的经济发展方式转变。

一 城乡一体化概述

（一）城乡一体化理论提出的时代背景

改革开放以来，农村家庭联产承包责任制和城市经济体制改革释放了巨大的生产力，我国宏观经济迅速发展，整体上呈现良好势态。但同时也应看到，城乡二元结构造成的深层次矛盾依然突出，城乡社会事业和公共服务水平差距依然较大，城乡居民收入差距持续扩大，城乡经济差距逐年拉大的趋势更加明显。城乡收入差距已经扩大到 3.33∶1 的状态，并且有逐年扩大的趋势。农村居民 2007 年的人均收入仅相当于城镇居民 1995 年的水平，农村落后城镇至少 12 年。

农村居民收入增长缓慢和城乡居民收入差距逐步扩大直接影响了农民的消

费，制约了农村市场规模的扩大，客观上也是我国最近几年很多工业产能过剩的一个重要原因。

城乡要素市场的分割，也使得“以工促农，以城带乡”的通道受阻。城镇化进程有减缓的趋势，由历史上1.4的年均增长率，逐步降低到最近几年的0.8和0.9左右的增速，大量的农村剩余劳动力滞留在农业部门，制约了农业劳动生产率的提高，阻碍农业生产的发展。规模化、现代化的农业经营模式难以实现，这些都在客观上制约了农民收入增长的速度。

经过30年的改革开放，当年统分结合的双层经营模式已经释放了中国巨大的生产力。“分”在很大程度上激发了农民的生产积极性，但是，随着中国农业更加面临全球化的竞争，农业生产必须尽快从传统的一家一户的经营模式实现转型。同时，城镇化的推进，也使得大量土地需要集中经营，下一个时期，需要从倾向“分”到强调“统”，将分散的农户通过合作社或其他组织形式统一起来，与瞬息万变的市场结合起来，走现代农业道路。碎片化的土地耕作与经营，难以与现代大规模的农业机械、加工以及资本结合起来，难以实现现代化的农业。当然，实现“统”一经营的基础是在保护农民利益的前提下，运用市场的手段推进，而不是走拉美那种忽略相对弱势的小农户利益的道路。

（二）城乡一体化的理论与政策突破

1. 国外的理论研究

对于城乡一体化的研究，国外有相对比较成熟的研究：一是刘易斯的“以城带乡”模式，他认为发展中国家存在“二元经济结构”，城乡经济关系是以城市为中心的，强调以城市为中心，通过资源要素在城乡之间流动带动乡村地区的发展；二是“以乡促城”的理论，以利普顿和托拉达等人为代表，该理论认为，城乡发展过程中容易形成“城市偏向”的城乡关系，需要在政策上给予农村更大的自主权，鼓励农村出口，重建农村基础设施，提高农村自我生产力，逐渐形成“集镇建设计划”，实现农业商品化，增加农业产量和贸易盈余，获得农村地区发展；三是麦吉的“城乡融合模式”，即第二次世界大战以来，发展中国家，尤其是东亚国家工业化和城市化进程加快，呈现大城市快速发展与扩展，沿交通通道带动城市边缘地区形成大规模城乡接合带。

2. 国内的理论与政策

对于城乡一体化，中国的学者普遍认为，城乡发展一体化不等于城乡一样化；城乡发展一体化并不是放弃以农户家庭为主体的农业经营方式；中国特色的城市化应该是农业的现代化与工业化城市化同步推进的城市化，不能走牺牲农业搞城市化，一定要使农业的现代化跟工业化、城市化同步发展，同步推进。

国内的学者从体制改革、乡镇企业和小城镇发展等角度分析城乡一体化的机制、分析劳动力流动以及户籍制度改革等对于城乡一体化的影响，等等。在政策层面上，对于城乡关系的认识，中央有重要论断。胡锦涛同志在中共十六届四中全会上首次提出“两个趋向”的重要论断，即“纵观一些工业化国家的发展历程，在工业化初始阶段，农业支持工业、为工业提供积累带有普遍性的趋向；但在工业化达到相当程度以后，工业反哺农业、城市支持农村，实现工业与农业、城市与农村协调发展，也带有普遍性的趋向”。十七届三中全会指出，中国总体上已进入以工促农、以城带乡的发展阶段，进入加快改造传统农业、走中国特色农业现代化道路的关键时刻，进入着力破除城乡二元结构、形成城乡经济社会发展一体化新格局的重要时期。具体说就是从六个方面实现一体化：城乡规划一体化，产业发展一体化，基础设施建设一体化，公共服务一体化，要素市场一体化，社会管理一体化。

3. 我国城乡一体化演进的五个阶段

梳理过去60年城乡关系的演变，对于我们客观认识当前城乡关系以及进一步推进城乡一体化有重要借鉴意义。客观讲，我国城乡关系的演变是针对当时国内外环境采取的应对措施的一种反映。

（1）城乡融通阶段（1949～1957年）。伴随“一五”计划的大规模工业化建设，我国城镇化水平从10.64%提高到15.39%。当时执行的“重点建设，稳步前进”的城市发展方针总体上是成功的。这一时期，城镇化呈现“城乡通开，流而不滞”的良性循环体制，促进了我国经济社会的健康发展。

（2）“大”农村促“小”城市阶段（1958～1978年）。这个阶段，以发展重工业为主，以农产品剪刀差为工业积累资金，同时压低城市人口规模和城市建设资金投入为工业发展解决资金。城市发展出现反复，三年“大跃进”期间农村人口进入城市严重失控，城镇化水平从15.39%猛增到19.75%，而这并不是当时经济发展水平所能承受的。“大跃进”以后进入困难时期和调整阶段，2600万城镇人口被动员回乡，城镇化水平从 19.75% 下降到 17.98%。在调整中逐渐形成的户口管制、限制人口流动、取消城市规划等政策措施影响深远。城镇化水平多年徘徊在 17% 上下。

(3) 农村与城市顺次改革，同步发展阶段（1978 ~ 1991 年）。这个时期，基本上是通过农村联产承包责任制和城市经济体制改革，释放了束缚多年的城乡生产力，城乡都获得了大幅度的发展。这个时期城乡之间人口流动开始启动，人员、资源交流逐步扩大，大量城市和建制镇开始涌现。1985 ~ 1990 年，城市和小城镇分别以每年 29 个和 589 个的速度增加，大大提高了我国城镇化水平，也扩大了城市吸纳农村富余劳动力的能力，这个时期的城镇化水平以每年 0.7 的增速发展。

(4) 城镇化速度加快，城乡差别逐渐加剧（1992 ~ 2009 年）。1992 年以后，一方面将农村家庭联产承包责任制确认为国家根本大法，稳固了农业发展的强劲势头；另一方面，社会主义市场经济改革又大大增强了城市发展的动力。1990 ~ 2008 年城镇化水平从 26.41% 上升到 45.68%，年均增长 1.07 个百分点。尤其是 2001 ~ 2005 年期间，年均提高近 1.4 个百分点，随后几年，多种原因使得城镇化增速下降，但是依然保持在 1 个百分点上下波动。这个时期，资本、技术和人员更快向城市集中，城市发展迅速，但是，客观上也造成农业生产效率增长缓慢，农村开始被边缘化，城乡发展逐渐失衡。这主要表现在城乡收入差距快速拉大，并在 2009 年达到改革开放以来最大值，即 3.33∶1。

(5) 城乡一体化进入新时期（2010 年至今）。在全球金融危机的背景下，加快转变经济发展方式更加迫切。“十二五”规划建议提出，“要推进农业现代化、加快社会主义新农村建设”和“积极稳妥推进城镇化”。城乡一体化将进入新的发展时期。

二 城乡一体化再一次解放生产力

（一）推进中国经济平稳较快增长

1. 撬动城乡消费，推动消费结构升级

中国未来经济增长的源泉是扩大消费、尤其是居民消费，而居民消费又可以

分为城镇居民消费和农村居民消费。在当前情况下，城市居民的消费已由基本消费向更高层次的消费升级，难以对过剩的汽车、电视、钢铁等传统生产力提供更大的消费市场。而在农村，近年来农民收入有了较快增长，购买力明显增强。但是农村居民储蓄存款余额增幅却始终远高于同期农民收入增幅。可见，农民手中大量的现金并没有转化为消费反而沉淀为储蓄。面对城市与农村消费所处的瓶颈阶段，只有更深一步推动城乡一体化建设，才能促使城乡消费结构升级，从而突破城乡消费瓶颈。

2. 城乡一体化的根本动力是城镇化

稳步推进城镇化成为我国未来一段时期经济平稳较快增长的主要动力。新农村建设可以改善提升农村生活设施和生产基础条件，但是无法将农村巨大的消费市场激活。在当前的形势下，城乡一体化，尤其是土地资源的一体化，可以将城镇化的红利，以土地作为载体让农民分享。未来一段时期，将城镇化作为中国经济平稳较快增长的动力主要是基于以下五个原因：一是外需增长乏力将是一个长期趋势；二是新兴战略性产业短时期内难以成为经济发展的新增长点；三是未来一段时期是中国低成本推动城镇化的最佳时机；四是城镇化是未来一段时期消化过剩产能、扩大投资需求的着力点；五是城镇化是未来一段时期扩大消费需求的主要途径。

（二）在现代部门之间创造需求

很多人担心推进城镇化，让农民走出农村，一旦遇到经济危机，他们将无法生存，出现社会稳定问题，并以这次金融危机后，大量农民返回农村为佐证。事实上，现代经济的发展需要从传统的农业就业，与现代部门之间互相创造需求，提供就业机会的转变。在农业实现粮食生产满足需求的同时，需要将农业的生态功能、旅游功能等发挥出来（比如目前在京郊以及四川等地开展很成功的农家乐、生态游等），从而提高农业本身吸纳非农就业和提高农民非农收入的功能。另外，与发达国家相比，我国的服务业发展相对滞后，产业结构还存在很大的升级空间。如美国的服务业占 GDP 达 70% 以上，英、法、德、日等国均在 60% 以上，而我国只有 33% 左右。我国与这些发达国家的产业差距至少也在 20% ~ 30% 左右，城市非农就业的空间十分广阔。在金融危机期间，服务业是稳定就业的关键领域。数据显示，危机爆发后农民工加速流向服务业发达的长江三角洲和京津地区，说明新一代农民工、大学生等群体的就业取向趋于“软”化。经济重化过程使得GDP就业弹性，尤其是第二产业的就业弹性大幅度下降。服务业对于就业的吸纳弹性远远高于工业，受经济周期变化的影响也比较小。以长沙为例，长沙市返乡的农民工中，广东及珠三角地区、上海及长三角地区和京津唐地区，分别占返乡人员的63%、15%、6.5%，由此可见，服务业不仅是吸纳就业的重要途径，也是应对危机减少失业的缓冲带。就服务业内部来看，虽然传统的消费性服务业容纳了更多的就业，但随着产业结构的升级和生产方式的转变，生产性服务业将成为吸收就业的重头力量，生产性服务业的大力发展对吸收由扩招产生的高层次人力资本、解决大学生就业发挥着巨大作用。

（三）实施的总体条件已经成熟

1. 我国经济发展总体上已经进入快速通道

中国GDP从1987年的1万亿元，到2002年的10万亿元经历了15年的时间；而实现第二个10万亿元，也就是2006年突破20万亿元则仅仅用了4年的时间；达到第三个10万亿元，即2008年的30万亿元则更是仅仅用了2年的时间。以上数据显示，中国的经济增长已经进入了稳步较快增长的通道。与此同时，我国财政收入总量连年增长，2003年突破2万亿元，2004~2006年，财政收入分别比上年增长4681.22亿元、5252.82亿元、7110.91亿元，2007年实现财政收入5.13万亿元，比上年增长1.25万亿元以上。我国经济增长具备了从数量向质量转型的物质基础。

2. 城镇化进入稳步推进期，城市吸纳非农就业空间大

改革开放以前的30年，城镇化水平仅增长了10.6个百分点，年均0.3个百分点。其中一段时间还有大的波动。改革开放以来的30年，增长了27.75个百分点，年均0.9个百分点，尤其是2001~2005年期间，年均提高近1.4个百分点。随后几年，多种原因使得城镇化增速下降，但是依然保持在1个百分点上下。2008年，由于全球金融危机的冲击，城镇化增速下降到0.8个百分点。在应对金融危机取得阶段性胜利的2009年，城镇化增速也仅为0.9个百分点。

发达国家的城镇化发展历史轨迹显示，城镇化进程遵循S形增长曲线。由于新发明、新技术产生和应用的周期越来越短，后发国家工业化进程加速，导致城镇化后发加速。2009年，我国城镇化率为46.6%，已经进入30%~70%的加速

期，并接近50%的“峰速”期。在户籍制度、土地管理制度以及公共服务均等化等体制机制完善的情况下，中国城镇化提速到以前的年均1.4个百分点的增长率是完全可能的。

3. 以土地流转为核心的农村产权改革实践探索积累了丰富的经验

中国的农村改革，从土地的经营方式开始，中国的城镇发展，从土地的价值开发着手。土地问题的探讨和实践，始终是中国改革、中国经济增长的重要途径。一是农村内部的土地流转已经成规模。农村土地承包经营权流转自20世纪80年代初开始出现，并逐步从沿海向内地扩展，在较长时期内流转的规模是稳定的。近几年呈加快趋势，截至2007年末，全国农村土地承包经营权流转总面积达6372万亩，占家庭承包耕地总面积5.2%。特别是2008年以来，土地承包经营权流转更是明显加快。另外，流转主体呈多元化趋势。土地在农户之间流转的基础上，近些年一些工商企业、农业产业化龙头企业、农民专业合作组织等进入农业经营，参与流转的主体日益多元化。据统计，目前农村土地在农户之间流转占流转总面积63.9%，受让方为企业等其他主体的占36.1%。从目前流转情况看，总体健康平稳。随着地方的积极探索，农村人口逐步转移和现代农业建设不断推进，流转呈逐步发展趋势。二是城乡之间正探索保证耕地总量不减少的前提下多种形式的土地增减，如天津的“宅基地换房”、嘉兴的“两分两换”、四川“金土地工程”和重庆的“地票市场”。

4. 新生代农民工适应现代城市就业和生活的能力更强

推进城乡一体化，最关键的是解决农民进城以后的稳定就业问题。据国家统计局公布的数据：2009年，全国农民工总量为2.3亿人，外出农民工数量为1.5亿人，其中，16~30岁的占61.6%。据此推算，2009年外出新生代农民工数量在8900万左右，如果将县内转移的农民工中的新生代群体考虑进来，我国现阶段新生代农民工总数约在1亿人左右。这表明，新生代农民工在我国2.3亿农民工中，已经占将近一半。他们不仅仅是城市现代产业工人的主力军，也是未来推进城镇化的主力军。新生代农民工作为农民工中的新生群体，出生、成长于改革开放、社会加速转型的时代背景下，明显带有不同于传统农民工的时代烙印。同时，他们所处的特殊年龄阶段又使其身上呈现同龄青年共有的人格特征。他们对城市生活环境比对农村生活环境更熟悉、更适应，并且这种适应现代城市的能力要比普通农民工有所提高。

三 中国城乡一体化现状、问题

当前，我国总体上已进入以工促农、以城带乡的发展阶段，进入加快改造传统农业、走中国特色农业现代化道路的关键时刻，进入着力破除城乡二元结构、形成城乡经济社会发展一体化新格局的重要时期。根据国家统计局《2009 年中国全面建设小康社会进程统计监测报告》，我国全面建设小康社会进程已完成 74.6%，东部地区的实现程度达到了 83.5%。实现全面建设小康社会的奋斗目标更加临近。

（一）城乡一体化现状

1. 城镇化取得显著成绩

截至 2009 年底，中国城镇人口达 6.2 亿，为美国人口总数的两倍，比欧盟多出 1/4，城镇化规模居全球首位。目前中国已步入城镇化中期水平，进入快速城镇化阶段。随着城市经济的蓬勃发展，民生问题逐步得到改善，居民生活水平明显提高，就业大量增加，消费市场更趋繁荣。2009 年，全国城镇居民人均可支配收入达 1.72 万元人民币，全国私人民用轿车 2606 万辆，年增长 33.8%。同时，全国轨道交通、公共交通建设发展加快。住房制度改革和住房保障事业进程加快，住房质量和居住环境明显提高和改善，城镇住宅成套率超过 80%。

2. 新农村建设战略的实施，极大改变了农村面貌

农村基础设施建设取得重大进展，自 2006 年以来，国家累计安排农村饮水安全工程建设中央投资 590 亿元，解决全国 2.15 亿农村居民及农村学校师生的饮水安全问题。“十一五”前四年，新改建农村公路 156 万公里，农村公路通达水平和通畅程度大幅提高。大电网对农村人口的覆盖率超过了 95%，基本实现了城乡居民生活用电同网同价。国家大力扶持农村发展清洁能源，2010 年，全国户用沼气将达到 4000 万户。农村危房改造项目已经启动，截至 2009 年底，全国扩大农村危房改造试点任务开工率为 91.1%、竣工率达 64.9%。农村社会事业发展取得全面进步。农村免费义务教育全面实现，中等职业学校农村家庭经济困难学生和涉农专业学生免费教育开始实施。新型农村合作医疗实现全面覆盖，参合人数达8.33亿人。农村计划生育家庭奖励扶助制度全面实施。农村最低生活保障制度全面建立。新型农村社会养老保险制度试点成功推进。

（二）城乡发展中面临的问题

1. 城乡收入差距有扩大之势

数据显示，2009年城镇人均可支配收入为17175元，农村居民人均纯收入5153元，城乡收入比为3.33∶1，较2007年的3.32∶1和2008年的3.31∶1有所扩大。这一差距达到1978年以来的最高水平。收入差距扩大背后是农民工资性收入和财产性收入增长过慢，从另一个角度来说，是城乡劳动生产率的差距扩大的结果，有学者用“二元对比系数”即农业和非农劳动生产率的比较来考察城乡收入差距扩大的原因发现，2000年以来城乡二元结构在增强，城乡之间出现新的不平衡。

2. 农村公共服务的财政支持力度有待加强

近年来农村医疗卫生条件得到很大改善，新型农村合作医疗制度正在建立。但由于农村卫生投资比重不高，医疗资源配置不合理，医疗卫生管理和服务跟不上。在教育、医疗、养老等公共服务方面，国家对农村的资金投入明显不足。2009年全国财政预算内教育拨款总数达3114亿元，其中对农村义务教育的拨款为990亿元，占31.79%，这一比例与占全国69.91%的农村人口相比，相差甚远。2008年末，占全国69.91%的农村人口仅享有20%的医疗资源；全国平均每千人拥有卫生技术人员城镇是5.41人，而农村仅2.21人。

3. 支持“三农”的金融体系需要加强

支持“三农”的金融体系相对薄弱，而且，农村银行对农村资金的“抽水机”效应还没有改变。全国2009年6月末还有2945个乡镇没有银行业金融机构营业网点，其中708个乡镇没有任何金融服务。目前，“三农”贷款门槛过高，农民贷款难问题仍然比较突出，2009年全国银行业机构贷款余额39.9万亿元，其中涉农贷款9.14万亿元，占比仅22.9%；涉农贷款中，农户贷款为2.2万亿元，仅占24.1%。获得小额信用贷款和联保贷款的农户不到1/3。2007年，农村金融系统的存款与贷款差额为6万多亿元，这些大规模的资金流出，与1.6万亿元的支农资金注入相比，天壤之别。

4. 城乡社保体系有待衔接

当前城乡在社会保障方面均有各自的制度体系，城乡养老保险制度有待衔接，统筹城镇居民医保和新农合。目前，中国基本社会保障体系的重心仍在城镇，农村社会保障体系建设滞后。与农村相比，城镇养老、医疗、失业、工伤等各项基本社会保障起步早于农村，已经初步建立了相对完善的体制和制度。而农村养老保险制度尚未完全定型，农村社会救助制度的保障水平有限，处于不稳定状态。2007 年，中国政府决定在全国建立农村最低生活保障制度，将符合条件的农村贫困人口纳入保障范围，重点保障病残、年老体弱、丧失劳动能力等生活常年困难的农村居民。虽然农村低保人数增加比较快，但与城市最低生活保障制度相比，农村最低生活保障制度建设滞后，保障范围、保障程度也远远落后。另外，2 亿多农民工进城就业在户籍、低保、住房等公共福利方面的体制性障碍仍然存在。

5. 外出务工人员与家庭空间上分离、城镇生产的集中性与农村潜在消费市场的分散性存在分离

抽样数据显示，举家外迁的农民工只有不到 10%，即 2000 万人左右。大量农民只身外出长期务工，形成了中国农村独特的“留守儿童”、“留守老人”等现象，并由此诱发出越来越多的社会问题。而且，大量农村人口分散在路途遥远且规模过小的集聚点上，使得商品运输和集散成本过高，抑制了国内消费增长。每年春节过亿的探亲人员流动，不仅给有限的交通运输造成压力，而且，也挤占了旅游以及其他消费的资源。事实上，这种模式也使大量外出务工人员占有了农村和城镇两份土地资源，即农村宅基地和城镇建设用地。

6. 城镇化的统计口径与公共服务覆盖之间的缺口

截止到 2009 年 9 月末，我国有 1.52 亿外出务工农民，还有 0.9 亿户籍所在地乡镇务工农民，计 2.42 亿农民工。这些人由于在城镇居住半年以上而被统计为城镇人口。事实上，这些人并没有享受到真正的城镇医疗、教育等户籍所附带的福利，整个社会需要建立更为现代化的公共服务体制，在财政能力可以实现的前提下，尽快覆盖更多的人。

7. 土地城镇化的速度快于人口城镇化的速度、工业化快于城镇化速度

由于担心外来民工转化为本地居民带来巨额的财政压力，地方政府一般会对外来民工转市民持很强的排斥态度。而且，由于土地财政的体制性动因，地方政府有通过扩大城镇建成区面积来获取土地出让金、提高其财政能力的冲动。根据数据分析，2000～2007 年，我国城镇建成区平均每年扩大 1861 平方公里，以 7.7% 的速度增长，远远高于人口城镇化速度。这使得本已紧张的耕地更加快速地被城镇吞噬。与 48% 的工业比重相比，中国城镇化的水平依然过低。未来，在发展先进制造业基础上，大力发展就业弹性高的服务业，将是推动城镇化发展的重要途径。

8. 资源和环境压力凸显

改革开放以来的 30 年，是中国工业化和城镇化快速发展的 30 年。由于我国工业发展基本是沿着高投入、高消耗、高污染、低效益的粗放型道路走过来的，可以说，我国的工业发展是以自然资源的大量投入和环境负担加重为前提的。数据显示，我国大气污染基本上属于煤烟型污染，并以降尘和酸雨危害最大。目前，我国北方城市降尘平均每月每平方公里为 50 多吨，有的地方甚至高达 100 多吨。我国每年有 4000 万亩农田遭受酸雨污染，造成 20 亿元的经济损失。全国七大水系和内陆河流的 110 个重点河段符合《地面水污染质量标准》一、二类的占 32%，三类的占 29%，属于四、五类的占 39%。此外，我国现有水土流失面积 367 万平方公里，占国土总面积的 38.2%，其中水力侵蚀面积 179 万平方公里，风力侵蚀面积 188 万平方公里。各省、自治区、直辖市都存在程度不同的水土流失问题。

四　典型国家城乡一体化发展实践与借鉴

研究显示，美日韩等国家的城乡收入差距同样经历了一个扩大再缩小的阶段，其经验显示，除大力推进工业化进程，增强城市吸纳农业人口的能力外，还需要加大对农业和农村的投资，实现城乡一体化。美国城乡收入比在 1930 年达 2.49∶1，随后逐步下降，1970～1990 年，其差距一直在 1.28∶1～1.33∶1 之间波动，2000 年后两者已经基本持平。1930 年开始，日本的城乡收入比一直在 3.13∶1 左右，1960 年开始得到根本改善，1970 年基本实现城乡收入无差距。

其他国家在处理城乡关系上也有失败的教训，以拉美国家最为典型。19 世纪末，一些拉美国家开始启动现代化进程，同时拉美国家城市化取得了巨大的成就。1980 年城市化率已达到 65.6%。然而，在城市化的浪潮中，拉美国家政府长期压低农产品价格，仅注重出口农业的发展，信贷政策向大型农业企业倾斜，农村的基础设施缺乏投资，忽视农民的基本利益和权益，大批农民因失地和破产涌进城市，但由于缺乏就业技能和就业岗位，形成大规模的城市贫民窟。

推进城乡一体化的成败经验显示，成功的城乡一体化需要建立在健康的城镇化进程，对弱势农户利益的保护，以及推进社会保障的均等化，公共服务向农村延伸和对农业的保护与农村振兴等政策的支持基础上。其具体做法有如下四点。

1. 采用经济手段引导发展机会向农村倾斜

美国采用消费税向城郊和农村地区倾斜来拉动农村经济发展和增加非农就业机会。在加利福尼亚等较为发达的州，消费税率为9.25%，而在相对落后的内陆州，消费税率仅为6%左右。这样，收入水平高的居民会到内陆州采购同样质量标准的大宗消费品，促使消费机会向经济相对落后的内陆州扩散，促进远郊和农村的发展。在法国，由于已经基本实现了城市化，全国农村人口仅占总人口的10%，为避免农村“空壳化”和人口老龄化，政府提供无息贷款、补贴及培训等多种方式，方便年轻人在农村地区就业。

2. 关注中小企业在推进城乡一体化中的重要作用

美国政府对中小企业有很多的税收优惠和财政支持政策。这主要是因为美国的小企业大多设在城郊或乡村，小企业的蓬勃发展有助于缩小城乡发展差距，而且，中小企业的发展对降低失业率的贡献特别大。法国巴黎的一些做法也值得借鉴，如高新产业园区建在南郊德伊西市及以南的法国“硅谷”，北郊欧贝维利耶市有欧洲最大的中国商品批发市场，南郊奥利机场附近则有欧洲最大的生鲜食品批发区。而这三个园区则是中小企业和个体户比较集中的领域，由此带动郊区和农村的就业机会，增加税收。

3. 建立城乡资源自由双向流动机制

日本通过根本性制度安排，实现房籍、政治权利、社会保障和人员流动等政策上对城乡居民一视同仁，消除阻碍人员、资金等经济要素在城乡间流动的壁垒，促进各种资源向农村和落后地区流动。在大量农村人口进城的同时，日本通过建立较为完善的农业耕地和农村住宅流转体制，鼓励城市人口到农村居住或投资，促进农业生产集约化。

4. 采取综合措施避免出现贫民窟

快速城市化进程中，容易出现贫民窟等社会问题，美国、法国法律规定，如果开发商要建设一栋商品楼，必须同时配套建设相应的社会福利房（即廉租房），否则开发商无法拿到房建许可证。这在一定程度上遏制了贫富分化，因为买得起商品房的人要与住福利房的人相邻而居，从而避免形成“贫民区”和“富人区”。

五　中国城乡一体化实践

由于全国各地经济社会发展的不均衡性，在城乡一体化探索的过程中，政府和市场发挥着不同的作用。经济发展处于相对落后的内地城乡统筹多为政府财政推动，辅助以市场的力量；而沿海发达地区的城乡一体化进程则是在经济社会发展到一定程度后，由政府加强引导。

（一）成都：“三个集中”与“还权赋能”为核心的六个一体化

成都市作为国务院统筹城乡综合配套改革试验区，在统筹城乡发展、推进城乡一体化实践中，实施了一系列的改革，结合“大城市带大农村”的实际，从解决“三农”难题入手，开始统筹城乡发展。具体做法是针对城乡规划、产业发展、基础设施、公共服务、管理体制、市场体制等重点和难点问题，全力推进六个一体化，以“三个集中”为核心，以“还权赋能”为突破口。

1. “三个集中”联动推进“三化”

从成都实际出发，统筹推进工业向园区集中、农民向城镇和新型社区集中、土地向适度规模经营集中等“三个集中”，联动推进“三化”即新型工业化、新型城镇化和农业现代化。工业向集中发展区集中，产业实现了集中集约发展。试点之初，成都即明确提出“工业向园区集中”。按照《成都市工业发展布局规划纲要（2003～2020年）》要求，成都市将116个工业园区调整归并为21个工业集中发展区。从2007年开始，成都按照“一区一主业”的原则，全域统筹，重新确定成都市21个工业园区的产业定位。工业集中、集约、集群发展，一个各具特色、优势互补、错位竞争的工业发展新格局正在形成。农民向城镇集中，生产生活方式的转变从田间地头开始。推进“三个集中”一年后，地处远郊的新津县转移农民上万人，大邑县解决近8000失地农民就业。新型的城镇化进程中，成都破解了束缚农民转移的“户籍”难题，梯度推进农民向城镇集中，分层次引导农民向城镇和二三产业转移、向市民转变。至2006年底，成都已有近27万农民住进了城镇和农村新型社区。规划的558个农村新型社区、167个农民新居工程、若干中心村聚居点，引导农民居住向城镇、中心村和聚居点集中。稳步推进土地向适度规模经营集中，实施农业产业化经营，推动传统农业向现代农业转变。2004年，远郊的蒲江县复兴乡，通过土地整理，结合农业产业经营、农民集中居住、发展环境建设，在5个村实施土地整理，新增3332.3亩耕地。2005年开始，成都积极探索农用地股份合作模式，农民的生产发展链和生存发展链被纳入了统筹考虑。与“三个集中”配套，实施农业产业化经营、农村发展环境建设、农村扶贫开发“三大工程”，整体推进了广大农村的发展繁荣。到2006年底，成都已实现土地规模经营153.8万亩，各类农业产业化经营主体联系带动农户123.5万户。2007年，成都开始以“全域成都”理念实施的统筹城乡发展，通过“三个集中”这一基本方法，推动成都市域经济、政治、文化、社会建设“四位一体”发展，整体构建现代城市和现代农村和谐相融、历史文化与现代文明交相辉映的新型城乡形态。在“全域成都”视野下，“三个集中”整合了不同区域间的发展资源，在全域成都范围内促进资源互补和产业合作。武侯区将生产基地外移至金堂、崇州；锦江区与金堂县合作对接，在腾出来的土地上，发展高端制造业和服务业。在市场之“手”的推动下出现的“工业飞地”、“农业飞地”等，使资源的节约利用和城乡产业的升级调整有机结合。深化统筹城乡发展的实践，为“三个集中”注入了新的发展内涵。“工业向园区集中”不仅仅是工业的集中、集约、集群发展，成都正顺应社会化大生产的一般规律，全面提升产业集约集群发展的水平，探索现代产业集约集群发展的新路。“农民向城镇集中”允许农民依法保留农村各类产权进城，创造条件，支持和引导大量富余人员向二、三产业转移，向城市、城镇以及中心村等集中居住区转移。在充分尊重群众意愿的前提下，成都正逐步从根本上改变农民的生产生活条件和居住环境，探索城乡一体、统筹推进的新型城镇化之路。“土地向规模经营集中”通过积极构建各类农村市场经济主体，发展现代农业，繁荣农村经济，逐步在农村形成土地股份化、农业产业化、生产企业化、居住城镇化、收入多元化的新局面。

2. 还权赋能：探索耕地保护和集约节约用地新机制

2009年5月7日，国务院批复的《成都市统筹城乡综合配套改革试验总体方案》中，提出创新耕地保护机制，规范土地承包经营权流转、逐步缩小征地范围、开展农村集体建设用地使用权流转试验等项目。成都在将财政性资源向农村和农民倾斜的同时，启动土地制度改革，通过重新界定权利，使经济资源的积聚和集中所带来的土地级差收入在分配上更好地兼顾城乡人民利益。2009 年，成都在“土地银行”、“田间股份制”等领域率先进行探索，以此“鼓励和支持土地适度规模经济”。在成都大范围展开的国土整治（包括农地整治和村庄整治），农村国土整治所需要的庞大资本，不可能来自农村和农民的自我积累，而只能来自于城市化所提高的土地收益。在土地银行这一构想和实践中，必须迈过的坎儿是“农地确权”。成都确权改革是 2008 年 3 月初启动的“攻克关键环节”改革。确权内容为明确农民及集体经济组织对承包地、宅基地、集体建设用地、农村房屋、林权等的物权关系。通过动员、入户调查、实地测量、村庄评议与公示、法定公示和县级人民政府颁证等环节组成可操作程序。成都的实践表明，充分利用级差土地收益规律，不但可以更合理地配置城乡空间资源，而且可以给城乡统筹提供坚实的资金基础和工作平台。城乡统筹可以形成城市资本与农村闲散土地资源的良性互动，这样才能在城市化进程中更集约利用日益稀缺的土地资源，并为更公平地分配级差土地收益提供经济基础。

（二）重庆：“一圈两翼” + “三级模式” + “地票”

重庆市按照国家对试验区提出的“全面改革、重点突破、形成机制、促进发展、试点示范”20 字方针，围绕统筹城乡的重点难点问题，“一圈两翼”、“三级模式”与“地票”，三者之间相互呼应，在总体空间部署下，依照政府管理体制，进行相应的土地流转的市场安排。

1. “一圈两翼”减缓收入差距

“一圈”指重庆主城涉及 23 个区县的“1 小时经济圈”，“两翼”指渝东南、渝东北地区。而“一圈两翼”发展战略的核心就是在“一圈”和“两翼”之间建立一对一或多对一的结对帮扶关系，通过产业联动提供尽可能多的就业岗位实现“两翼”人口向“一圈”转移。同时，“一圈”的区县每年为“两翼”结对区县的财政支持资金或实物量折算不能低于本区县本级财政收入的 1%，这已经成为考核的量化指标之一。“一圈两翼”帮扶机制的建立，减缓了“圈”、“翼”差距多年来逐渐增大的趋势，区域发展协调性有所增强。如果将“圈”内的人均 GDP 设为 100 的话，那么，在 2006 年，渝东北就是 40.8，渝东南为 39.6；到了 2007 年，同样条件的比较下，渝东北上升到 41.9，渝东南上升到 39.7；2008 年，渝东北则达到 43.6，渝东南则达到 43.1。此外，逐步完善区（县）、乡（镇）、村三级规划体系，实行招投标方式配置扶农资源的新机制，市级涉农部门成立市农委，使“三农”资金得到更好的统筹安排；特别是市级财政支出占重庆市财力的比重始终控制在 25% 以内，确保 75% 以上的财力用于区县和农村发展，这些都对促进“一圈两翼”、城市农村协调发展起了重要作用。

2. “三级模式”统筹城乡规划

“三级模式”即在区域、市域和镇域等三个空间和行政范围内进行统筹规划。在区域层面上，开展了成渝城镇群规划编制工作。规划内容包括战略定位和发展目标、区域综合交通设施建设、重点开发地区等六个方面。成渝城镇群范围包括重庆市的23 个区县（即一小时经济圈）和四川 14 个地级市的 85 个县（市、区），经济总量约占西部的 1/4 和全国的 5%，是西部城镇密度最高的地区，而且是少有的双核心城镇群。在市域层面上，开展“一小时经济圈”，渝东北和渝东南城乡总体规划编制。都市区完成主城东部、西部和北部片区规划，完成“四山地区”管制规划。重庆还启动了九龙坡、大渡口、北碚分区规划，启动了永川、璧山、合川、垫江等 5 个区县城乡总体规划的编制试点，并取得了初步成果；相继完成万州、开县、石柱、奉节、云阳、巫山、巫溪、长寿、南川等 9 个区县城市总体规划审查报批工作。在镇域层面上，重庆分别选择了试点区县一两个乡镇试点编制乡镇总体规划。目前已启动石柱黄水、垫江澄溪、梁平云龙、璧山大路 4 个镇总体规划编制试点。到 2020 年，重庆将完成 495 个左右小镇的镇域层面的规划。各区县的城乡总体规划分都市区和远郊区县两部分。都市区作为整体，先进行分区规划；远郊区县为另一种发展单元，包括中心城镇和广大农村。

3. “地票”撬动城乡资本互动

所谓“地票”，是指将闲置的农村宅基地及其附属设施用地、乡镇企业用地、农村公共设施和农村公益事业用地等农村集体建设用地进行复垦，变成符合栽种农作物要求的耕地，经由土地管理部门严格验收后腾出的建设用地指标，由市国土房管部门发给等量面积建设用地指标凭证。“地票”有利于耕地保护，有利于城市反哺农村，有利于建立城乡统一的土地市场，有利于增加农民收入、提高其进入城镇后的生活保障水平和发展能力。举例说，重庆 40 个区县每年申请的建设用地超过 250 平方公里，但批准新增建设用地仅 100 平方公里。而通过“地票”，开展城乡建设用地增减挂钩，整合农村闲置建设用地，成为重庆市解决城市用地难题重要选择之一。目前重庆市已经开展了 3 次、11 宗地票交易，成交面积 3500 亩，成交金额 2.84 亿元。今后主城区经营性用地不再下达用地指标，都用“地票”方式予以解决。“地票”交易是土地整治、城乡建设用地挂钩综合项目中的一个环节，一头牵着农村，一头牵着城镇。地票能够作为交易品产生，因为农民愿意出让建设用地指标，也确实拥有出让建设用地的潜力。重庆市算过账，全市农民现有人均村庄建设用地约 250 平方米，经过村庄整治，农民适度集中居住后，至少人均可以节约 170 平方米，留下农民自行开发兴办产业用地，还有相当的数量可以用于满足城市建设用地的需求。农民出让指标必须获得满意的资金，指标购买需求的形成，是因为城市建设用地指标的稀缺。按年度下达的城市建设用地，政府通过土地交易中心采用“招、拍、挂”形式实行实物交易，而非指标。地票购买者获得了指标后，还必须按规定完成征地和交易程序才能最后获得土地，地票价是城市建设用地的价上之价，比计划指标土地增加了一块成本。增加是合理的，因为不增加就没有那么多土地。但增加也可以是虚的，因为政府可以在土地出让或后续环节补偿，达到同地同价，抹平地票和计划指标用地的差别。“地票”交易对现行土地管理制度有突破。一是将农村建设用地指标和实际地块分离，跨越集体边界，在省市范围内寻求合理的结合，为优化城乡建设用地结构拓宽了路径。二是引入市场机制，不仅为今后通过市场机制合理配置土地资源创造条件，而且使农民参与建设用地交易成为可能，或者说，使农民今后有可能真正成为城镇建设用地的制衡力量。

（三）黑龙江克山县：土地向种田能手集中，规模化经营

按照十七大报告提出的，要按照依法自愿有偿原则，健全土地承包经营权流转市场，有条件的地方可以发展多种形式的适度规模经营。黑龙江克山县的实践证明，通过土地流转发展规模经营，是建设现代农业的有效途径，是推动农村分工分业的有效办法，是增加农民收入的有效举措。克山县位于齐齐哈尔市北部，是个典型的农业区。全县耕地面积近 250 万亩，人口 48 万人。按照农业人口平均，人均耕地近 7 亩。近年来，该县从建设现代农业、发展农村经济、增加农民收入的要求出发，从解决一家一户分散经营制约现代农业发展、农村富余劳动力

转移、农民收入增加的矛盾入手，顺应群众意愿，大力推进土地承包经营权流转和农业规模经营，取得了良好效果。2007 年，全县土地流转面积达 197.3 万亩，占耕地总面积的 79%。其中，百亩以上规模经营土地 153 万亩，占流转总面积的 78%，占耕地总面积的 61.3%；以 300 亩以上农田防护林网格为单元连片种植土地 53.6 万亩，占流转总面积的 27.2%，占耕地总面积的 21.5%。全县已出现整乡土地流转 1 个，整村流转 12 个，整屯、整组流转 13 个，共涉及土地转让农户 5.27 万户，占农户总数的 58.2%；涉及土地受让百亩以上的农户 5317 户，占农户总数的 5.4%。土地流转极大发展了农村生产力。这主要表现在：一是推动了农业规模化经营。土地大面积流转后，与资金、技术、大机械、劳动力等要素有效组合，打破了一家一户小而全的种植模式，形成区域化、专业化、集约化的规模经营，极大提高了农业生产效率。二是加快了农业科技进步和标准化生产的问题。土地流转形成连片经营，使大型农业机械作用得到充分发挥。三是有效促进了农村劳动力转移和农村分工分业。土地流转为那些既想保留承包地、又想外出务工经商的农民解决了后顾之忧，加快农村富余劳动力转移，使农村内部的分工更加细化，促进了养殖业和农村二三产业大发展。

克山县从实际出发，积极探索土地流转和规模经营的有效实现形式，形成了富有特色的土地流转和规模经营模式。一是家庭转包模式。即农户将自己承包的土地转包给亲朋好友或者其他农户代耕，是一种自发的流转方式。主要解决的是农户本身土地少又无资金承包别人的耕地，或外出打工无法经营土地等问题。特点是规模小，方式活，操作简便，农民易于接受。通过这种模式，全县共流转土地 24.3 万亩，约占全县流转耕地面积的 12.3%。二是大户经济模式。即以熟悉农业种植技术并具备一定机械和资金实力的农民通过租赁承包的形式承包农户流转的土地并实施规模经营为主要特点，是土地流转和规模经营的主要形式。其优点是经营规模较大，易于实现连片种植，可以极大地提高经营土地的经济效益。目前通过这种模式流转的土地约占全县流转耕地面积的 67%。三是联合经营模式。即由多个无主要劳动力的农户共同出地，共同劳动，合伙经营，年终以所经营耕地面积和投入劳动计算并分配收入。该模式的好处是农户间生产资料得到了互补和整合，解决了劳动力转移后从事农业生产男劳力少、女劳力多，青壮年劳力少、老弱病残劳力多的问题。该模式下经营的土地占全县流转耕地面积的 6.6%。四是股份合作模式。即由能人带动成立土地经营公司或者依托龙头企业，农户以土地、资金或者农业机械入股，统一经营，年终按股份分红。该模式的特点是土地经营的市场化和集约化程度都很高。目前全县通过这种方式共流转土地16.8万亩，占全县流转耕地面积的8.5%。五是反租倒包模式。即村集体凭借集体信誉反租农户承包地后，再发包给农机大户、种田能手经营。六是集体经营模式。即村集体经济组织依托集体机耕队或农机作业合作社，将本村农户土地反包后实行统一经营。该模式的优点是既增加了农民收入，又壮大了集体实力。

（四）宁波："三个共同" + "三个覆盖"推进城乡一体化

2007年，宁波市农民人均纯收入首次突破1万元，城乡居民收入比由2003年的2.29∶1缩小到2.22∶1，低于全国、全省平均水平。连续5年，宁波农村居民年均纯收入保持两位数增长，超过城市居民可支配收入增幅，2008年达到11450元，在全国15个副省级城市中排名第一，城乡居民收入比已缩小到2.21∶1；农村全面小康实现程度达85.4%，高出浙江全省平均水平4.3个百分点，从事二、三产业的农民比例达80%以上。

1. "三个共同"，即体制共融、资源共享、发展共赢

统筹城乡发展，就是要统筹兼顾城市与农村发展，在推动城市加快发展的同时，通过充分发挥政府的主导作用，建立城乡统一体制，健全以城带乡、以工促农机制，优化各种资源要素在城乡间的配置，带动农村社会全面进步。"体制共融"是城乡统筹的核心内容和制度基础。逐步破除城乡二元结构体制，消除城乡之间体制性差距，构建城乡平等发展的一体化制度环境，在制度设计这个起点上，保障城乡之间资源要素自由流动，城乡居民公平参与市场竞争、同等享受公共服务。一是在深化城镇户籍制度改革的同时，以剥除依附在户口上的由身份歧视所带来的不同权力和利益为突破口，配套实施城乡统一的就业制度，城乡对接的社会保障、义务教育、计划生育等体制改革，有效解决了农民进城就业限制、就学困难、落户无门、保障无份等问题。二是为加快推动农村人口向城镇转移，以切实保障农民在集体经济中的权益为出发点和立足点，市政府出台了农村集体经济社区股份合作制指导意见，以家庭人口和"农龄"长短为标准，将村集体经济组织的资产收益权量化到人，稳步推进村经济合作社的股份合作制改革。目前宁波市已有286个村组建了股份经济合作社，2009年合作社共分红5亿多元，股东分红最高的达到2万多元，人均1789元。

“资源共享”是城乡统筹的实现路径。打破城乡分割的资源配置格局，形成城乡一体考虑、相互调配、分享使用的资源配置环境，使城市享有农村良好的自然资源，农村享有城市优质的社会资源，实现城乡优势互补、功能互动，城乡资源有效配置、最优利用。一是积极建立公共财政城乡全覆盖体制，明确由政府为主提供农村的公共产品和公共服务，逐步形成财政支农资金稳定增长机制，仅2005年以来，宁波市财政投入新农村建设资金达到101.5亿元。二是着眼于农民共享集体土地性质和用途改变后的增值收益，实施和完善了以综合区片价征地、集体留用地补偿为核心的土地征用补偿制度，以及农村土地出让收入市、县两级政府的所得部分或全额返还的制度。如为支持山区移民致富，在城郊征用土地201.3亩建设两个移民新村，原山区移民退宅复耕，并允许在移民新村优惠享受购置住房。移民户每户原宅基地平均在0.5亩左右，集中安置每户只占土地0.1亩，每户可节约土地0.4亩。既集约节约利用土地，又盘活了存量土地，增加了村民和村集体收益。

“发展共赢”是城乡统筹的价值指向。要改变农村发展滞后状况，在城市发展的同时，加大以城带乡、以工哺农力度，加快农村发展步伐，实现城乡建设同步推进，城乡发展基本均衡，城乡文明成果共享，形成城乡共同繁荣、群众普遍受惠的局面。一是建立财政对农村教育、卫生、文化事业等专项转移支付制度和生态补偿机制，逐年增加对农村社会事业和生态建设的投入。二是运用经济杠杆，引导宁波市丰厚的社会资本参与农村的基础设施、公用事业、生态环境和旅游商贸等服务业的建设，努力营造政府、企业、农民“多赢”的格局。三是支持鼓励设立农业担保机构和建立农业及农民住房的政策性保险，以缓解农民及农村中小企业贷款难问题，降低农业自然风险及提高农民灾后重建家园的能力。

2. 突出“三个覆盖”，即设施覆盖、服务覆盖、文明覆盖

基础设施向农村延伸、公共服务向农村扩展、财政收入向农村倾斜、社会保障向农村覆盖。宁波市、县两级政府每年从土地出让金纯收益中提取一定比例作为专项资金，重点加强农村道路、供电、供水、通信等基础设施建设。宁波市累计创建全面小康村269个，完成环境整治1836个村，占其行政村总数的70%，建设“户集、村收、镇运、县处理”的农村垃圾集中处理体系，初步实现了农村基础设施与城镇联网对接。以“百村示范、千村整治”、“乡村康庄道路”、“千里清水河道”、“百万农民饮水”等工程为载体，农村交通、供电、通信、信息、垃圾处理等基础设施网络化建设取得显著进展；加大城乡供水联网、农村污水治理、乡村网络公路建设的推进力度，并逐步进行农村燃气供应、数字电视、网络宽带等延伸覆盖，扩大城乡基础设施联网种类，提高共享水平，增强经济社会发展的同城效应。促进城市现代文明向农村覆盖，就是发挥城市文明开放包容、得风气之先的优势，加快城市文明向农村传播，为农村文明注入现代元素，引导农民跟上时代步伐。以文明村镇创建为载体，以城乡文明共建为抓手，广泛开展现代文明养成教育，引导农民树立权利义务意识、民主法制意识，自觉维护权利、遵守规则、履行义务，养成现代文明生活习惯。随着农村文化事业的不断发展，农村居民的生活方式、消费观念乃至价值观和人生观也在发生潜移默化的变化，最后终将转化为农业农村现代化建设的重要动力之源。

（五）河南新乡市：城乡统筹解决“三农”问题

在我国经济尚不够发达的中部地区，实施有效的城乡统筹战略，突破城乡二元结构，促进农村繁荣富裕起来是更加必要的。河南新乡市从2006年开始，把构筑城乡一体化发展体系，作为全面建设小康社会，推进农村工业化、城乡一体化、农业现代化的切入点。经过三年多的探索和实践，已经走出一条切实有效的路子，这就是：以增强中心城市功能、壮大县域经济、建设新农村“三位一体”系统工程为载体，促进城市生产要素向农村流动，与农村生产要素紧密结合，在农业稳定增长的基础上，着力发展工业、商业、服务业，形成一、二、三产业互相促进、协调发展的经济格局；统筹推进城乡产业布局、基础设施、公共服务、劳动就业、社会管理，使之同步发展、相辅相成；在此基础上，逐步实现农村居住环境、就业结构、生活方式、消费水平城市化。目前，新乡城乡经济呈现持续快速发展的良好态势。

1. 坚定不移地强化农业基础地位，推动农业向现代化迈进

新乡市是传统的农业产区，是国家重要的商品粮基地。在实施城乡统筹发展战略中，他们明确提出走不以牺牲农业和环境为代价的新型工业化、新乡城镇化的路子，抓紧粮食生产不放松，抓住耕地保护不“越线”。几年来，耕地面积、粮食播种面积不但没有减少，反而有所增加。各级政府不断加大对农业的投入力度，2006年以来，财政支农投入年均增长30%。以建设国家粮食生产核心区为载体，坚持加强农田水利基本建设，提高农业物质技术装备水平，创新农业科技

体系，增强农业综合生产能力。粮食产量和商品粮数量持续增长，近三年来调出商品粮53亿斤。在长期稳定家庭承包经营的基础上，新乡引导农民联合起来，发展合作经济，推进产业化经营。全市农村涌现出1042个不同类型的合作社，入社农户占农户总数1/3以上，这些合作社都以农户作为独立的经营主体，开展产前、产中、产后的系列化服务，社员收入比一般农户至少高20%。全市近40%的农产品通过合作社进入市场。目前全市已有农业产业化加工企业1580家，带动农户占全市农户总数的56%。这些企业在农村建立了27个万亩以上生产基地，占耕地总面积的近1/2。

2. 在保障农业稳定增长的基础上，着力发展农村工业、商业、服务业

新乡依托中心城市、县城、集镇和其他有工业基础的地方，有计划地建设工业产业集聚区。集聚区打破城乡和区域界限，区内水、电、路等基础设施和通信、金融等公共服务完全实现城乡均等化，成为优势产业和各种生产要素集聚的平台。每个产业集聚区均以当地富有市场竞争力的主导产品和骨干企业为龙头，实现专业化生产、社会化协作，并有配套的原料基地和销售网络，相应的信息、设计、研发机构，以灵敏的市场反应能力和资金、技术等生产要素聚集效应，在市场竞争中发挥越来越大的优势。目前，全市已经建成30个工业产业集聚区，形成起重、制冷、纺织、医疗器械等七个产业群。全市一半以上的劳动力就业于二、三产业，农村就业结构发生了根本性变化。

3. 统筹推进城乡基础设施、公共服务、社会保障事业，努力缩小城乡之间的差距

新乡把构筑城乡一体化的体系作为实施统筹城乡发展战略的重要任务，做到“城乡规划一张图、建设一盘棋、管理一张网”，城乡建设同步推进。一是着力构筑城乡一体的基础设施体系。加强以水、电、路、气为重点的农村基础设施建设，2006年以来，投入260亿元，在完善干线公路网的基础上，重点搞好农村公路建设、农网改造和农田水利。二是着力构筑城乡一体的社会事业统筹体系。推进城乡教育均衡发展，全面落实“两免一补”政策，完善农村义务教育财政投入保障机制。此外还健全农村公共卫生服务体系，初步建立了以市（县）中心医院为龙头、乡镇卫生院为枢纽、中心村卫生室为基础的农村公共卫生服务网络。三是着力构筑城乡一体的社会保障体系。建立完善以养老保险、医疗保险、最低生活保障和社会救助为主要内容的农村社会保障制度，并逐步与城市社会保障接轨。2003 年在全省率先实行养老保险市级统筹，2005 年率先建立农村最低生活保障制度，率先建立农村特困户救助制度，率先实现新型农村合作医疗全覆盖，参合率达 99.06%。

4. 统筹推进城乡居民住宅和居住环境建设，使农村居民逐步享受城市居民的居住条件

新乡通过把农民建设新房和建设新农村结合起来，把农民住宅建设与基础设施、公共服务设施建设结合起来。选择二、三产业比较发达、交通比较方便、居住人口比较多的行政村，有计划地建设空间布局合理、基础设施和公共服务设施齐全、社区服务和管理体系完善的新型农村住宅社区。在社区内统一规划、统一设计，由农民自建具有较高标准、统一供水供热供气的楼房。实践证明，建设新型农村住宅社区，不仅有利于促进新农村建设，推进农村城市化进程，而且有利于节约土地资源，拉动农村内需。全市已启动建设的 127 个新型农村住宅社区，全部建成后可以节约土地 6.5 万亩。同时，全市 5～8 年建成 329 个新型住宅社区，需投入基础设施建设资金 31 亿元，可以拉动消费投资 740 亿元，起到 1∶24 的投资拉动效果。

六　未来城乡发展一体化总体思路和主要任务建议

（一）总体思路

我们认为，城乡一体化是一个系统而复杂的经济社会工程，必须循序渐进、分类实施。重点在于尽快实现规划建设、要素市场、产业发展、就业创业、公共服务以及社会管理等几个方面的一体化。难点在于如何尽快实现城乡要素即资金、技术、人才等要素全面、自由和双向的流动，在保障耕地红线和农民合理合法利益红线的前提下，积极探索农村土地流转的制度体系，建立城乡一体的土地管理制度则是更为突出的命题。

（二）关于城乡一体化的主要任务的几项建议

1. 城镇化模式选择

未来五年，按照“十二五”规划建议的精神，要把符合落户条件的农业转移人口逐步转为城镇居民作为推进城镇化的重要任务。大城市要加强和改进人口管理，中小城市和小城镇要根据实际情况放宽外来人口落户条件。注重在制度上解决好农民工权益保护问题。合理确定城市开发边界，提高建成区人口密度，防止特大城市面积过度扩张。城市规划和建设要注重以人为本、节地节能、生态环保、安全实用、突出特色、保护文化和自然遗产，强化规划约束力，加强城市公用设施建设，预防和治理"城市病"。事实上，我们认为，对于宏观层面城镇化模式的选择更为重要。2009 年，我国的城镇化率已达到 46.6%，并在总体上形成三种典型城镇化模式即特大城市和大城市为核心的城市群、中小城市和小城镇以及就地城镇化模式。城市群实现了大城市"高"就业机会和中小城市"低"生活成本优势互补，下一步需尽快构建城市群内部基础设施建设、产业发展协调和公共服务衔接等体系，促进城市群内部区域经济一体化；中小城市和小城镇成为"折返式"城镇化的主要载体，相当数量农民工采取"折返式"进城的路子，他们在大城市积累一定资金和技术后，会选择进入门槛更低的中小城市和小城镇就业和创业，并逐步实现定居，这一趋势将因东部地区产业加速向中西部省份转移而得到强化；就地城镇化是新时期推进城镇化的积极补充形式。就地城镇化将成为一种趋势性模式。长期以来，大规模的异地流动性的农民工成为推动我国城镇化的新主力，但是，显然由于制度变迁的渐进性和长期性，使得农民真正转变为市民尚需时日。一旦城市技术、资金等向农村延伸的体制障碍破除，城乡资源的自由、双向流动真正实现，就可以实现另一种新兴的城镇化模式。

2. 化解房地产价格过快上涨

我国处于城镇化加速期，住房需求具有刚性。在现有财政体制和政绩评价体系下，地方政府具有推动地价和提高房价的动力。金融危机以来，我国实体经济获利预期降低，大量投机性资金涌入房地产市场，助推了房地产市场的泡沫，房价陡升。并且，过高且增长过快的房价使城镇化门槛提高过快，使吸纳就业弹性高的服务业发展成本过高，减缓了服务业发展速度。同时，大量应届大学毕业生和农民工等新增劳动力，在城市中形成了所谓"夹心层"，难以在高房价城市中生活和就业。因此，在户籍制度性门槛之外，又形成财产性门槛。这一门槛不破除，中国未来宏观经济的稳定性及城镇化率稳定快速增长目标将受到影响。单纯追求经济增长和凸显住房的保障功能是不适合当前中国经济发展特征的，需要在二者之间建立一种平衡，寻求公平和效率的平衡。

3. 实现保障性住房建设与城乡一体化进程结合

日本出现房地产泡沫，而且保障性住房依然处于44%高比例的一个重要原因在于人口过度集中在大城市。德国的房地产稳定，不仅是因为健全的房地产市场体系，另一个重要原因是德国走了一条比较独特的城镇化道路。目前60%以上的人住在小城镇，而不是大城市。中国大城市的房价飞涨，主要原因是这个时期人口过度向大城市集中。数据显示，60%以上的农民工流到县级以上的中等城市和大城市。一方面是因为大城市的就业机会多，另一方面是因中小城市和小城镇基础设施和生活环境有待完善。针对当前城镇化发展的趋势，保障性住房建设应作为引导城镇化发展的重要手段。一是在人口规模大、流动性强的大城市提供更多的廉租房，满足实际需要，同时避免大城市人口过度膨胀。二是在鼓励发展的中小城市和小城镇应加大廉价房的建设，并在基础设施和公共服务设施上尽快予以完善，将更多人口吸引并稳定在中小城市和小城镇。三是尽快加大就地就近城镇化发展模式的政策扶持力度，加大针对已具备城镇标准的农村地区的环境整治、公共服务设施完善，同时采取资金补贴等方式的保障性住房建设规划，避免农民频繁翻建住房所带来的资源浪费和环境污染的同时，引导更多的农民向更符合城镇发展需要的方向建房。

4. 构建城乡一体土地管理制度

“十二五”规划建议提出了“现有农村土地承包关系保持稳定并长久不变，在依法自愿有偿和加强服务基础上完善土地承包经营权流转市场，发展多种形式的适度规模经营”。并且指出“完善城乡平等的要素交换关系，促进土地增值收益和农村存款主要用于农业农村”。土地是农村最主要的生产要素。在市场经济中，生产要素必须是流动的。农村土地必须流动起来，而且城市和农村要建立平等的要素交换关系，这些标示着农村社会主义市场经济进一步建立和完善。“十二五”规划建议中还指出“按照节约用地、保障农民权益的要求推进征地制度改革，积极稳妥推进农村土地整治，完善农村集体经营性建设用地流转和宅基地管理机制”。在征地、农村集体经营性建设用地流转中更加重视农民的利益。我们认为，要坚持“进”与“退”相统筹的原则，在耕地、建设用地、社保、子女教育等方面，尽快建立城乡统筹机制，在逐步将新生代农民工纳入城镇廉租房和城镇社保的同时，要制定政策鼓励其退出农村的宅基地和耕地，只有这样才能化解农民工在城镇无房可住，在农村却出现大量空宅，空心村的问题，化解我国耕地经营碎片化，难以实现规模化和品牌化的局面。南方一些地方进行的“两分两换”即宅基地换住房，耕地换社保的措施就是一种有益的探索，要进一步研究。大力推动农村建设用地与城镇建设用地挂钩流转的试点，实现“同地同权同价”，通过实行宅基地用益物权货币化和抵押贷款试点，实现新生代农民进城的财富积累。

5. 推动新生代农民工更快融入城市

未来10~20年，中国宏观经济能否保持稳定较快增长，很大程度上依赖于中国城镇化进程能否稳妥推进。在人口增速放缓以及土地红线等硬约束下，城镇化的主体将逐步转向流动农民工。“民工荒”的频繁出现，从一定程度上印证了中国的劳动力市场已经进入了刘易斯拐点，即总体上进入了劳动力由过剩转向短缺的阶段，劳动力成本和土地成本的提高，直接导致了城镇化成本快速提高，农业人口进入城镇定居并生活的经济门槛将更高。但是“民工荒”的出现，又似乎告诉我们中国好像进入了一个提高工资和在全球产业链条低端徘徊的困境；另外，我国在总体上将很快进入老龄化社会，北京、上海等大城市将更早进入老龄化社会，急需稳定的外来人口充实。如不尽快将这些折返于城乡之间的农民工稳定在城镇，人口红利一旦消失，大量的农业人口将更难城镇化，届时，中国经济发展将面临更大的挑战。必须尽快推进在医疗、子女教育等基本公共服务上实现农民工与所在地市民均等化进程。

6. 实现城乡资源全面、自由、双向流动

十七大三中全会提出“建立促进城乡经济社会发展一体化制度。尽快在城乡规划、产业布局、基础设施建设、公共服务一体化等方面取得突破，促进公共资源在城乡之间均衡配置、生产要素在城乡之间自由流动，推动城乡经济社会发展融合”。其中，生产要素在城乡之间全面、自由和双向流动是城乡一体化的核心。目前，由于城乡分割的土地管理制度、住房制度以及户籍制度，使得农村的劳动力无法顺利进城，而城市的优质的资金、技术、管理等资源无法进入农村。成都目前推行的城里人可以进入农村承包土地，可以利用农村的宅基地进行农家乐经营等，都是一种有益的探索。不实现城乡劳动力、土地和住房等资源的双向流动，就难以真正实现城乡一体化，也难以更快地推动农民工进入城镇。

7. 如何扩大就业

应届大学生就业率依然过低，截至2010年9月1日，应届大学毕业生就业率为74%，再加上上年未就业的毕业生100万人，2010年大学生就业压力更加沉重。城镇新增劳动力中有1200多万难以就业。农民工进城的关键还是要解决就业问题，没有就业，农民工进入城镇就会成为游民和贫民，也就没有健康的城镇化。目前，可以大量吸纳农民工的一方面是第三产业，提高第三产业的就业比重10个百分点，则可以扩大就业2500万人，另一方面是东南沿海的加工贸易，如果在这两个方面加大政策扶持力度，将极大解决农民工进城以后的就业问题。沿海发达地区的就业形势好，靠的是群众性创业的氛围和制度的完善。在中西部地区，束缚创业的政策、法规比较多，地方政府的思想还不够解放。要敢于解放思想，提出群众性创业“非禁即入”，让群众有业可创，并大力发展草根金融，服务于中小企业的发展。

8. 大力发展城乡一体化金融服务体系

“十二五”规划建议中提出“农村信用社改革，鼓励有条件的地区以县为单位建立社区银行，发展农村小型金融组织和小额信贷，健全农业保险制度，改善农村金融服务”。2007年在我国开始村镇银行的试点。“十二五”规划建议中提出以县为单位建立社区银行。要逐步建立和完善农村金融体系，更好地为农户和中小企业提供金融服务。下一步应积极完善农村金融组织体系，放宽农村金融机构准入政策，鼓励社会资本参与设立村镇银行、农村资金互助社和小额贷款公司等新型农村金融机构；积极开办政策性农业保险，通过政府补贴、市场化运作等方式，引导和鼓励保险机构开展政策性农业保险业务，提高农业保险覆盖面；探索农村集体土地用益物权抵押贷款等。

9. 制定城镇减贫战略规划

长期以来，由于我国的贫困人口以农村人口为主体，扶贫的重点在农村，扶贫的方式也是针对农村贫困提出的。当前，我国已有将近一半的人口在城市长期定居就业，在未来10~20年的时间里，我国将逐步演变成为一个以城市人口为主体的国家。城市贫困产生的机制、规模和分布以及贫困所产生的社会问题都与农村贫困有显著的不同，需尽快针对城市贫困人口制定住房、失业救济、就业培训等方面的综合战略。当前，大量农民工长期居住生活在城市，其中很多贫困人口没有被统计在城镇贫困人口中，也往往容易被农村忽略；尤其是那些在城镇化推进中失去土地，也没有工作的贫困人口群体。建议尽快完善统计工作，在城乡贫困人口的标准、口径等方面尽快建立衔接机制。按照属地原则进行统计，并制定相应的减贫战略。

10. 走绿色低碳的城镇化道路

未来一段时期，应对气候变化成为一个重要的课题。城镇化推进过程中的建筑、交通等绿色低碳的规划、技术以及政策引导和支持将是一个重要的课题。当然，全球化背景下的环境问题，不是简单的污染问题，实质上是区域竞争力和发展能力的问题。由此，在应对气候变化过程中，同样不是简单碳排放的问题，而是一个涉及全球不同发展水平的国家和地区的经济和社会发展的前途问题，在推进城市生产生活“低碳化”的进程中，必须统筹考虑发展中国家和后发展地区的生存权和发展权的问题。

分 报 告

·理论篇·

以构建现代化社会目标引领城乡一体化发展

袁崇法*

党的十六大以来，中央多次强调“统筹城乡发展”、“促进城乡一体化发展”，各地在这方面也紧锣密鼓，纷纷编制规划，安排项目，布置试点。如何总揽经济社会发展的全局，把握历史的发展趋势，针对国情统筹城乡发展、促进城乡一体化的实现，避免落实工作无从下手或者只是治标不知治本，必须首先在认识层面廓清一些最基本的理念。

一 城乡一体化的最终目标，是促进城乡转入现代化的社会生产方式和生活方式，使城乡居民共同进入现代化社会

城乡一体化发展，不是主观愿望，而是历史发展尤其是人类文明的进步和社会生产方式变革的必然。在工业化前以及工业化的早期，城市和农村是相对分割的两个独自发展单元。工业发展方式的不断变革，使工业生产组织方式渗透到人类各个劳动生产和服务领域。农业也不例外，在不断引入机械、化肥等工业发展成果的同时，也在不断推动着农业生产组织方式的变革。

现代工业发展的重要特征是不断深化并拓宽着社会的分工体系，通过分工将

---

* 袁崇法，国家发展和改革委城市和小城镇改革发展中心研究员。

人类的劳动日益片面化，同时又将各个行业、各个领域、各个区域紧紧联系在一起。劳动分工越细，社会联系越紧。无论是行业、领域还是区域，其独立性都在不断地减弱，而其联系性、依存度都在不断地增强；城乡之间无论经济联系还是社会联系，都不再有明确的界限，而是互相依存、交错在一起。由此形成的劳动和居住场所的空间格局，也在越来越模糊着城市和农村的边界。总之，城乡一体化发展是不以人的意志为转移的发展趋势，是现代生产方式决定的城乡无边界整体发展的客观要求。

与此同时，生产领域的工业化还渗透到社会的生活领域，现代人类的生活方式、生活节奏、生活质量，都在随着工业化的要求和条件迅速变化。人们获得满足的方式与以往相比截然不同。取代过去以农村为代表的以我为主、自给自足、自娱自乐的，是高度依赖社会服务的现代生活方式。在现代社会中，能够得到社会的各种服务越多，生活质量就越高，幸福感就越强。而社会服务越多，意味着对他人的依赖也越多，意味着人口越来越需要集聚在一起，意味着过于分散、联系不便的农村居住状态会丧失吸引力。这就是农村人尤其是年轻人大量外出的根本原因。目前，全国每年有 1.5 亿 ~ 1.7 亿农民工常年进城打工，这支庞大的队伍通过约 30 年的更新换代，几乎涉及农村每一个家庭，他们不仅仅在城镇就业中增加了收入，更重要的是不断地将城市为代表的现代生活理念和生活方式传递到农村。他们希望进城，是因为城市处处体现着进步，能够实现他们的梦想，满足他们对现代生活方式的追求；他们离开农村，是因为在农村无法挣脱传统的生存方式，日复一日、年复一年、一辈复一辈，没有追梦的机会。农村的新生代不仅在塑造紧跟社会步伐的人生，而且在影响着他们的前辈，从根子上动摇着以往城乡关系和传统农村生活方式的基础。

城乡一体化的提出，是因为我国当前存在着城乡差别。收入差别等只是具体表象，根本性的差别，是农业生产还没有完全纳入以工业为核心的现代化生产分工体系；是广大的农村居民还没有完全进入以城市为代表的现代化生活方式，人类进步、社会发展形成的现代文明还没有融入农村。

因此，城乡一体化是发展规律的要求，是一项长期战略和社会变革，是要求政府顺应历史潮流，引导、支持将农业的生产方式和农民的生活方式转向现代化，使农村和城市社会融为一体。

二 城乡一体化的实现路径，是建立城乡统一的发展机制而不应该仅仅限于分配机制

促进城乡一体化发展，不仅需要政府落实相关的发展措施，更需要构建城乡统一的发展机制。以往的城乡二元发展结构，是以工业尚不发达和计划经济体制为基础的。改革开放30多年以来，我国的工业化水平迅速提高，已进入中期阶段；经济发展体制已逐步由行政计划转向市场调节。市场机制正在按照自身的规律渗透着资源配置的各个领域，不断打破着分割城乡市场的壁垒。可以说，二元发展结构的基础，事实上已经开始瓦解了。然而，由惯性沿袭下来的城乡二元结构造就的利益结构仍然顽固存在，相应的二元管理体制和理念仍然具有很大的市场。

建立城乡一体化的长效发展机制，就是要彻底清除陈旧的二元管理理念和继续维护城乡发展不平等的体制障碍。实现城乡产品市场一体化，城乡要素市场一体化，城乡公共资源分配一体化，城乡公共服务均等化。

我国的主要农产品至今也没有完全实行市场定价制。国家核定的粮食等主产品的劳动成本远低于市场，土地消耗成本在产品中没有任何反映。按照市场规律，稀缺产品大多以成本定价，比如能源、新产品等，但我国的农产品价格中根本不反映土地的稀缺性，市场传递给农民的是农产品的廉价信号，越是粮食等主要产品越是如此，这样既导致农业投资效益的低下，又造成农产品消费的大量浪费。

改革开放以来，城镇建设用地开发引入市场机制，造成城镇土地全面商品化、资本化，由此使得周边土地级差地租甚至绝对地租的土地价值观念迅速形成，在事实上又造成了农村土地的商品化和资本化。但目前城乡土地属于两个截然分割的要素市场，由行政法规严格看守。城镇土地属于国家，却可以作为商品买卖；农村土地属于农民，却否认商品属性，只能允许内部转让而不能买卖；而城乡之间土地要素的流动，绝对不允许任何市场行为。

劳动力流动在城乡之间已经被允许，是因为农民进城能够为城镇创造财富；人口流动、农民进城定居受到阻挡，是因为将影响到城里人口的福利分配。

现代城镇是区域发展中心，首先是各种生产活动的中心，需要依托尽可能大

的要素市场、产品市场和劳动力市场；其次才是消费中心、福利中心。生产型城镇建立于开放系统，消费型城镇则需要城墙封闭，这是现代城镇与以往城堡的根本区别，也是当前我国城乡发展体制面临的基本矛盾。

遵循城乡一体化发展要求，不仅是农业现代化和农村发展的必然，也是城镇发展的需要。沿袭这一发展轨迹，城镇将不会是原来意义的城镇，农村也不再是原来意义的农村，城镇将不断被赋予新的发展内涵，而农村将不会再是与城镇相提并论的发展单元。

“以工补农”、“以城补乡”、“少取多予”等政策都属于政府的再分配机制，存在的前提是城镇、农村依然是两个独自发展并具有独自利益的经济社会单元，政策本身依然认可工农之间、城乡之间的不平等，但在当前城乡二元利益结构尚未破除的阶段，作为促进城乡一体化发展的辅助手段，具有积极意义。从根子上破除二元结构，形成全新的城乡协调发展机制，必须全方位建立城乡一体化的市场机制。

三　城乡一体化的实现形式，要靠实践探索、靠群众创造

目前我国正处于快速城镇化进程中，各种可流动的发展要素，都在迅速向城镇集聚，相应的各种就业和创业的机会也在城镇集聚产生，农村劳动力及人口的进城、迁徙，正面临空前的历史机遇。应当及时抓住机遇清除障碍、理顺体制，在统筹城乡发展、积极稳妥推进城镇化的同时，加快农业和农村的现代化进程，加快城乡一体化发展新体制的建立。

国家层面应当明确提出城乡一体化发展的基本要求，强调城乡统筹发展的原则，要求各地首先做到城乡建设、人口布局、基础设施、公共服务、环境生态等统一规划，统一部署落实。中央政府应重点运用再分配手段，在公共服务、社会保障领域缩小城乡居民的生活待遇差别；通过直接与间接收入补贴，弥补政府干预或市场缺失造成的城乡居民收入差距。

要鼓励、支持地方政府积极地、多方面多角度地，首先在一定区域探索城乡一体化的新型发展机制，特别是探索形成城乡统一的土地和房产交易体系、城乡统一的公共服务体系、城乡统一的社会保障体系、城乡统一的人口管理体系等制

度。鼓励通过试点先行突破；宽容试点中的失误和反复；指导总结试点的成败得失；允许推广试点的成功经验。借鉴试点的经验适时推进城乡一体化新机制的建立。

城乡一体化发展机制，说到底是属于城乡人民群众生产、生活和生存的基本社会环境，中央和地方政府要积极筹划、规划和指导，但最终要靠群众自己去摸索、去创造，因此首先必须尊重群众的意愿，无论中央还是各级地方政府，都只能引领、引导群众的实践，绝不能大包大揽，将自己的意志强加于群众。

尊重群众实践、鼓励实践创新，必须首先保护群众应有的权力和权益。要加快包括土地在内的城乡财产确权登记进度，在法律上保障城乡居民的财产权益尤其是农民的土地用益物权，在法律上允许和保障城乡居民的财产交换、处置权和自由迁徙权等。

四　城乡一体化的评价指标，要区别制度性差别和社会性差别

城乡产品的定价权利、发展要素的使用处置权利、社会公共服务和社会发展成果的分享权利等差别，是发展阶段的产物，来自我国特定时期形成的二元体制。而来自城乡人群个体或群体素质的差别，无论社会制度如何，社会如何进步，都将存在。前类差别反映的是城乡不同人群发展机会的不平等，靠市场机制通过发展要素无障碍流动与组合体制才能消除，后类差别反映的是人类先天或后天形成的能力差别，靠再分配机制通过社会福利和共济体制来弥补。两者在当前的发展与改革的要求和政策部署中纠结在一起，很容易混淆，需要在评价指标上加以区别，否则在城乡一体化发展机制创建中，就会失去方向和评价标准。

如何使已经在城镇稳定就业的农民工尽快进城安居，已经成为当前统筹城乡发展面临的最紧迫的问题。按照原来的农转非办法，地方政府根本无法承受；宣布取消城乡户籍管理制度，丝毫不会改变城乡居民在各个领域存在的任何现实差别。如果仅以每年安置多少农民工在城镇定居作为指标，各地完全可以通过财政收入的增量解决，不需要触动原来的城乡二元体制，考核反映的，只能是城镇人口扩张的规模，并不能证明城乡一体化发展机制的任何进展。

构建城乡土地要素统一市场必然涉及农业主要是种植业的生产结构，由于粮

食等主要农产品的自给率关系国家的安全，国家明确提出严守18亿亩耕地红线、确保95%以上粮食自给率的目标要求，促进城乡一体化发展必须坚决落实这一目标要求，但也不能将此作为障碍。世界各国的发展实践证明，二元结构同粮食安全并不存在必然的联系。与土地类似，石油对我国来说同样稀缺，同样属于战略物资，涉及发展前景和国家安全，但石油以成本定价，由消费者埋单，实行的是市场机制。粮食等主要农产品目前还不具备完全以成本定价的条件，因为城镇人口习惯了食品的低价供给；因为农产品价格一旦反映真实的投入成本和土地稀缺性，其水平一定会大大高于国际市场，影响到所有产品的价格和国内外贸易结构。粮食等农产品目前还只能由消费需求和购买能力定价，问题是怎样让农业经营者获得利润空间，谁来承受过高的成本？目前国家和地方给农民发放直接补贴、机械补贴、种子补贴，实际是在为农产品生产消化部分成本，但这些补贴针对的是直接投入部分，还没有涉及农民劳动投入的机会成本和越来越清晰的土地成本，离农业经营者的效益预期还很远。国家安全是全民利益，保证粮食安全的成本应该由全民共同承担。保持粮食等产品价格每年一定的增长幅度，由消费者逐步增加支付消化成本，并逐年增加政府的农业补贴以冲减成本，是农产品生产通过综合措施基本实现市场调节的现实途径，也是世界各国处理粮食保障和市场机制关系的基本做法。总之，虽然粮食安全是所有国家、任何体制下、任何发展阶段都需要慎重对待的战略目标，但它不应该是城乡一体化的障碍，更不应该成为考核城乡一体化发展机制成功与否的衡量标准。

中国城乡一体化的理论与实践

徐长春*

在当代中国，城乡一体化①是国民生存和发展环境由城市和乡村向更适宜生存和发展的城市的转化，是个系统工程。但是，在具体实践中，农村城市化是核心，是重心，城乡一体化主要表现为城镇化。考察清楚中国城镇化的理论和实践就把握住了中国城乡一体化的主脉。所以，本文侧重从城镇化的视角考察中国城乡一体化的理论和实践。

一　新中国成立前的城乡一体化

在古代，中国城乡一体化一直走在世界前列，虽然理论探索不多，但进行了卓有成效的实践。近代步入半封建半殖民地社会之后，中国城乡一体化进程由于外来掠夺逐渐变得落后。新中国成立后，中国立足二元社会的现实进行了卓有成效的探索，城乡一体化建设虽然走了一段弯路，但取得了丰硕成果，理论方面也有了很大突破。

以鸦片战争为转折点，中国的城乡一体化经历了由世界领先到落后的转变。

---

* 徐长春，中国国际经济交流中心博士后。

① 城市和乡村都是人类生产生活的居所，城市是在乡村基础上发展起来的。城市化是人类社会发展的趋势，城乡一体化是化乡村为城市，而非化城市为乡村。因此，城乡一体化更大程度上表现为城镇化。从历史事实看，中国城乡一体化的理论和实践也主要表现为城镇化的理论和实践。

早在6000多年以前的原始社会，中国黄河流域就已出现了一大批原始居民点。顺应农业生产方式的发展，尧舜时代，在今天山西临汾西南部、山西永济县西部就出现过尧都平阳、舜都蒲坂。随着私有制的出现，这一地区进入奴隶社会。公元前21世纪至公元前17世纪，夏朝在黄河流域出现，这是中国第一个奴隶制王朝。为了保护自己，防范奴隶反抗带来的危险，奴隶主开始动用大批奴隶围绕自己的居住地修筑围墙，并挖掘保护自己的第二道防线——护城河。从而，围绕自己居住的中心形成了保护自己的城墙和保护自己的护城河。这些要素组合在一起就形成了承载当时社会的城池。这些城池便构成中国城市的早期雏形。但是，当时城市的功能除了居住生活之外，只是个消费中心，更侧重于防御外来的武力侵扰，并不具有生产功能。在此基础上，随着生产力的进步和工商业的发展，中国城市的居住生活功能逐渐强化，防御功能逐渐弱化，又衍生出生产功能，向真正意义上的城市模式演化。据考古发现，距今3600年前的郑州商代都城遗址，周长约7100米，东西长约1700米，南北长约2000米，面积约320万平方米。① 除了传统城市生活居住场所以及具有防御功能的城墙和护城河之外，城内还有两处较大规模的铸铜工场、一处陶器工场和酿造工场。可见，城市也已演变成手工生产场所。

鸦片战争前，中国城市发展取得了辉煌的成绩，创造了多个世界第一。春秋战国时期，齐国都城临淄就有7万户，约20万人。宋朝都城汴梁人口100多万，是10~12世纪世界上最大的城市。明代全国共有大中城市100个，小城镇2000多个，农村集镇4000~6000个，仅上海境内就出现了210余座工商业城镇。这是世界其他国家所不能企及的。②

随着资本主义的兴起，中国在第一次工业革命中落伍，城乡一体化建设也相对走向落后。资本主义世界工业革命带来的是工业新技术和大机器。中国虽然也分享到技术革命的成果，提高了生产效率，但终因处于当时国际体系的边缘而不能迅速地承接技术革命的成果，生产力和城乡一体化发展表现为相对落后。鸦片战争致使外国资本大举入侵，中国封建经济逐渐解体。旧的生产机器已经落后而

---

① 杨风、陶斯文：《中国城镇化发展的历程、特点与趋势》，《兰州学刊》2010年第6期，第75页。

② 杨风、陶斯文：《中国城镇化发展的历程、特点与趋势》，《兰州学刊》2010年第6期，第75页。

且被逐渐淘汰，新的生产机器还没有完全建立，国民经济剩余积累速度相对滞后。虽然中国城乡一体化速度同比增加，但相对世界其他国家则相对减速，城乡一体化发展速度明显落后于世界先进水平。近代中国城乡一体化道路同中国革命一样艰辛，除了少数时期（如第一次世界大战前后）的短暂繁荣外，城乡一体化发展缓慢甚至停滞和衰退。这与革命年代的战争破坏和反动政府在经济上的倒行逆施密不可分。① 据美国学者斯金纳研究，1843～1949 年间，世界人口平均城乡一体化率已超过 28%。期间，中国城镇人口由 2070 万增加到 5765 万，人口城镇化率由仅 5.1% 增加到 10.6%。

二　新中国成立以来城乡一体化发展历程

从大的阶段来看，新中国的城乡一体化经历了新中国成立后至改革开放前的城乡一体化抑制阶段、改革开放以来至 20 世纪 90 年代中期的以小城镇为主导的城乡一体化阶段，以及目前的城乡一体化加速发展阶段。中国的城乡一体化整体呈现发展速度逐渐加快之势（见图 1），城乡一体化率由新中国成立时的 10.6% 迅速跃升到 2010 年的 43%，快速缩小与世界先进水平的距离。

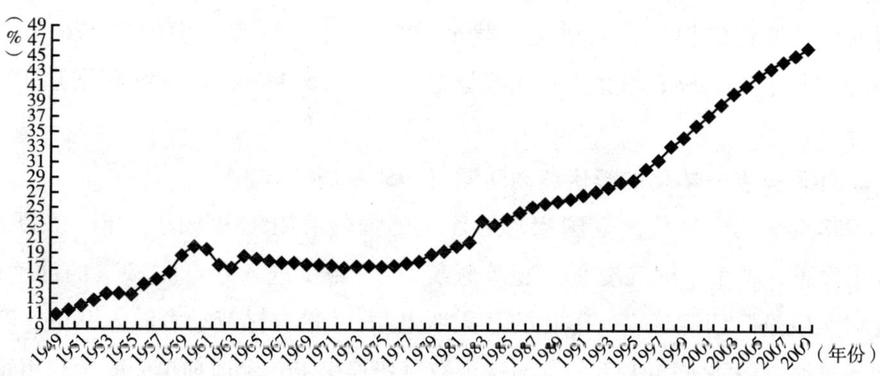

图 1　1949～2009 年中国城乡一体化发展水平

资料来源：相关年份《中国统计年鉴》、《中国国民经济和社会发展统计公报》。

① 广德福：《中国特色城市化发展问题研究》，吉林大学博士学位论文，2005 年 11 月，第 17 页。

（一）城乡一体化抑制阶段（1949～1978年）

在城乡一体化抑制阶段，中国的城乡一体化又可进一步划分为城乡一体化的恢复期、起伏波动期、下滑与停滞期三个时期。

1. 城乡一体化的恢复时期（1949～1957年）

新中国成立后，城乡一体化开始起步。1949年，新中国成立，立足中国国情建立起计划经济管理体制。为了恢复国民经济，巩固新生政权，国家制定了优先发展重工业的战略。1952年底，党中央提出了过渡时期的总路线：要在一个相当长的时期内，逐步实现国家的社会主义工业化，并逐步实现国家对农业、手工业、资本主义工商业的社会主义改造，即“一化三改”。1953年起，中国开始实施第一个五年计划，基本任务是集中力量进行社会主义工业化的基础建设。

在这种背景下，新中国在一穷二白、百废待兴、建设资金极度匮乏的情况下，开始了现代化之路。1955年、1956年，国家分别发布了《关于当前城市建设工作的情况和几个问题的报告》和《关于加强新工业区和新工业城市建设工作几个问题的决定》，逐步确立了控制大城市规模、积极发展中小城市的指导思想，城市均衡分布发展。随着工业化启动，中国城乡一体化也就上马了。当时，全国仅有城市132个，城镇人口仅占全国总人口的10.6%。经第一个五年计划，中国城乡一体化取得了很大成绩。截至1957年末，城市已发展到176个，比1949年增长了33.3%；城镇人口占全国总人口的15.4%，比1949年增加了4.8个百分点。

2. 中国城乡一体化的起伏波动时期（1958～1965年）

1958年，出于尽快改变国家落后面貌的强烈愿望，中国的三年“大跃进”拉开了序幕，整个中国沉浸在“超英赶美”、“跑步进入共产主义”的冲动中。工业“大跃进”引起城乡一体化的“大跃进”，大量农村劳动力涌入城市，新城市增长迅速。1958～1961年，全国城市数目快速由176个增加至208个，市镇人口占总人口的比重也快速由15.4%上升至19.3%，年均增长5.83%。[①] 中国的城乡一体化在以飞奔的速度发展。

但是，工业“大跃进”运动的失败与三年自然灾害交织在一起宣告了这种

① 国家统计局国民经济综合统计司编《新中国五十年统计资料汇编》，中国统计出版社，1999。

超常城乡一体化的失败。1961 年下半年，中国发布了《关于减少城镇人口和压缩城镇粮食销量的九条办法》和《关于精减职工工作若干问题的通知》，要求三年内减少城镇人口 2000 万以上。与此同时，经济上也开始实行“调整、巩固、充实、提高”的方针，缓解 1959 ~ 1961 年国民经济所遭遇的严重困难。1963 年 12 月，《关于调整市镇建制，缩小城市郊区的指示》实施，要求对新设城镇或原已设镇的地方逐个审查，撤销不符合设市条件的城镇，缩小市的郊区。1964 年《关于户口迁移政策规定》的实施，配合 1958 年颁布实施的《中华人民共和国户口登记条例》，对城乡人口实行了严格的户籍管理，限制了城乡之间人口流动。而且，通过人民公社制度，对农村劳动力实行属地管理和“自然就业”政策，不断增加的农村劳动力只能依附于有限的土地谋求生存和发展，城乡二元结构逐步形成。① 其中，作为国民经济调整的重要措施，精减城镇人口、调整市镇建制等措施严重抑制了城乡一体化的发展。期间，中国城乡一体化出现了先高后低的波折，呈现波浪式发展态势，1963 年城镇化率最低（见图 2）。

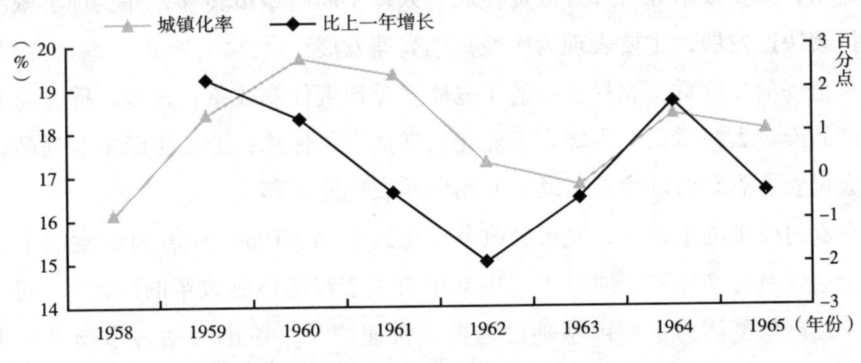

图 2　1958 ~ 1965 年中国城乡一体化发展变动

资料来源：相关年份《中国统计年鉴》。

3. 城乡一体化发展的下滑与停滞时期（1966 ~ 1978 年）

受“文化大革命”和中苏关系紧张的影响，中国城乡一体化出现了停滞和下滑趋势。中国内部受“文化大革命”的影响，社会实际进入了动乱状态，“文化大革命”期间的城市建设和规划管理处于无政府状态；外部受苏联武力威胁，

① 叶裕民：《中国城市化之路——经济支持与制度创新》，商务印书馆，2001，第 113 页。

进入备战备荒的三线建设。中国逐步疏散在城市的人口，工业布局上执行“靠山、分散、隐蔽”方针，城镇建设不考虑自然和交通等条件，为追求国家安全而一味强调分散。与此同时，为支持重点工程建设资金需要，实行“先生产后生活”方针，大规模压缩城市基础设施建设投资。这一阶段城镇建制工作基本陷于停顿，甚至一路下滑，形成了一个明显的“谷底”，理论界则出现了反城乡一体化思潮。1966～1977 年，中国的城市数目从 171 个增加至 188 个，年均增长不到 1.5 个，市镇人口年均增长 2.06%，低于同期市镇人口的自然增长率。从市镇人口比重来看，由 1966 年的 17.9% 下降至 1972 年的 17.1%，然后逐渐上升至 1977 年的 17.6%，但仍未超过 1966 年的水平，城市化处于停滞阶段。①

（二）以小城镇为主导的城乡一体化阶段（1978～1995 年）

1978 年开始的改革开放，标志着中国城乡一体化进入一个新的发展时期。这一时期，城乡改革和对外开放促使农村人口不断向城市转移，并实现了城乡一体化持续快速发展，主要表现为小城镇的高速发展。

从市场的角度看，农村实行的家庭联产承包责任制改革，使粮、棉、油等主要农产品产量大幅增长，为城市工业化发展提供了保障；劳动生产率的提高，创造了大量农业剩余劳动力，劳动力开始向非农产业转移。

在农村改革的推动下，城市的改革也正式启动。1984 年 10 月，党的十二届三中全会认真总结经验，通过了《中共中央关于经济体制改革的决定》。随着城市经济逐渐恢复活力，城市基础设施投资快速增长，城市劳动力市场进一步开放，户籍管理制度逐步改革，城市粮油计划供应制度最终取消，这一切改革的深入和完成，加速了农村剩余劳动力向城市的迁移，推动了城乡一体化快速发展。而对外开放则借助了农村和城市协同发展的惯性，推动了城乡一体化的发展，特别是各开放区的城乡一体化发展。

在这个过程中，国家的决策一方面巩固了以往发展的成果，另一方面也为下一步的发展奠定了基础。1979 年 9 月，十一届四中全会通过《中共中央关于加快农业发展若干问题的决定》，指出有计划地发展小城镇建设和加强城市对农村

① 王放：《中国城市化与可持续发展》，科学出版社，2000，第 99 页。

的支持，是加快实现四个现代化，逐步缩小城乡差别、工农差别的必由之路。1983 年 10 月，《关于实行政社分开建立乡政府的通知》规定，建立乡（镇）政府作为基层政权组织。1984 年元旦，《关于一九八四年农村工作的通知》再次指出，农村工业适当集中于城市，可以节省能源、交通、仓库、给水、排污等方面的投资，并带动文化教育和其他服务事业的发展，把集镇逐步建设成为农村区域性的经济文化中心。同年 10 月，《关于农民进入集镇落户问题的通知》规定，凡申请到集镇务工、经商、办服务业的农民和家属，在集镇有固定住所，有经营能力，或在乡镇企事业单位长期务工的，公安部门应准予落常住户口，及时办理入户手续。同时在粮油供应和房屋租建等方面，地方政府应提供方便。1985 年 1 月 1 日，《关于进一步活跃农村经济的十项政策》要求，在各级政府统一管理下，允许农民进城开店设坊，兴办服务业，提供各种劳务。城市要在用地和服务设施方面提供便利条件。1988 年 4 月，《中华人民共和国宪法修正案》以国家根本大法形式规定，土地使用权可依照法律规定转让。1990 年 5 月，《城镇国有土地使用权的出让和转让暂行条例》对城镇国有土地使用权出让和转让作出明确规定，为以后城镇房地产产业的发展提供了规范。① 以上各项政策措施通过加强市镇的经济功能，改革土地、户籍、就业、社会服务等制度，为城乡一体化发展既提供了保障，也提供了条件。

这个时期的城乡一体化是以农村改革为基础的，国家政策也主要释放农村的剩余生产力，主要表现为农村的城乡一体化。在这些因素的共同作用下，中国的城乡一体化逐渐恢复起来，而且以小城镇化为中心。1978 ~ 1991 年，全国建制市由 193 个增至 517 个，建制镇由 2173 个增至 14539 个，市镇人口由 17245 万增至 31203 万，人口城镇化率由 17.92% 上升至 26.94%。②

（三）城乡一体化的快速发展阶段（1992 ~ 2009 年）

以 1992 年春天邓小平南方讲话以及“十四大”的召开为标志，中国进入了全面建设社会主义市场经济体制时期。随着新一轮经济发展，城乡一体化步入快速发展时期。

① 参阅叶裕民《中国城市化之路——经济支持与制度创新》，商务印书馆，2001，第 130 页。

② 国家统计局：《中国统计年鉴 2003》，中国统计出版社，2003。

这段时间内，国家及时出台相应法规为新时期城乡一体化保驾护航。1994年7月，《中华人民共和国劳动法》规定，劳动者享有平等就业和选择职业的权利、取得劳动报酬的权利、休息休假的权利，第一次以法律形式赋予进城务工农民与城镇居民在劳动力市场具有同等权利。1997年6月和1998年7月，《小城镇户籍管理制度改革试点方案》和《关于解决当前户口管理工作中几个突出问题意见的通知》实施，进一步放松了农民进入城镇的限制，允许农民落户小城镇和中等城市，并取消了农民必须首先无偿交还承包地和自留地的规定，大大降低了农民进城务工风险。

以2002年党的十六大为起点，国家逐步调整了发展战略，为城乡一体化发展奠定了更加深厚的基础。2003年10月，党的十六届三中全会《中共中央关于完善社会主义市场经济体制若干问题的决定》提出，坚持以人为本，树立全面、协调、可持续的发展观，促进经济社会和人的全面发展，为新时期经济社会发展指明了方向。2004年9月，《中共中央关于加强党的执政能力建设的决定》提出，坚持最广泛最充分地调动一切积极因素，不断提高构建社会主义和谐社会的能力。2005年10月，《中共中央关于制定十一五规划的建议》全面论述了如何统筹城乡经济协调发展，提出了建设社会主义新农村的重大举措。2006年1月，《国家中长期科学和技术发展规划纲要》（2006~2020年）提出，加强自主创新能力，建设创新型国家。2006年10月，党的十六届五中全会提出，建设“资源节约型，环境友好型”社会。2007年10月，党的十七大全面系统阐释了科学发展观，并首次提出转变经济发展方式和生态文明的理念。以上重大战略决策，将通过促进城市产业结构调整和优化升级推动“三农”问题解决，完善经济和行政管理体制，实现城乡资源的进一步整合，最终推动城乡一体化更加深入发展。

这标志着中国的城乡一体化发展迈上了更高的台阶，进入了更健康的又好又快发展时期。1993~2009年间，城镇人口由33173万增加到62186万，年均增长4.3%，城镇化水平由28.0%提高到46.6%，年均提高1.24个百分点。

三　中国城乡一体化理论的演替

与中国城乡一体化发展的实践相适应，中国关于城乡一体化的理论也经历了三个阶段：反城乡一体化阶段、小城镇理论阶段以及现在多元化城乡一体化理论阶段。各阶段都有与当时城乡一体化实践相适应的理论。

（一）改革开放前的反城乡一体化理论

新中国成立至改革开放，中国基本上按照苏联模式，通过计划方式进行国民经济建设，包括城市建设和农村建设。这个时期，国内没有对城乡一体化的研究，无论在政府文件中，还是学术界著作中，几乎都找不到“城镇化”这个词。有人说，这个时期，中国没有城乡一体化理论。这是不对的。当时的城乡一体化理论实际藏在与计划经济相适应的意识形态里。改革开放前，中国学者、政界都认为，城乡一体化是资本主义的特有规律，社会主义经济不存在城乡一体化现象。公平优先的社会主导意识、计划方式的资源配置方式以及国际局势的紧张，再加上优先发展工业，都不利于产生城乡一体化的理论。所以，这个时期存在的是反城乡一体化理论，是城乡一体化理论的一种特殊存在形态。

（二）改革开放至20世纪90年代末的城乡一体化理论

与小城镇飞速发展和“三农问题”解决的迫切需要相适应，小城镇理论占据了中国城乡一体化理论的前台。这种理论认为，中国“三农”问题的根源是人地矛盾，村剩余劳动力的持续规模化转移是不争事实；原有城市无力接纳数以亿计急需转移的农村剩余劳动力，中国当时国情、国力也难以再建大量新城市以容纳从农村转移出来的人口，发展小城镇是中国城乡一体化进程的一条现实而有效的途径。因此，中国可以在原有的乡村集镇的基础上发展小城镇，以离土不离乡、进厂不进城的方式，就地消化大量的剩余劳动力。这种理论的倡导者以费孝通先生为代表。

与此同时，与小城镇论相对立，大城市论和中等城市论也登上理论殿堂。而且，倡导者很多。大城市论认为，大城市的快速发展是世界各国城乡一体化初期和中期的共同特征；农业分化、工业布局、第三产业的集聚效益和规模效益，输入技术、新兴工业对集聚的影响等要求优先发展大城市；在经济发展、医疗卫生、教育水平、社会环境等方面，城市的改革与其规模成正比关系，小城镇由于规模较小而经济效率低下，造成较大政府负担。因此，他们主张优先发展大城市。

中等城市论认为，中等城市兼有大城市和小城镇的优点，并易于克服二者的弊端。其理论倡导者也很多。中等城市既可以减轻“城市病”，使城市建设和生活质量得到改善，又解决了小城镇过于分散的问题，提高了空间集聚效益，从而提高了城乡一体化水平和质量。中等城市一般正处于规模扩张阶段，具有较强的吸引力，可以成为吸纳农村人口、缓解大城市压力、推动工业化和区域繁荣的增长极。所以，中等城市应当优先发展。

（三）20世纪90年代末至今的城市多元发展理论

这个阶段，随着核心城市带动的城市群和都市圈等区域经济现象的出现，学者们逐渐跳出了城市规模单一取向的框框，认为不存在统一的能被普遍接受的最佳城市规模，城镇体系应由大中小各级城镇组成的，各级城镇都有存在的客观基础，城乡一体化模式应是多元、多层次的。

多元发展论认为，中国人多地广，地域差异大，不能走单一城乡一体化道路。而应从实际出发，依靠市场机制，因地制宜地进行城乡一体化。

纵观中国城乡一体化理论发展的轨迹，总体来讲，学者们都立足中国经济社会发展的需要，围绕什么是城乡一体化、中国是否应该实行城乡一体化、城乡一体化道路的选择、城乡一体化水平认定、城乡一体化动力机制、中外城乡一体化比较、中国城乡一体化进程、城乡一体化一般规律、城乡一体化发展中制度和政府的作用等问题展开，取得了丰硕成果，有力地支持了中国城乡一体化发展的智力需要。

我国统筹城乡发展应警惕三大风险

康晓琳　王天龙*

一　对“城乡统筹”政策的简要回顾

城乡统筹政策的提出，是基于我国目前城乡二元结构带来的发展障碍、农村与城市经济社会发展存在巨大差距的现实而提出的，其根本目的是为了解决国家转型期经济、社会、生态的协调发展，保障公民基本权利，保持国际大国形象，维护政治稳定，保障中国经济持续、健康、快速发展。

（一）党中央、国务院关于城乡统筹的政策演变

2003 年，十六届三中全会通过《中共中央关于完善社会主义市场经济体制若干问题的决定》（以下简称《决定》），在“我国经济体制改革面临的形势和任务”中，首次提出了经济、社会协调发展的“五个统筹”，即统筹城乡发展、统筹区域发展、统筹经济社会发展、统筹人与自然和谐发展、统筹国内发展和对外开放。其主要任务是为“完善社会主义市场经济体制的目标和任务”，“更大程度地发挥市场在资源配置中的基础性作用，增强企业活力和竞争力，健全国家宏观调控，完善政府社会管理和公共服务职能，为全面建设小康社会提供强有力的体制保障”。时任国务院发展研究中心副主任谢伏瞻在解读《决定》时指出：“中央在十六届三中全会所形成的这个《决定》就是试图来解决这五个方面的不

* 康晓琳，清华大学公共管理学院；王天龙，中国国际经济交流中心研究部。

协调，把这五个方面的统筹发展作为我们新的改革观和发展观，按照这样的目标来设计我们未来改革的方案，为我们未来的改革发展提供一个好的制度环境。”“三农”问题被放在决定中的第四部分“深化农村改革，完善农村经济体制”。在这部分中，对“农村土地制度”、“农业市场”、“农村税费改革”、“农村富余劳动力”等四方面进行了部署。

可见，城乡统筹是为解决我国经济体制改革过程中面临的主要问题——即社会主义市场经济体制的完善而提出的，在“五个统筹”中居首位。党的十六届四中全会，胡锦涛同志提出了“两个趋向”的重要论断：“纵观一些工业化国家发展的历程，在工业化初始阶段，农业支持工业、为工业提供积累是带有普遍性的趋向；但在工业化达到相当程度以后，工业反哺农业、城市支持农村，实现工业与农业、城市与农村协调发展，也是带有普遍性的趋向。”开始对农村、农业与城市、工业未来发展的对接、协调进行部署。不难发现，城乡统筹发展正是要加快推进城乡一体化，打破城乡二元结构，让广大城乡居民共享现代文明成果，形成以工促农、以城带乡，城乡协调发展的新格局。

2007 年党的十七大召开，其主题是：高举中国特色社会主义伟大旗帜，以邓小平理论和“三个代表”重要思想为指导，深入贯彻落实科学发展观，继续解放思想，坚持改革开放，推动科学发展，促进社会和谐，为夺取全面建设小康社会新胜利而奋斗。其中，加入了有关“科学发展观”的理念，并将 2003 年《决定》中的五个统筹的内涵作了进一步扩充。与我国所处阶段相结合，提出在科学发展观下的可持续发展，统筹兼顾是协调持续发展的根本方法。并在统筹兼顾中再次强调了“统筹城乡发展、区域发展、经济社会发展等”。报告的第五部分“促进国民经济又好又快发展”中的第三条，突出强调“统筹城乡发展，推进社会主义新农村建设”。其中，“解决好农业、农村、农民问题，事关全面建设小康社会大局，必须始终作为全党工作的重中之重”。同时，新华网对十七大报告的《解读：形成城乡经济社会发展一体化新格局》① 中指出，“党的十七大报告在阐述和部署社会主义新农村建设任务时明确提出，要建立以工促农、以城带乡长效机制，形成城乡经济社会发展一体化新格局。这是党中央对统筹城乡发展提出的新方针和新要求……为下一步推进城乡经济社会协调发展指明了

① 参见 http：//news. xinhuanet. com/newscenter/2007 - 12/01/content_ 7178844. htm。

方向”。

“三农”问题在这个时期被提到了基础性的高度，城乡统筹开始结合“三农”问题一起被提上国家议事日程。区域协调发展战略被放在调整区域均衡发展、缩小区域差距上，结合主体功能区规划，调整经济布局。统筹城乡的提法也被进一步深化，演进为“城乡经济社会发展一体化”（简称“一体化”）。从字面上可以看出，早期提出的城乡统筹是将城市以外的范围统筹纳入城市体系中共同考虑，略有主次之分。尽管也是统筹，标准可能不一样；而一体化更多的是体现了机会、效果等方面的平等，淡化了城市与农村的差别，打破了城乡二元结构，将城市与农村平等地纳入到经济社会发展的有机总体中。①

2008 年 10 月，十七届三中全会通过了《中共中央关于推进农村改革发展若干重大问题的决定》，提出城乡统筹是作为实现农村改革的重要步骤和途径，并确定“到 2020 年，农村改革发展基本目标和任务：农村经济体制更加健全，城乡经济社会发展一体化体制机制基本建立……”着重强调“必须统筹城乡经济社会发展，始终把着力构建新型工农、城乡关系作为加快推进现代化的重大战略。统筹工业化、城镇化、农业现代化建设，加快建立健全以工促农、以城带乡长效机制，调整国民收入分配格局，巩固和完善强农惠农政策，把国家基础设施建设和社会事业发展重点放在农村，推进城乡基本公共服务均等化，实现城乡、区域协调发展，使广大农民平等参与现代化进程、共享改革发展成果。”此时，统筹城乡经济社会发展成为重要目标，且明确统筹城乡是农村发展的关键。

2010 年中央一号文件《中共中央国务院关于加大统筹城乡发展力度进一步夯实农业农村发展基础的若干意见》指出：2010 年农业农村工作的总体要求中提出“把统筹城乡发展作为全面建设小康社会的根本要求，把改善农村民生作为调整国民收入分配格局的重要内容，把扩大农村需求作为拉动内需的关键举措，把发展现代农业作为转变经济发展方式的重大任务，把建设社会主义新农村和推进城镇化作为保持经济平稳较快发展的持久动力，按照稳粮保供给、增收惠民生、改革促统筹、强基增后劲的基本思路，毫不松懈地抓好农业农村工作，继续为改革发展稳定大局作出新的贡献”。全文从健全政策体系、提高现

① 参见党的十七大解读，http：//news. xinhuanet. com/ziliao/2007 – 10/30/content_ 6974258. htm。

代农业装备水平、改善农村民生、协调推进城乡改革、农村基层组织建设等五方面进行了阐述。一号文件也对统筹城乡发展的具体步骤和措施有了细化的布局安排，实施方法不断完善。将统筹城乡问题定位为建设小康社会的“根本需求”。

（二）城乡统筹的内容

随着社会事业的不断发展，在市场经济体制完善过程中，因城市－农村、农业－工业、经济－社会等不协调而导致的各种社会问题也随之出现，使得城乡统筹的内涵和范围相应的扩大且明晰。

城乡统筹提出之初，对城乡统筹的解读是主要解决“三农问题”，其内容“是统筹城乡经济和社会发展，是一个宽广的内容，不仅仅指财政方面，而是指整个国民经济的发展方面如何做到城乡统筹”①。国内学者对城乡统筹的内涵也进行了总结，有的认为“城乡统筹包括城乡关系统筹、城乡要素统筹和城乡发展统筹三个方面的内容”。从城乡包括的要素，如区位、产业、人口、生产资料、土地、政治权利等领域概括为三个层面，并在此基础上建立了城乡统筹的指标体系。② 也有按具体统筹的内容分类，认为城乡统筹主要包括“发展城乡基础教育、统筹城乡居民迁徙权、统筹城乡就业、统筹社会保障、统筹工业现代化与农业现代化的发展、统筹发展城市与建制镇、统筹解决都市中的城乡矛盾”③ 等内容。农业部产业法规政策司 2004 年发表的关于《统筹城乡和统筹经济社会协调发展研究》一文将城乡统筹的内容分为了以下四点，即农村财政、农村金融、土地征收与补偿、户籍制度和就业制度。该分类是对当时农村、农业发展中存在的问题提出的，具有一定的针对性，是统筹城乡过程中应该注重的方面。

城乡统筹概念提出之后，打破二元结构、建立一元结构的方向已明确，将统筹城乡作为城市发展的重要理念，“城乡一体化”是实现统筹的实现方式。学术上探讨的文章主要从 2005 年开始到现在，其主要领域包括了新农村建设、发展

---

① 参见陈锡文《解决“三农”问题》，《城乡建设》2003 年第 5 期。

② 参见李岳云等《城乡统筹及其评价方法》，《农业技术经济》2004 年第 1 期。

③ 参见胡乃武、叶裕民《统筹城乡大战的战略思考与对策》，《理论研究》2004 年第 6 期。

城镇、农村金融、农业产业化等领域，其涉及的具体内容也在不断拓宽，比如包括农民就业、农地补偿和农村人口居住、农民的社会保障、农民教育、户籍政策、公共服务均等化，等等。从解决“三农”问题到农民享有与城市居民同等的基本公共服务，是对统筹问题认识的深化，也是在城乡统筹政策应用于实践的创新点。

二　统筹城乡发展在全国的实践

（一）惠农政策

从2004年开始到现在，党中央给予农民连续性的、密集的系列惠农政策（参见表1），在全国层面的城乡统筹指导下，城乡一体化发展大幕拉开。

表1　2006～2010年中央具体惠农政策一览

年份	具体惠农政策
2006	▲1月1日，延续了2600多年的农业税全面取消。2月17日，农民告别农业特产税和屠宰税。 ▲国家全部免除西部地区农村义务教育阶段学生学杂费。
2007	▲国家全部免除农村义务教育阶段的学杂费，对贫困家庭学生免费提供教科书。 ▲7月，国务院发出在全国建立农村最低生活保障制度的通知，要求将符合条件的农村贫困人口全部纳入保障范围。 ▲财政部、商务部出台政策，自12月起在山东、河南、四川、青岛进行家电下乡试点，对彩电、冰箱（含冰柜）、手机三大类产品给予产品销售价格13%的财政资金直补。
2008	▲6月，中共中央、国务院颁发《关于全面推进集体林权制度改革的意见》，首次将集体所有的林权使用权时间延长至70年，同时，集体所有的林地获准流转和抵押。此举被称为“第三次土改”。 ▲10月，《中共中央关于推进农村改革发展若干重大问题的决定》提出，现有的土地承包关系要保持稳定并长久不变。
2009	▲9月，国务院发布《关于开展新型农村社会养老保险试点的指导意见》。 ▲11月，国务院出台扩大内需促进经济增长十项措施，提高粮食综合直补、良种补贴、农机具补贴等标准，大力促进农民增收。
2010	▲10月，住房和城乡建设部等6部门下发通知，在山东省、宁夏回族自治区开展建材下乡试点，支持农户依法依规建设自用住房。

资料来源：根据《人民日报》《“十一五”期间惠农政策大事记》整理。

（二）城乡统筹下的农村社会保障体系的建立

1. 新型农村合作医疗制度①

城乡统筹的过程中，为保障农民与城市居民获得同等的基本卫生服务、缓解农民因病致贫和因病返贫等问题，农村合作医疗应运而生。2002 年 10 月，《中共中央、国务院关于进一步加强农村卫生工作的决定》明确指出：要“逐步建立以大病统筹为主的新型农村合作医疗制度”，“到 2010 年，新型农村合作医疗制度要基本覆盖农村居民”，“从 2003 年起，中央财政对中西部地区除市区以外的参加新型合作医疗的农民每年按人均 10 元安排合作医疗补助资金，地方财政对参加新型合作医疗的农民补助每年不低于人均 10 元”。

2. 新型农村社会养老保险②

在加快建立覆盖城乡居民的社会保障体系的过程中，新型农村社会养老保险制度对确保农村居民基本生活，推动农村减贫和逐步缩小城乡差距，维护农村社会稳定有重要的意义。《国务院关于开展新型农村社会养老保险试点的指导意见》（国发［2009］32 号）对新农保的参保范围、资金来源、养老金待遇等问题作了明确规定，同时，在实际运作过程中《指导意见》更多地尊重地方试点经验，给予地方更多的弹性空间。无论是日趋完善的“新农合”政策，还是刚刚起步的“新农保”政策，在统筹城乡的思路下，农村居民与城市居民享受同等的社会保障水平正在逐渐接近。

（三）城乡统筹中的土地管理

土地问题一直是困扰我国改革和城乡发展中的重要环节，从国家的宏观政策到居民的衣食住行、生态环境，无一不落在区域空间的土地上。在城乡统筹过程中，土地的二元所有制（集体所有制与国家所有制）如何适应城乡一体化的一

---

① 新型农村合作医疗，简称“新农合”，是指由政府组织、引导、支持，农民自愿参加，个人、集体和政府多方筹资，以大病统筹为主的农民医疗互助共济制度。采取个人缴费、集体扶持和政府资助的方式筹集资金。

② 新型农村社会养老保险，称为“新农保”，是继取消农业税、农业直补、新型农村合作医疗等政策之后的又一项重大惠农政策。采取个人缴费、集体补助和政府补贴相结合，其中中央财政将对地方进行补助，并且会直接补贴到农民头上。

元结构，国家在给予地方充分的“试验权”后，各地的土地制度各有不同，甚至在相同城市的不同区县也有不同的土地管理方法。

重庆的“地票”制度是基于解决城乡一体化中城市发展的土地来源和农村发展的资金来源问题，提出利用市场机制，将农村建设用地通过复垦兑换等面积的建设用地指标，并在土地交易所交易，得到指标后可在城市规划区范围内选择相应面积的土地使用。是一种通过“地票”的中间形式，将集体土地进行权属流转的方式，在一定程度上实现了土地的城乡一体化管理。杭州作为发达省份的省会城市，在城乡统筹建设中积极发挥新农村的作用，采取了“下山上楼”模式，将丘陵、山区中居住的农民整村从山上搬下来，集中住在山下政府选址建造的楼房中，实现该地稀缺土地的集约利用。天津通过推行“宅基地换房”办法，安置城乡一体化的农民居住问题，即农民以其宅基地按照规定的置换标准，换取小城镇内的一套住宅，迁入小城镇居住。将原村庄建设用地进行复耕，而节约下来的土地整合后再招拍挂出售，用土地收益弥补小城镇建设。[①] 嘉兴的“两分两换”是用于安置统筹城乡后的失地农民的居住和社会保障的经验。其中“两分”，是指“宅基地和承包地分开、征地和拆迁分开”，农民的宅基地和承包地可以分别处置，自主选择保留或者置换。“两换”，目前主要是“以土地承包经营权置换社会保障”和“以宅基地置换城镇住房”。

无论是重庆的“地票”制度、杭州的“下山上楼”的新农村建设，还是天津的“宅基地换房”、嘉兴的“两分两换”，这些做法都是为解决土地流转过程中的土地产权、农民利益、地方政府的土地财政及分配如何平衡的问题。目前各地出现的土地管理经验，正是中央考虑到全国各地自然资源情况的巨大差异性，土地作为生态与人类生存的承载者，在城乡统筹过程中引导地方政府探索适合本地区发展的土地管理模式，这种放开尝试的政策对现阶段突破城市发展瓶颈较为有效，但各地经验是否可以持续的实行并推向全国其他地区，还有待于进一步的论证和研究。

三　我国统筹城乡发展进程中存在三大风险

目前，城乡统筹过程中存在着一系列隐含风险，主要是统筹城乡发展过程中

① 资料主要来自 2010 年 4 月“北大－林肯中心土地制度论坛”的部分会议文件的整理。

盲目追求城市化率、违反城市总体规划、侵害农民利益现象时有发生；城镇化进程中对农用地的侵占造成粮食安全风险；在省管县财政体制下，对于城市发展水平较高的地区，一方面城市对乡镇县发展带动力量不足，另一方面县级及以下得不到城市财政支持，却要为所在城市行政区域的 GDP 指标贡献力量。

（一）我国的粮食安全存在隐性风险

从目前各地关于城乡统筹中土地流转的实践经验来看，现行的种种做法只是注重“占补平衡”中的数量平衡，却忽视了质量平衡的问题，而恰恰是土地质量，是决定粮食产量的关键所在。土地管理法中，对“占多少、补多少”原则有明确的说明，即土地质量和数量两方面都要与所占耕地相同。在土地财政的导向下，地方政府更多的注意力放在土地面积的数量上（因为这与土地出让价格直接相关），而被忽视的土地质量，才是耕地保护法、土地管理法中对耕地保护的核心所在，土壤肥力直接关系着国家的粮食安全战略，这一点却极少引起重视，这必将为未来国家的粮食安全埋下重大隐患。在实际调研中发现，县级政府偷换土地管理法中的“土地整理”与“复垦”的概念、以各种手段获取更多的农村集体用地的土地面积，如建设用地的复垦、剥离土层等，其所谓的“土地整理”是将农村的土地整理出来作为建设用地使用，而不是土地管理法中“按照土地利用总体规划，对田、水、路、林、村综合治理，提高耕地质量和增加有效耕地面积，改善农业生产条件和生态环境”①，综合整治以集约利用耕地；关于土地复垦，地方政府的做法是将建设用地复垦成为耕地，而土地管理法中规定的复垦对象是“因挖掘、塌陷、压占等造成土地破坏”，即土壤肥力没有破坏的土地，同时“国家鼓励生产建设单位优先使用复垦后的土地”②，由此可见，目前将建设用地复垦为耕地的行为与土地管理法的要求是完全的本末倒置。耕地保护的法律与目标在市场经济的浪潮中已被完全扭曲，简单粗暴的整理与复垦方式只能导致土地自然生产能力的下降、萎缩，没有一定面积的、有生产能力的耕地资源作为预留的保障用地，粮食安全隐患风险令人担忧。

---

① 出自《中华人民共和共土地管理法》第四十一条“土地整理”的相关内容。

② 参见《中华人民共和共土地管理法》第四十二条“土地复垦”的相关内容。

（二）农民权利存在未得到全面有效保护的风险

早期的城市化过程，存在牺牲农民利益的情况。党的十六大提出城乡统筹后，注重城市与农村的协调发展，对农民丧失天然享有的土地权利给予多种补偿，并且在土地流转中更加注重农民的意愿。除东部沿海发达省份的农村主要劳力已从事非农生产外，在国内更广大地区的农民与土地的关系仍旧十分紧密。长久以来，农村居民与土地的关系形成了其生活方式，城市化对农村居民而言，是生活方式的转变，这种转变是一种极大的挑战，而由这种变化带来的农民内心的冲突，是难以被注意到的。出现的住上楼房或集中居住的农民在新修的水泥地上烧麦秸、养家禽等现象，其实是他们与原来生活联系的纽带。城乡统筹是党中央带领全国人民，尤其是农村居民过幸福生活的政策选择，而在城市统筹农村的过程中，农村居民究竟希望过上什么样的生活似乎没有被足够的重视，只是用城市居民的标准在限定农民。因此，在追求大规模新农村建设、乡村整洁的同时，不应忽视农民自身的愿望与选择，在他们牺牲了习惯的生活方式、为城市建设贡献出土地的同时，需要更多地聆听农村居民的声音，以使正确的政策通过科学合理的方式得以实现。正如温总理在 2010 年 11 月 10 日主持召开的“研究部署规范农村土地整治和城乡建设用地增减挂钩试点工作”的会议上所强调的，“充分尊重农民意愿，涉及村庄撤并等方面的土地整治，必须由农村集体经济组织和农户自主决定，不得强拆强建。严禁违法调整、收回和强迫流转农民承包地。坚决防止违背农民意愿搞大拆大建、盲目建高楼等现象”。

（三）省管县的财政体制可能在部分地区制约城乡统筹进程

1982 年，我国在省县之间加入地级市，市管县体制构成了最基本的纵向权力结构体系，演变成中央、省、市、县、乡镇的五级基本区划模式。1994 年实行分税制后，仅明确了中央政府和省级政府的收入分配机制，而地级政府自行决定其与县级政府的收入分配模式。造成财力自下而上逐级向上集中，省和市级政府财力集中，县乡两级比重下降。从 1992 年开始实行的“省管县”改革，目前为止全国已经有 2/3 的省市试水该政策。2009 年财政部《关于推进省直接管理县财政改革的意见》强调，2012 年底前，力争全国除民族自治地区外全面推进省直接管理县财政改革，随后，全国所有省份（除自治区外），均出台了关于省直管县的相关文件。大部分省份做法是，将市一级的财政权利下放到县一级，财政收入目标、转移支付、拨款、财政预决算、资金调度等由县一级直接行使权利。

浙江是最早实行省直管县的省份，由于其发达的县域经济和雄厚的经济基础，该政策契合了当地的发展水平，效果显著。但是，通过近期在杭州县市的调研发现，在相对富裕的发达市县，省管县的财政制度对城乡统筹发展有一定的阻碍作用。一是实行财政省管县政策后，县市财政独立发展，而实践中省对县的财政支持力度微弱，转移支付水平低于市管县时期；二是各地发展特色不同，市区的发展水平仍旧高于县（市）一级，而市一级对下辖县市的辐射带动作用有限，经济发展方面市与县的交流缺失，从而削弱了市对县的发展支撑水平，市级带动县乡发展的动力不足，加剧了同一行政区域内经济发展的不平衡。市一级作为资源的主要分配者，尽管财政上可以通过省直管县政策消除其对县级的“盘剥”，但是在人事任命、区域发展等社会管理事务方面，仍旧是市级领导县级工作，造成各县与市区相互争夺资源。财政省管县如何在城乡统筹过程中发挥显著优势，实行怎样的具体制度安排能够让省管县财政政策更好地服务于城乡一体化建设，需要进一步的探索。

四　未来推进统筹城乡发展的几点建议

城乡统筹发展的过程，注定是个长期的公共管理、市场经济、公民权利的调整过程，不会一蹴而就。中央与地方的财政支出、基本公共服务、农民权利等问题都会在城乡统筹的大框架下缓慢调整，这需要更加注重城市规划、国民经济发展规划、土地利用规划的落实，理性并有条不紊地推进城乡统筹发展。

1. 要注重保护有限耕地资源的生产力

我国的发展路径是由政府主导、推动，社会发展与城乡建设的人为痕迹十分明显，这种发展模式一方面带来了有目共睹的高速发展成就，另一方面也留下了盲目扩张、内耗巨大的资源耗竭危险。城市化的进程本来应该是城市内生发展的需要，城市规模的扩大、产业的集聚、人口的集中本应是经济社会自然发展阶段的表现，而政府过度干预、甚至主导的结果可能导致发展动力的超前耗竭而难以为继。在目前城市化大跨步、飞速发展的阶段，建设用地作为稀缺资源，其市场价值得到了体现。但是不能忘记的是我国还面临着供给13亿国内人口（以及对外出口）的口粮任务，适宜耕种的农用地是更加稀缺的土地资源，因为建设用地可以不断创造出来，而农用土地向建设用地的开发是不可逆的过程。尽管基本农田有法律保护，但除此之外的适宜耕种的土地资源被城市化的车轮碾过后，取而代之的是肥力贫瘠的复垦建设用地、荒地、不适宜种植地，已经丧失了余留发展的耕地资源。世界粮食出口量居世界第三的俄罗斯，因干旱和大火，于2010年8月决定暂时禁止粮食及粮食产品出口，这为提醒我们注重粮食安全敲响了警钟。在城乡统筹的过程中，土地资源、尤其是可耕种的土地资源保护不容忽视，应放缓城市化进程土地用途变更步伐，停止牺牲土地资源换取经济收益，在现有建设用地基础上整理土地、提高土地的集约利用效率，才是可持续的城市化发展道路。

2. 在富裕地区实行“就地城镇化”的思路

所谓“就地城镇化”，就是农村人口不向大中城市迁移，而是以中小城镇甚至中心村为依托，通过发展生产和增加收入，发展社会事业，提高自身素质，改变生活方式，过上和城市人一样的生活。该思路与温家宝总理2010年11月10日主持召开的国务院常务会议强调的“开展农村土地整治要坚决防止违背农民意愿搞大拆大建、盲目建高楼等现象”相契合。实践中，富裕地区的很多县级区域内的经济、建设的水平已经等于或高于中部地区某些中等城市的发展水平，且其发展动力较强，在这种情况下，农民进城仅仅是城市化的一种表象，其实质是农民职业非农化、生活方式城市化和思想观念现代化。因而，提倡发达地区按照“就地城镇化”的做法，一方面节约了土地资源的浪费，另一方面也节省了大量的人力、物力、财力在空间流动中的无谓损失，领会城镇化的实质内涵，才能真正实现城乡居民从公共服务到人文素质的“一体化”。

3. 国民经济发展规划要服从于城市空间规划、土地利用规划

一切社会经济发展都是根基于一定的空间、土地的，一味注重国民经济发展而忽视了城市空间与土地利用规划，注定是舍本逐末、不可持续的。正如我国城市的经济建设发展到一定阶段后，需要开始考虑城乡统筹、城乡协调和谐发展一样，经济发展规划应该在其承载者——一定的空间与土地范围内进行，而不是以冲破城市总体规划、土地利用规划为常态，不能让规划为经济发展服务，否则就失去了规划的意义。在土地财政的激励下，地方政府忽视土地的集约利用，不断地扩张城市建成区的面积范围；同时，各地政府使用预支的土地价值，支付为未来预留的发展空间，这种“寅吃卯粮”的现象在目前的城市化进程中十分普遍。土地与空间所承载的生态功能，是不会像建成区的建筑拆后再建而不受影响的，其就如农用地向建设用地的用途变更是不可逆的，而非简单认为的建设用地复垦，就能达到原来的生态能力。2010 年 10 月 28 日发布的《中共中央关于制定国民经济和社会发展第十二个五年规划的建议》中强调，以科学发展为主题，“坚持把建设资源节约型、环境友好型社会作为加快转变经济发展方式的重要着力点”，如何实现资源节约型、环境友好型的社会，需要严格按照土地利用规划、城市总体规划等，在保护好经济社会承载者的基础上，才能实现。因此，在城乡统筹的过程中，不能只为追求经济发展，而毁坏经济发展的物质空间，这种短视的、急功近利的行为，只能给未来发展带来更大的障碍和桎梏，应该特别重视国民经济发展规划与城市空间规划、土地利用规划相适应。

运用财税政策促进城乡基础设施一体化发展

梁云凤*

我国城乡二元结构是传统工业化发展战略和城乡分离体制的产物，而我国公共资源的倾斜式分配、在公共产品提供上城乡严重不均衡和改革战略取向则进一步强化了二元结构的程度，最终带来的是城乡间居民所享受的公共服务和基础设施的巨大差异。新中国成立以来，我国一直在努力发展农村基础设施建设，基本上满足了农村发展的需求。经过的努力，现在已经初步建成了覆盖主要农业产区的农村基础设施网络，设施网络密度有了明显提高，设施服务面与服务对象有了明显扩大。但是从总体看，我国农村基础设施建设滞后的状况并没有从根本上得到解决，无论是从布局、数量，还是从规模上都还远远不能满足现代农业发展的需要。

一　城乡基础设施一体化发展的重要意义

城乡一体化思想由来已久，按照马克思主义经典理论，城乡一体化即“通过消除旧的分工，进行生产教育，变换工种，共同享受大家创造出来的福利，以及城乡的融合，使社会成员的才能得到全面的发展”，广义上讲，城乡一体化就是在生产力、城市化水平发展到一定阶段时，城市与乡村之间，逐渐打破壁垒，实现生产要素的合理流动和优化组合，二者互为市场，互相服务，逐渐改变城乡

* 梁云凤，中国国际经济交流中心博士，研究员。

生产生活方式，实现城乡全面协调可持续发展的动态过程。十六届三中全会提出科学发展观，强调“五个统筹”，将“统筹城乡发展”置于首位，并把“建立有利于逐步改变城乡二元经济结构的体制”作为完善社会主义市场经济体制的主要任务之一。十七届五中全会通过的第十二个五年规划的建议，要求“统筹城乡发展，积极稳妥推进城镇化，加快推进社会主义新农村建设，促进区域良性互动、协调发展”。构建城乡一体化格局，对于深入贯彻落实科学发展观、消除城乡二元结构、维护社会稳定、实现经济协调发展有着重要意义。

基础设施作为经济社会可持续发展的基础和保障，是城乡一体化发展的一个必不可少的硬环境，更是城乡各种要素流动的依托和保障，城乡一体化发展必须依靠日益完善的基础设施平台。更为重要的是城乡基础设施一体化发展带来的提高人均产出、工资收入等巨大经济效应，对于提高农村居民福利有巨大的推动作用，农民生活水平提高反过来会进一步促进城乡一体化发展。然而，长期以来我国城乡基础设施的二元结构，不但影响了我国城乡经济社会的一体化发展，更增加了城乡基础设施一体化发展的难度。同时，基础设施的准公共物品属性，包括公益性、外部性、区域性、垄断性、不可分割性、规模性、生产性和盈利性，也增加了基础设施的供给、融资、建设、经营的复杂性。

二　我国城乡基础设施发展存在的问题

长期以来，基础设施建设投资一直向城市倾斜，形成了城乡有别的基础设施供给制度，导致农村基础设施供给不足，城乡基础设施建设不平衡等问题，使我国城乡居民在享受此类公共品方面差别很大。

（一）农村基础设施严重不足

从我国农村现有基础设施存量来看，农村生产性基础设施如水利设施由于投入不足，普遍存在年久失修、功能老化、更新改造缓慢等问题，且由于农村基层组织管理功能普遍薄弱，导致基础设施的损坏严重。而大部分农村地区的生活性基础设施尤其是与农民自身发展紧密相关的医疗卫生、文化娱乐基础设施极度缺乏。与农民生产生活息息相关的饮水、电力、通信、道路等基础设施，也由于水源不足，管网老化，电压不稳，覆盖率低、信号弱，路面差，以及管理不善、维护不足、服务质次价高等原因而普遍存在投入有限和利用率低现象，进而导致相应基础设施的匮乏。

（二）城乡基础设施建设不平衡

改革开放30年来，我国的城市经济得到了飞速发展，城市基础设施的建设也日趋完善，现有的城市基础设施基本上能够满足城市居民生产和生活的需要。但广大农村基础设施还很匮乏，尤其是和农民生活直接相关的基础设施落后，电网老旧、电压不稳，道路交通不便，信息闭塞，用电难、行路难、吃水难等问题比较普遍地存在。这些都阻碍着农村经济的发展，也进一步拉大了城乡居民生活水平的差距。根据《中国统计年鉴2008》，截止到2007年底，我国城镇固定电话用户已经达到24859.8万户，人口普及率为41.87%，而农村固定电话用户为11704万户，人口普及率为16.09%；我国城市自来水普及率已经达到93.83%，城市燃气普及率达到87.4%，城市每万人拥有公交车辆10.23台，城市排水管密度是8.2公里/平方公里。而在农村，40%以上的农户家中没有自来水，2.19亿农民存在饮水安全隐患或者饮水困难，1.04%的乡镇无法实现公路通达。

存在以上问题的主要原因在于城市基础设施建设资金主要来源于财政预算，而政府对农村基础设施建设重视不够，投入较少，这种向城市倾斜的财政管理体制使农村基础设施建设资金得不到有效保障。城乡经济社会一体化发展需要在城乡间形成一种均衡发展机制，需要运用财政税收多种政策手段引导和促进城乡基础设施一体化发展，以保障城乡居民同享社会物质文明发展的成果。

三　促进城乡基础设施一体化发展的财税政策

进一步强化地方政府职能，加强农村基础设施建设，应当从调整完善现行财政政策入手，通过理顺现行财政体制，完善农村基础设施投入机制，坚持走政策引导、资金扶持与自我发展的路子，推动农村基础设施建设工作的健康发展。要通过统一立法，把国家的重大支农政策制度化、规范化，尤其是在新增财力中要增加对农村基础设施建设的投入。

（一）加大对农村基础设施建设的财政投入

首先，选择适合农村特点的投入形式，最大限度地放大财政资金效用。根据公共财政理论，农村基础设施具有准公共产品性质，可以采用政府与市场混合提供方式。在政府财力有限的条件下可通过有效制度安排，动员社会资源进行农村公共产品供给，建立起以财政为主体、社会力量共同参与的农村公共产品供给机制，并通过政策措施进行综合协调。一是补贴方式，有直接补助（如配套资金）、财政贴息、税费减免等，从而吸引社会资金进入农村基础设施建设领域；二是以工代赈方式，政府提供做工的机会代替直接救济或以工业品等作为劳动报酬来鼓励群众投劳，这既可以为农民创造就业机会，增加农民收入，又可以缓和城市化压力，扩大工业品需求；三是以奖代拨、以奖代补方式，对各地自主投建的农村基础设施按照一定标准给予奖励。

其次，调整支出结构，合理定位目标，分步推进农村基础设施建设。近期以改善农民基本生产条件和生活质量为重点，主要是加强小型水利设施建设，防汛抗旱和减灾体系建设，农村道路、饮水、沼气、电网、通信和人居环境建设，教育、卫生、文化等农村公共事业建设等。中期拟完成对大江大河大湖和小流域综合整治工程，进一步改善农村道路交通和信息交流基础设施，完善农村道路交通体系，提高自来水普及率，确保农村饮水质量和安全；建立健全乡村医疗卫生基础设施等，提高农村可持续发展与防灾减灾能力，不断提高农村现代文明和生活水平。远期是实现社会主义新农村建设目标，建立起适应现代化农业生产和农村社会发展所需的发达基础设施体系，实现城乡在生态与生活环境的协调一致。

在具体的投入方式上应灵活多样：对于公益性较强、“搭便车”心理较重的基础设施，宜采用政府直接投入方式，如农村公路，尽管农民具有足够的动力自筹资金建设村内道路，但却很难为同样属于农村公路的乡道和县道进行筹资，所以，乡道和县道的建设，需要政府承担起整个建设过程中的所有费用。

（二）将农村基础设施全部纳入税收优惠范围

税收优惠作为一项能够有效提高相关部门提供农村基础设施积极性的政策，目前已被相关部门重视和广泛采用。对农村水电、有线电视和农村沼气等基础设施的建设都提供了税收优惠，比如，对农村有线电视给予三年内免征营业税和企业所得税优惠，对农村沼气进行综合开发利用的项目所得，自项目取得第一笔生产经营收入所属纳税年度起，给予“三免三减半”（免征所得税三年，而后减半征收三年）的优惠。建议对自来水建设、通信、宽带、垃圾处理和废品回收等农村基础设施，都给予低税率或者免税的优惠方式，鼓励基础设施建设部门向农村扩展业务。

（三）对农民增加财政补贴

基础设施一般表现为网络型具有物理实质的工程架构，其价值主要体现于该网络连接的公共服务。比如电网连接着电力公司的电力输送和各种家用电器，信息网络连接着电话用户、计算机用户、手机用户、有线电视用户等。这同时意味着这些基础设施服务本身和居民的购买力形成一种“相伴成长”的状态，如果居民没有电话、计算机、手机、电视，则这些电力和信息基础设施就没有任何意义。增强农村居民对连接于相应基础设施的“终端设备”的购买力，显得尤为重要。农民是农村基础设施的需求方，而农民的收入较低，大多数基础设施所附加的公共服务又需要付费，所以，即使农村基础设施供给充足，但因为农民购买力不足，农村基础设施建设仍难以得到长足发展。然而，短期内促成农村居民收入大幅度上涨从而实现提高其购买力的可能性较小，所以，政府通过增加财政补贴一方面可以启动农村消费基础设施的市场，另一方面可以带动农民自主筹资建设农村基础设施的热情。

（四）规范各级政府对城乡基础设施投入的权责范围

要实现城乡基础设施均等化，合理的投入、建设、管理模式非常重要。

城市基础设施应该以地方政府投入为主，中央政府投入为辅。首先，当地城市对基础设施的需求信息，地方政府掌握最为充分。我国目前有地级以上城市287个，各个城市的情况差别较大，对城市基础设施的需求也各不相同。如果以中央政府的行政规划来设定对各个城市的基础设施投入，显然难以符合各个城市的基本需求。

农村基础设施应该以中央政府投入为主，地方政府投入为辅。首先，地方政府并无足够的动力提供农村基础设施的建设资金，而中央政府却有足够的权威将农村基础设施建设的要求落实到各个地方，以专款专用的方式对各地农村基本基础设施提供财政支持。从目前农村公共服务的财政支持来看，即使有些项目的财政资金来自地方政府的数字较中央政府大，但也往往是中央政府通过“引导”、“鼓励”、“要求”等类似于“政令”的方式来实现的。其次，农村基础设施建设由中央统一部署安排能有效提高农民福利。城乡基础设施差距会产生较大的空间相关性，需要政府在较大的范围内统一管理城乡基础设施建设问题。中央政府在如何消除农村基础设施的“地区差距”方面自然优于地方政府。中央政府同时还在统一安排资金、统一确定基础设施质量和数量等诸多方面具有优势。而地方政府更加了解当地居民的需要，所以在资金监管和具体建设中，需要给地方政府更多的权利，中央政府主要是投入资金和对资金使用情况进行监督和评估。

（五）建立专门机构统筹城市投资和农村基础设施建设

在城市基础设施的建设中，对于那些具有营利性的基础设施，民间资本有足够动力参与相应的基础设施建设，BOT 模式被广泛运用，但 BOT 模式在农村的基础设施建设中却并不常见。原因是农村居民缺乏足够的资金和实力投入农村基础设施建设，银行缺乏向农民提供商业贷款的动力。另外，城市中有大量的潜在投资资金，投资者却因为不熟悉农村建设或者不愿意去农村生活而缺乏投资农村基础设施的兴趣。即便投资者对农村基础设施建设产生兴趣，也很难相信通过 BOT 模式从农民那里得到利益。此外，以 BOT 模式进行农村基础设施建设还有立法方面的巨大障碍。比如我国《土地管理法》明确规定农村土地属集体共有，架构在其土地上面的基础设施的产权归属问题就很难得以保证。再加上现行《价格法》的实施力度，尚无法保证农村基础设施的定价在既能满足投资者收回利益的同时也能降低农民负担。那么，如何将民营资本有效吸纳入农村基础设施建设中来呢？除建立健全相关法规外，更重要的就是建立一个连接城市投资和农村基础设施建设的专门机构或者组织，以润滑从民间资本转变为农村基础设施投资的过程，降低交易成本。由这一专门机构代理城市投资者向农村提供基础设施建设资金，并承包给具有一定经营能力并熟悉当地农业生产的农民行使经营权，从而实现城市投资者的投资利益。在这一投资过程中，需要政府出面为实现投资者的投资利益提供保障。在这个过程中，该组织机构实现了资金从城市投资者到农村基础设施建设的转移，同时因为政府权威的存在而有效提升了投资者的信心。如果该模式取得成功，相应的商业银行也会向该组织提供商业贷款，从而进一步加速民间资本向农村基础设施投资转移的过程。

（六）吸引社会捐赠进行基础设施建设

不管是城市还是农村，社会捐赠不但可以缓解财政压力，增加公益性财富，还能够培养和弘扬社会正气，从意识形态上扶植人的善念。可以通过税收减免优惠、赋予命名权和广告权等来吸引社会捐赠，使更多具有捐赠潜力的企业投身于农村基础设施建设工作。

参考文献

张学良：《中国交通基础设施与经济增长的区域比较分析》，《财经研究》2007 年第 8 期。

王卉彤、李为人：《北京城市基础设施建设投资与经济发展水平研究》，《北京社会科学》2007 年第 1 期。

刘伦武：《农业基础设施发展与农村经济增长的动态关系》，《财经科学》2006 年第 10 期。

李华：《城乡公共品供给均等化与转移支付制度的完善》，《财政研究》2005 年第 11 期。

傅道忠：《实现基本公共服务均等化的财政思考》，《现代经济探讨》2007 年第 5 期。

对我国城乡金融一体化发展的思考

——从提高我国农村金融效率的角度探析

刘向东*

加快城乡一体化发展，关键是解决城乡金融一体化问题。城乡金融协调发展是城乡一体化过程中的基础环节。鉴于当前我国城乡二元结构仍未打破，城市金融改革发展较快，农村金融改革发展仍然相对滞后。我国农村金融仍面临着历史包袱、歧视性政策、资金投入不足、优惠政策难到位等问题。因此，城乡金融发展的不平衡表现在方方面面，既包括资金投入、网点覆盖、业务发展、风险程度等外在层面，也包括管理水平、创新能力、服务方式以及人员素质等内在层面，城乡金融差异有拉大趋势，而且在今后一段时间还将继续存在。

农村金融是以信用手段动员、配置和管理涉及金融资本运行的活动，是现代农业经济的核心，是解决“三农”问题和城乡统筹协调发展的基本点，在促进以县域经济为主的新农村建设中发挥着重要的作用。历史上看，我国农村金融改革进展缓慢。供给资金不足、贷款难、机构亏损严重、政策性金融支持不到位、民间借贷不规范等老问题长期存在，近年来还涌现出资金外流、银行县级机构撤并等新问题。为什么中国农村金融的渐进式改革没有取得实质性突破呢？原因是多方面的。由于受到经常性的市场缺陷、机构刚性、金融产权模糊、信贷歧视、政治干预等诸多因素的制约，我国农村金融长期在低效率状态下运行和发展。

自 2004 年以来，每年的中央一号文件均强调农村金融改革与发展的重要性。当前，我国部分农村“就地城市化”工作取得初步成效，但多数地区农村金融

* 刘向东，中国国际经济交流中心研究部博士。

的改革与发展却相当滞后。特别是，新形势下新农村建设加快，然而农村金融的长期低效率已成为制约农村改革发展的瓶颈之一。由此可见，统筹城乡发展，首要是统筹城乡金融市场，建立现代农村金融制度，提高农村金融有效性，这不仅是农村金融改革与发展的重大课题，而且是解决“三农”问题特别是农村经济“贫血”和“失血”问题的迫切需要。

农村金融改革和创新的目标，在很大程度上便是提高农村金融效率，增强农村经济发展的金融支持力，实现两者的良性互动和协调发展。当前来看，深入研究我国农村金融现状，分析我国金融体系中存在的关键问题，建立健全城乡统筹的金融体系，提高我国农村金融效率，已成为解决“三农”问题和统筹城乡协调发展所亟待解决的一项重大课题。

一　我国农村金融服务现状

农村金融服务一般是指在县域范围内进行的存贷款、汇兑、保险、期货、证券等活动（张健华等，2009）。经过30多年的改革与发展，中国农村金融服务在解决“三农”问题中发挥了卓有成效的作用。近年来，在农村金融机构改革、农村金融组织和产品创新、农村基础设施建设和金融扶持政策等方面都取得了明显进展。

（一）农村金融供给主体渐成体系

从总量上看，我国农村金融供给体系发展已比较完善。目前，全国县域金融服务网点不断增多，各类农村金融机构（组织）稳步发展，农村金融供给主体渐成体系。具体来说，我国农村金融机构（组织）主要分为两大类：银行类和非银行类。其中银行类主要包括四类十种，非银行类主要涵盖四大类新型和辅助性金融组织（详见图1）。

目前，随着我国农村金融改革的深入，多层次、广覆盖、可持续的农村金融服务体系已经初步形成。其中，农村合作金融机构有所扩大，商业性金融机构和政策性金融机构改革均取得较大进展。截止到2009年末，全国共组建以县（市）为单位的统一法人机构2054家，农村商业银行43家，农村合作银行196家。

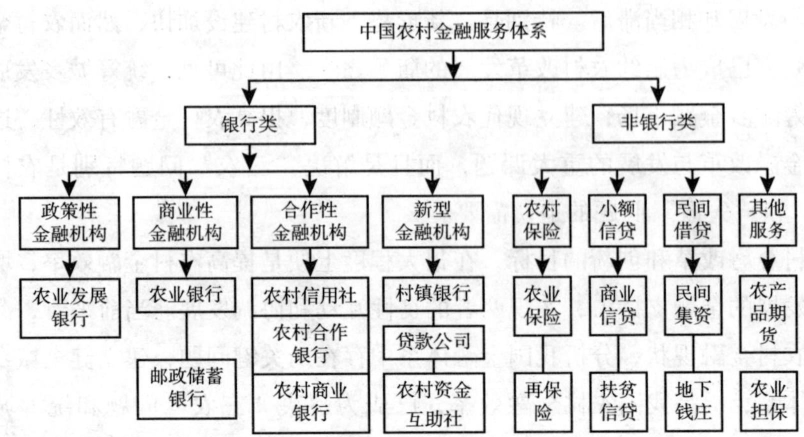

图1 中国农村金融服务体系概览

资料来源：汪小亚著《农村金融体制改革研究》，中国金融出版社，2009，第20页（稍加整理）。

中国农业银行改革取得阶段性成果。2008年3月以来，中国农业银行先后在四川、重庆、广西、甘肃等7省（区、市）分支行开展“三农金融事业部”改革试点，构建一整套有别于城市业务的体制机制和运营模式。

2004年以来，中国农业发展银行业务范围不断拓展，先后开办农业产业化龙头企业和加工企业贷款、小企业贷款和农业科技贷款、农业基础设施建设和农业综合开发贷款等商业性业务。

2007年中国邮政储蓄银行正式成立，在将小额存单质押贷款业务推广至全国的基础上，在河南等7省（市）试点农户的联保贷款和保证贷款、商户的联保贷款和保证贷款等小额贷款业务，并于2008年初推广至全国（中国人民银行，2010）。

近年来，新型金融机构和非银行类金融机构也得到蓬勃发展。2007年初，在四川、青海、甘肃、内蒙古、吉林、湖北等6省（区）启动“村镇银行”、“贷款公司”和“农村资金互助社”三类新型金融机构的试点工作。截至2009年末，已开业新型农村金融机构172家，批准筹建中的新型农村金融机构58家。

从中国农村信贷供给总量看，截至2009年末，全国农村合作金融机构农业贷款余额2.1万亿元，占各项贷款的比例由2002年末的40%提高到44%；占全部金融机构农业贷款的比例由81%提高到95%。同时，农村合作金融机构不良贷款率持续下降，不良贷款余额也有所下降。已开业新型农村金融机构共吸收股金70亿元，存款余额269亿元，贷款余额181亿元。

（二）农村金融需求呈现多元化

通常看，与金融需求类别相对应，农村金融需求的主体主要是县域范围内的农户、农村企业或经济组织、农村公共基础设施建设等。不像城市那样金融服务需求比较集中，农村金融的需求主体数量多、规模小、分布广，导致其融资需求笔数多、额度小、期限短、需求急，且普遍缺少抵质押物和规范的财务报表（刘克崮，2009）。

农村金融需求的多元化，既表现为需求主体的多元变化，也表现为其对应的需求的多层次性。在农村经济发展的不同阶段，农村金融需求的主体、层次、规模、结构都大不相同。比如，从农户的经济条件和生产状态来看，农户可划分为贫困农户、一般农户和市场化农户。三种类型的农户受资本存量、生产方式和生产能力的差异影响，具有不同层次的金融需求和融资方式。贫困农户的金融需求以"维持生计"的生活需求为主；一般农户的金融需求则表现出较强的"扩大再生产"的农业生产需求；市场化农户的金融需求更多地体现为"发展经营"的规模化、专业化和技能型生产需求（汪小亚，2009）。从融资偏好上看，农户与城镇居民的融资偏好并没有显著差距，而且具有高度的相似性，即二者的融资偏好均符合"银行（农村信用社）→亲戚→好友→熟人或同事"的基本顺序（陈雨露、马勇，2010）。

从农村需求内涵来看，金融需求并不能简单地等同于借贷需求，它还包括存款、汇兑、支付结算、担保抵押等金融需求。大致来看，农村金融需求包括两大层次：一是由农村金融需求主体决定的金融需求，包括农户、企业或经济组织、基础设施建设项目所需的存贷款、汇兑、票据承兑、支付结算等；二是为满足主体金融需求所派生的辅助性金融需求，包括为实现借贷的抵押担保、信用评级、农产品期货、农业保险以及支付清算等（汪小亚，2009）。值得注意的是，农民工大批拥入城市，增加了城乡之间存款汇兑的需要，近年来推行的农民工银行卡服务就是解决农民工的城乡汇兑问题。截至2009年末，全国范围内的农村合作金融机构和邮政储蓄银行营业网点均开通了农民工银行卡特色服务受理业务。仅2009年农民工银行卡特色服务实现交易221.02亿元，同比增长1.77倍。

（三）农村金融政策支持力度有所加大

30年来，中国在推进农村金融改革方面出台了很多扶持政策，建立起囊括金融货币、财政税收、市场准入、监管等激励有效、风险可控、协调配套的政策扶持体系。

在货币政策方面，对支农的农村信用社、村镇银行、农村资金互助社等新型农村金融机构实行差别存款准备金率，运用支农贷款政策重点支持粮食主产区和西部地区农村信用社发展，通过发行专项票据和发放专项借款支持农村信用社改革，同时允许农村信用社贷款利率浮动上限扩大到贷款基准利率的2.3倍。

在财税政策方面，陆续出台财税扶持政策，实行税收减免和费用补贴，引导更多信贷资金和社会资金投向农村地区。例如，2003～2009年，财政部出台“营业税减按3%征收，所得税中西部地区全免，东部地区减半”的优惠政策，累计减免农村信用社营业税和所得税760亿元，实际拨付到位的保值贴补息为88亿元。2009年开始在全国范围内实施中央财政对村镇银行、贷款公司和农村资金互助社等新型农村金融机构的定向费用补贴政策，实施对县域金融机构的涉农贷款增量奖励政策，对发放扶贫贴息贷款的金融机构给予财政贴息，给予政策性农业保险保费相应补贴。

在监管等其他优惠政策方面，继续完善和放宽农村地区银行业市场准入政策，吸引各类资本在农村地区设立各种所有制金融组织。对在农村地区新设机构的商业银行，在城区机构和业务准入方面给予便利。免征农村资金互助社的监管费，对其他农村金融机构的监管费减半征收。对用当地贷款达到新增存款一定比例的县域金融机构，给予一定优惠政策。

二　我国农村金融体系中存在的问题

在我国当前的市场经济中农民和农民工是弱势群体，而为农民服务的县域的金融也是弱势金融，信贷业务风险高、成本高。农村金融供给远远不能满足不断变化的农村金融需求。农村金融中的一些深层次问题和矛盾仍然比较突出，农村金融整体低效。特别是农村金融市场体系不够健全、未能形成有效的竞争格局，农村金融严重滞后于城市金融，农村政策性金融与商业性金融、正规金融与非正规金融的发展尚未形成合力，不同地区间农村金融服务能力存在较大差异。农村金融的低效性，给农村经济金融发展带来了诸多问题。下面我们主要从农村金融的功能效率、配置效率和管理效率三个方面阐述之（赵崇生，2008）。

（一）农村金融服务功能效率不足

从功能上看，当前我国农村金融并没有发挥出应有的支农作用。特别是受农村经济和农村金融高风险、低收益特征的影响，农村金融仍然是我国整个金融体系的薄弱环节，缺乏一个完善的动力机制。

1. 农村金融抑制严重

许多学者研究发现，中国金融抑制现象不但存在而且相当严重。由于存在严格的市场准入和贷款指标控制，凡存款、贷款都必须执行人民银行规定的利率，加上实施“一刀切”的宏观调控与管制，导致西部某些农村地区，信贷增长与经济增长呈现负相关关系，金融抑制的特征比较明显（王小平等，2003）。农村金融抑制引发农村金融的边缘化问题，进而造成农村贷款模式与资金需求市场不相吻合。农村金融供求脱节直接表现为“贷款难”和“难贷款”并存，具体表现为供求服务对象错位、资金使用用途错位、信贷额度结构错位、期限结构错位以及区域布局错位（龚明华等，2009）。从总量看，农村金融机构存多贷少，存差不断扩大；从结构看，农村金融机构信贷资金向城市集中趋势明显，加剧了支农资金的瓶颈效应。据测算，每年“三农”资金的供给缺口达到5000亿元以上。

2. 农村金融供给主体总体不足

1998年以来，金融机构农村网点过度裁撤，支农服务急剧萎缩。截止到2007年末，全国有2868个乡（镇）没有任何金融机构，约占全国乡镇总数的7%。截止到2009年末，全国仍约有1/3的乡镇仅有一个甚至没有金融机构或银行网点。1998年后，四大国有商业银行大量收缩了县及县以下分支机构，农村合作基金会也从农村撤出，使农村信贷资金供给更加匮乏。其中，农业银行在整个农村网点的设立覆盖率不到15%。金融服务盲点逐年增加，造成贫困农民贷款难、民营企业贷款难问题日益突出。近年来，虽然各地小额贷款公司、村镇银行等新型农村金融机构发展较快，但其总量小、市场份额小，难以解决农村金融供给主体不足的问题。

3. 严重滞后的辅助性农村金融抑制农村金融服务的整体需求

目前农村金融机构的业务仍然以存、放、汇为主，根据市场变化进行业务创新的动力不足，针对农业科技、农产品开发、水利设施、农产品营销等方面的金融产品和服务基本处于空白。农业保险发展滞后，规模较小，覆盖范围有限，赔付标准较低，不能适应农村经济发展的需要。另外，对冲农产品价格波动的信贷担保、期货证券等业务基本没有开展，影响农产品套期保值功能的充分发挥。无论从服务类型、服务品种，还是从服务区域上看，农村金融服务都存在大面积的盲区。

（二）农村金融服务配置效率失当

从农村金融资源配置效果看，农村经济中还存在着严重的金融资源配置错位的现象。

1. 农村金融市场没有形成有效竞争机制

从总量上看，我国农村金融市场存在多种形式的金融组织，但是这些组织“条块”分割严重，特别是受现行政策限制，民间金融尚未完全合法化，政策性金融服务比较单一，商业性金融农贷动力不足，合作性金融机构效率低下。近年来，虽然非正规金融发展取得较大发展，但囿于法律制度、金融监管环境以及垄断国有银行的挤压，民间金融仍未充分发挥其支农能量。可见，我国农村金融市场并未形成适度竞争的信贷市场。

2. 吸存的农村资金存在严重的外流现象

当前，以农村资金反哺城市发展的“剪刀差”仍然存在。特别是，由于缺乏引导资金流向农村地区的政策措施，有些商业银行贷款权上收，很多分支机构都是只存不贷，致使从农村吸收到的资金大部分流向城市，对县域经济起到抽水机作用。2007 年末，中国县域金融机构存款余额达到 9.11 万亿元，全部金融机构涉农贷款余额为 6.12 亿元，存贷差近 3 万亿元。即便是农村信用社也没有将全部资金用于支农服务。这直接影响到农村的投资和资本积累。其中，农村金融机构购买债券、拆借和上存资金都是农村资金外流的主要渠道。

3. 信息不对称加深农村融资难度

农户和中小企业通常没有有效的抵押资产，商业银行不能按照经营风险的程度给予不同的贷款条件，造成农村融资和贷款担保都难以落实。由于供需双方存在严重的信息不对称，容易出现道德风险和逆向选择问题，这就大大增加农户和中小企业的经营成本和监督费用，为降低信息不对称带来的各种风险，农村金融机构往往会降低对农户和农村企业的贷款倾向。

（三）农村金融服务管理效率较低

从农村金融机构的经营管理看，我国农村金融机构存在治理结构缺陷、经营管理水平低下、缺乏健全的风险监管体系、政府干预严重等问题。

1. 部分农村金融机构治理结构不完善

部分农村信用社省联社及派出机构与县联社之间的权责关系不够明确，基本上是行政性的上下级关系，导致县联社作为一级法人自主权受到了限制，股东大会、监事会均形同虚设。加上部分农村信用社股权高度分散，资格股占比过高，股东的主要目的是获得贷款上的便利和利息优惠，缺乏行使股东权利的积极性。

2. 农村金融机构资本经营效率总体偏低

目前，多数农村金融机构风险管理能力较弱，资本运作效率较低，贷款质量较低，不良贷款偏高。2009 年末，按四级分类的不良贷款余额和不良贷款率仍分别为 3490 亿元和 7.4%；按五级分类的不良贷款余额和不良贷款率则高达 5077 亿元和 10.89%。究其原因，除了农村金融面临的固有系统性风险较高外，管理效率低下多数还是因为自身经营管理不够完善，金融产品的使用效率低、研发速度慢，缺乏信贷评估、监督、创新能力，农业保险、信贷抵押担保等辅助性金融发展滞后，以及农村债务消化进程本身缓慢等。

3. 农村金融配套政策支持不力

我国农村金融的发展缺乏整体的规划，农村金融改革依然没有一个明确的方案，这自然导致金融生态环境比较落后，造成城乡金融一体化脱节。同时，金融政策的贯彻效率低下，造成国家制定的金融政策没有得到很好的贯彻执行。从各种支撑政策看，农村金融监管目的不明确，监管手段单一，行政干预的色彩浓厚；农村金融创新缺乏健全道德法律基础，诸如林权、应收账款等质押权设定和实施问题并没有很好地解决；贷款五级分类标准不适用于农村实际信用评价，难以反映贷款质量的真实性；配套的土地制度、投资环境、信用环境、公共基础设施建设等改革尚未到位，对农村金融的发展支持不够，甚至形成很大的掣肘。

三　提高我国农村金融效率的对策建议

如何消除农村金融的抑制，如何提高农村金融效率，将是未来农村金融研究的重要课题。针对上述我国农村金融体系中存在的问题，我们提出以下几点对策建议。

（一）完善农村金融服务功能体系，创建良好的金融生态环境

长期以来，我国农村金融服务存在功能缺陷，要建立多种金融机构形式并存的功能互补、有序竞争的新型金融体系，则需要进行全方位的改革，消除金融抑制现象的产生。在实施金融机构分类改革，强化商业化原则，统筹农村金融改革与中小企业融资政策的基础上，有如下建议。

1. 明确政策性金融的作用边界，调整该类金融机构服务功能

大量研究表明，政策性金融机构往往易受行政力量的支配而牺牲效率。为此，政策性金融的目标市场定位应在商业性金融无法进入的领域，发挥政策性引导功能而非替代功能。做好中国农业发展银行的功能定位，由中国人民银行会同有关部门推动中国农业发展银行深化内部改革，在具有社会正外部性的领域发挥政策引导作用。

2. 发挥商业性金融的主导作用，增强该类金融机构支农功能

在市场化趋势不可逆转的前提下，商业性金融具有很大的发展空间。深化中国农业银行改革，激发其介入农村市场的积极性，围绕农村的产业链发展，利用农业银行专业化运营经验，确立以县域经济为主要服务对象，探索可持续发展的农村商业金融新模式，做实和完善“三农金融事业部”，加大对农业产业化、农村城镇化、农村基础设施建设的信贷支持力度。另外，继续发挥中国邮政储蓄银行在农民存款、汇兑、支付结算方面的传统优势，引导农民工汇款等储蓄资金投入“三农”，建立符合“三农”需求特点的零售业务经营体系。

3. 分类引导合作性金融改组，强化其县级法人体制的功能

鼓励农村信用社、农村合作银行等金融机构按照市场化原则实施重组并购。坚持因地制宜、分类指导的原则，激发农村合作金融的内生动力。特别是维持和保持县（市）联社的独立法人地位，摆正省级联社的位置，减少直接的

行政干预。

4. 允许民间资金参股新建，引导新型金融机构正规化发展

参照江浙及台湾地区民间金融的做法，允许社会资金参股农村正规金融机构，允许民间或外资资金资助成立村镇银行；加快民间借贷显性化，使得台会和钱庄等民间金融机构的经营活动从“地下”转到“地面”上来；引导小额信贷公司试点健康发展，引导民间金融成为农村金融市场的重要竞争主体。

5. 创建良好的金融生态环境，加快辅助性金融机构成长壮大

发挥地方政府在改善农村金融生态环境方面的扶持作用，加大对农业现代化和城镇化的金融支持，重点支持中小城市和中心镇的综合承载能力建设。进一步完善农村地区辅助性金融市场体系，特别是加快发展信贷、保险、期货市场，建立功能完备、分工合理的农村金融市场体系。鼓励开展与订单农业相结合的农村信贷产品，鼓励商业保险公司开拓农村保险市场，试点设立期货投资基金，研究引入期货市场的 QFII 制度。

（二）建立高效的农村金融市场，放宽农村金融准入政策

提高农村金融效率，需要按照市场化原则，建立高效的农村金融市场，这不仅要放开农村金融准入政策，而且要做好金融市场的制度安排。对此，有如下建议。

1. 深化改革农村金融制度，放松对金融机构和金融市场的限制

强调商业化运作原则，消除影响农村经济发展的城市倾斜政策；改变政府对金融的过度干预，创造一个合理政策环境，允许农村金融机构享有充分经营自主权；加大金融业开放程度，建立一个市场化导向的农村金融市场体系；加快存款保险制度建设，完善市场准入和退出机制。

2. 建立市场化导向的金融资源配置体系，有效缩短城乡间资源配置差异

加快出台《再投资法》，细分农村金融需求主体，实施差别化的金融支持政策，授权基层人民银行利用宏观调控和货币政策手段，解决“资金外流”和“信贷歧视”问题，防止过多资金向国有大中型企业倾斜，促使金融机构按照存款比例对辖区发放贷款，用“再贷款”方式解决邮政储蓄、商业银行上存资金回流问题。

3. 加快农村金融市场的利率市场化，使利率反映资金供求状况

在利率浮动空间内，授权基层人民银行或金融监管部门有条件地放松利率管制，依据区域实际情况进行微调；改变金融垄断和利率上浮“一浮到顶”的局面；同时加强农村利率市场化的配套改革，防范可能出现的金融风险。

4. 加快农村担保和征信体系建设，解决供需间信息不对称的问题

建立村镇农业贷款担保机构，设立农户小额信用贷款补偿基金，加强对农户小额信用贷款的风险防范；建立农村征信管理体系，让农民树立征信意识，降低农村信贷风险；完善农户信用评价指标体系，坚持规范操作，按照农户信用等级、生产规模以及效益等不同情况来确定不同的授信额度。

（三）提高农村金融机构管理水平，加大农村金融产品创新

在金融服务农村的过程中，提高农村金融机构的管理效率，既要注意城市金融模式与农村金融之间的差异，还要借鉴城市金融机构管理水平，设计符合农村需求的金融服务产品，提高农村资金的使用效率。对城乡一体化步伐加快的地区（特别是实现就地城镇化的地区），在提升金融服务效率上要注意差别化管理和金融服务创新。经分析，有如下建议。

1. 加快农村金融机构产权改革，完善其法人治理结构

加快农村信用社改革，借鉴国有银行改革经验，在全面清产核资的基础上，合理处置不良贷款和经营亏损，科学进行股权分置，使所有者与经营者权责对等，建立完备的资本金制度和财务制度，从而建立产权明晰、法人治理结构完善、管理科学民主的产权制度；改变农村商业银行畸形的治理方式，归还基层商业银行自主经营权。

2. 建立农村金融机构经营激励机制，强化金融风险管控

推进劳动人事制度改革，建立员工的激励机制，解决考核、清收、责任问题；转换经营体制，加强内部控制和风险管理机制，降低平均交易成本，提高防范和化解金融风险的能力；进行市场细分，分级管理客户，实施不同的营销策略，提供有区别的信贷服务。

3. 加大农村金融政策扶持，强化对金融机构的监管

建立激励有效、风险可控、协调配套的农村金融扶持政策体系。具体包括：合理运用财政杠杆，引导金融机构增加对“三农”的信贷投入；实施差别化的

存款准备金率、支农再贷款以及利率等货币政策工具；改进农村金融监管，构建一个公平、公正的金融监管体系，引导并将民间金融业务活动纳入信用可操控范围；支持建立符合现代企业制度的股份制担保基金或担保公司；扩大有效抵押品的范围，如增加存货、应收账款等动产抵押、权利质押，并探索开展土地使用权抵押等；加强金融服务的普惠制和均等化建设。

4. 推动金融机构创新产品，提高“三农”资金使用效率

有计划地逐步安排企业技术改造、生产基地建设等中长期贷款业务，增加新的贷款业务品种；根据新业务发展需要，调整和明确政策性金融机构和中小金融机构的服务功能，改进资金结算方式，创新结算工具，择时开办承兑汇票、贴现业务、信用证业务等；调整和明确信贷指标管理体系，改变按年度发放贷款和按年考核贷款收回率的做法；建立比较稳定的信贷结构关系，调整贷款结构，提高信贷资金周转率。

参考文献

陈雨露、马勇：《中国农村金融论纲》，中国金融出版社，2010。

龚明华等：《我国农村金融需求与金融供给问题研究》，经济科学出版社，2009。

刘克崮：《建设中国草根金融体系，促进草根经济发展与城乡就业——兼论我国小企业融资难的破解》，《管理世界》2009 年第 11 期。

汪小亚：《农村金融体制改革研究》，中国金融出版社，2009。

王小平、贾锐、栾立冰、杜永强：《西部地区信贷与经济增长相关性的个案研究》，《金融研究》2003 年第 1 期。

张健华等：《中国农村多层次信贷市场问题研究》，经济管理出版社，2009。

赵崇生：《基于金融效率理论的中国农村金融改革研究》，人民出版社，2008。

中国人民银行：《2010 年中国金融稳定报告——农村金融体系改革与发展》，2010。

城乡一体化中农村文化建设问题研究

王冠群*

城乡一体化是我国现代化进程中的重要阶段，也是我国城市化进程中统揽全局的举措，是我国整体稳定、均衡和持续发展的重要保障。我国城乡一体化的基本目标包括，统筹工业与农业、城市与乡村、城镇居民与农村居民的整体发展，使城乡之间在规划建设、产业发展、市场信息、政策措施、生态环境保护、社会事业等领域获得全面、协调的共同发展，逐步改变目前城乡二元结构，实现城乡在政策上的平等、产业发展上的互补、国民待遇上的一致，让农民享受到与城镇居民同样的文明和实惠，使整个城乡经济社会全面、协调、可持续发展。城乡一体化涉及城乡间具有差异的各个领域。

其中，降低城乡之间在文化领域的巨大差异，防止城乡之间文化差异进一步扩大，防止城乡人群文化观念割裂，化解城乡矛盾，维护全社会均衡稳定是我国城乡一体化建设的重点，也是需要克服的难点。妥善处理这一问题有助于形成立足各自实际，互有特色，相互补充，互为市场，彼此促进，良性互动，逐步融合的长期稳定、协调发展和共同繁荣的格局。

一　我国城乡一体化中文化建设的主要进展

近年，我国文化建设城乡一体化的工作主要侧重减少城乡之间文化服务供给

* 王冠群，中国国际经济交流中心。

的巨大差异，减少城乡居民之间享有文化服务与产品的不均衡。其突破点在于加大农村文化建设投入。在这一指导思想下，随着改革开放的不断深入，我国高度重视农村文化建设，出台了一系列加大农村文化建设的政策，采取了多方面的措施。相关部门下发了《关于进一步加强农村文化建设的意见》、《关于加强公共文化服务体系建设的若干意见》、《国家“十一五”时期文化发展规划纲要》等多个重要文件，初步形成了覆盖乡村的农村公共文化服务体系，为农村经济发展和社会进步发挥了重要作用，实际效果十分突出。

文化部资料表明，2001～2007年，全国文化事业投入总计859.9亿元。其中，2007年，全国文化事业费为198.96亿元，比2006年增加了40.93亿元。2007年农村文化投入共计56.13亿元，比2006年的44.6亿元增加11.53亿元。2008年，中央投入2亿元，安排1250个乡镇综合文化站建设项目。财政部也将边疆文化长廊建设补助资金和基层文化设施设备维修补助资金从每年1100万元增加到6000万元。并通过财政转移支付等手段，实施重点文化建设项目，增加农村文化建设的投入。2009年，中央财政对地方各项文化工程投入总量达30.59亿元，比2008年增加8.92亿元，增长41.16%。“十一五”截至2009年底，中央财政累计投入63.69亿元，已比“十五”时期增长55.58亿元，达6.85倍，可以看出，一方面我国对整体文化建设投入增加，另一方面对农村文化投入也进一步加大。

2009年中央财政继续安排5000万元，为中西部基层剧团配备165辆流动舞台车，至此该工程自2007年实施以来已配备804台，有效改善了基层剧团的演出条件，解决剧团下乡难的问题，较好地满足了基层群众看戏的基本文化权益。2010年初，组建农村数字电影院线211条，观众人次超过18亿，已经建成接近30万家农家书屋，中央财政投入10亿元补助全国近6000个乡镇综合文化站建设项目，引入中央财政资金21亿元，新建、改扩建1.2万个乡镇综合文化站。新增加0.41亿元资金，向西部地区484个街道文化站和3112个乡镇综合文化站赠送计算机21200台，增加县级图书馆、文化馆修缮专项资金3.03亿元。文化部、教育部、科技部联合建立健全跨系统的“图书馆联盟”、“图书馆联合体”、“文献资源共建共享协作网”等工作机制缓解了农民读书难的问题。这些具体措施都为我国农村文化建设起到了积极实效。

广电总局在“十一五”期间两项任务较为突出。一是在2010年底，全面实现20户以上已通电自然村村村通广播电视。二是大力提高农村地区的广播电视无线覆盖水平。目前，中央第一套和第七套电视节目、中央第一套广播节目全国无线覆盖率分别达到82%、68%和84%，覆盖人口分别为10.7亿、8.9亿和11亿。全国20户以上已通电自然村广播电视覆盖“盲村”有71.66万个，中央财政投入资金32亿元对中部地区国贫县和西部地区村村通建设给予补助。首批369.8万套直播卫星接收设备已经调试完成，19万个“盲村”的群众受益。

在“十一五”期间，我国实施乡镇综合文化站建设规划，国家通过转移支付39.48亿元，新建和扩建2.67万个农村乡镇综合文化站，目前，全国共有县以上公共图书馆2799个，文化馆3217个（含群艺馆），博物馆1722个，文化站37384个，社区、村文化室137665个，初步形成了覆盖乡村的农村公共文化服务体系。农家书屋已覆盖全国近一半的行政村，全国已建成各级共享工程中心和基层服务点75.7万个。

此外，中央与地方联合建设了大量农村文化重点工程，一批国家级和地方重点文化设施相继建成投入使用，努力拉近城乡文化差距，不断探索农村城乡一体化中农村文化发展新途径。这些重大文化项目成为推动农村文化工作的突出亮点，带动了农村文化资源的整合，产生了很好的社会效益。为构建覆盖城乡的公共文化服务体系，充分发挥文化在城乡统筹发展进程的作用，不断创新公共文化服务方式，提高服务能力，筑实城乡统筹发展的文化根基，创新服务方式，保障农民群众基本文化权益起到了积极作用。

同时，一些地区采用政府购买、补贴等方式，向基层、低收入和特殊群体提供免费文化服务，也起到了非常积极的效果。具体做法如设立农村文化事业专项资金，通过政府购买的形式，鼓励专业文艺演出团体到农村进行文艺演出、电影公司组织放映队到乡村放映电影、乡镇政府组织农民群众开展各种文体活动。河南省泌阳县尝试“文化组团，各方参与，政府补贴，群众看戏”的办法，有效解决了农村文艺演出少，农民看戏难的问题。这些措施有力地维护了农民群众看书报、看戏、看电影电视、参加科学文化素质培训和文体活动的基本文化权益。

总体上，通过上述措施，我国农村文化建设在城乡一体化进程中，不断加大文化资源向农村倾斜，合理配置公共文化资源，逐步增加为农村服务的资源总量；不断改善、提升农村公共文化基础设施条件和服务水准，我国农村文化建设正在迈出新的步伐。具突出成绩有目共睹。在资金支持、文化设施基础建设、基本服务初步建设方面都取得了明显发展。

二　城乡一体化发展中农村文化建设存在的主要问题

虽然我国城乡一体化建设中的农村文化建设取得了一些成绩，但基于历史原因，与全面建设小康社会的目标要求还不适应，与农民群众日益提高的精神文化需求还不相适应。我国城乡之间在文化领域的现实差距难以在短期彻底解决，文化建设方面有许多现实问题不容忽视。

（一）投入不足是农村文化建设滞后的长期问题

在目前我国经济发展条件下，由于我国农村人口较多、地域分散、基础薄弱和收入分配差距较大的现实，在城乡一体化建设中，农村文化投入不足问题长期困扰农村文化建设，阻碍了农村人口享有文化服务的发展，这个基本现实决定了我国城乡一体化中的文化建设还有较大差距。投入不足既表现为硬件建设的不足，也表现在软件和人才保障方面的投入不足。一般来说，农村文化建设既需要一定的设备和器材，也需要一定数量的运行人员。既需要在特定时期集中投入资金完成设备购置，又需要在一段时间较为稳定地拨付维护费用，同时，农村文化建设并非仅靠硬件投入就可完成，当前农村公共文化建设的专职人员极为缺乏。因此，农村文化建设中，经常会出现这样的现象，设备器材初次到位后，由于缺少专职专项人员导致设备闲置或维护不当而无法长期使用。投入不足的问题涉及我国经济二元化结构的调整与改进，是我国文化城乡一体化建设中的现实矛盾，也是长期问题。

（二）农村文化建设资金来源单一，急需多样化

目前，城乡文化建设差距依然较大，资金缺口明显。从近年实际情况看，我国对农村文化建设的投入，主要依靠中央财政与地方财政投入，基本延续原有文化事业建设的基本思路，整体而言，城乡一体化建设中，文化建设资金来源相对单一。

例如在广播电视网与通信基本建设中，中央财政与地方财政承担了投入的主

要部分，部分富裕地区则由用户承担极少部分费用。对这种情况，我们既要理解财政性投入的必要性和现实可操作性，也要注意财政投入的局限性。从长期来看，财政性投入必不可少，但仅仅依靠财政投入，不论在规模增长速度上，还是在投入总量上都会有所局限。并且，单纯财政性投入，加上与之匹配的运行机制，很难形成农村文化建设资金的内生性增量。单一的资金来源很难形成运行机制的丰富多彩，因此，城乡一体化建设中，文化建设需要文化事业与文化产业的综合配合，需要财政性资金与经营性资金的联合参与。只有农村文化建设资金来源多元化，才有可能实现农村文化建设跨越式增长。从长期看，在财政资金扶植下，农村文化建设需要与自身文化消费、城市文化消费相结合，吸引多种资金介入，只有这样城乡一体化化建设中的农村文化建设才会取得更好前景。

（三）农村文化建设与国家文化产业发展融入不足

多渠道融资，多种发展方式并存，合理集中、发挥合力、形成机制，才会使我国农村文化建设在城乡一体化进程中加速发展，防止被边缘化，缩小城乡间文化建设水平差异。其中，一个重要内容就是积极借助文化产业提高农村文化建设能力，普遍提高农村人口享有文化服务的水平。但是，就目前来看，我国文化产业尚处于发展早期阶段，即使在较为发达的城市，文化产业的许多具体发展形态也还处于探索阶段，因此，农村文化建设与文化产业的结合还有不小的距离。今后，我国农村文化建设如果难以融入世界与国家文化产业发展轨迹，城乡一体化建设中的农村文化建设问题就很难解决。从长期趋势上看，城乡一体化建设中，农村文化建设产业化、市场化问题将会是一个主要方向与趋势，而这方面，目前我国农村文化建设与对应的目标还相去甚远。

（四）农村文化建设的主体较为单一，尚未形成合力

从农村近年开展的文化建设与文化活动来看，凡是支出较多、规模较大、质量较高的建设或活动，一般都是政府直接或政府主导的机构进行组织实施。自上而下组织的文化活动较为丰富，而自下而上，源于基层民众的活动几乎难以开展。这一方面说明政府对城乡一体化中文化建设的支持与取得的成果，另一方面，也说明到现阶段，我国农村文化建设的主体还十分单一。从资金到操作基本都由政府包办，这种现状在市场经济条件下，很难充分发挥我国经济体系的合

力。同时，广大农村人口的积极性也不能很好地得到激发。如何充分调动起涉农社区居民的主体性、创造性，使政府、企业和农村文化建设的广大受益者结合起来，共同发展农村文化建设事业是件具有战略意义的事情。

（五）城乡一体化中农村文化建设与城市资源结合不足

城乡一体化建设中，实现城乡在政策上的平等、产业发展上的互补、国民待遇上的一致，让农民享受到与城镇居民同样的文明和实惠，使整个城乡经济社会全面、协调、可持续发展是基本目标。应该说实现这个目标不可能一蹴而就，需要一定的时间才可完成，但是，加快农村与城市文化建设的互补与协调应成为城乡一体化中农村文化建设的重要内容，应该成为农村文化建设上资源利用的主要思路。农村文化建设既要立足本地情况与资源，又要努力争取获得更多的发展资源，而目前，城乡一体化建设中，较为侧重经济建设的城乡一体化问题，对于利用城市资源发展农村文化建设问题，尚未形成较为成功的模式与经验。农村文化建设与城市发展相互隔离，进一步形成了文化建设方面的城乡差距，形成了农村文化建设与经济建设的差距。城乡一体化建设中，资源互补适用于多个领域，对于农村文化建设方面，如何结合城市文化资源、文化市场、文化投入与农村实际，相互促进、共同发展是城乡文化建设双赢的出路。

（六）农村文化建设中人才队伍的建设始终未能很好解决

城乡一体化建设中，农村文化建设始终是一个较为薄弱的环节，在这个薄弱环节中，农村文化建设的专职队伍建设又是长期未能解决的问题。一方面，农村原有专职干部数量有限，水平参差不齐。另一方面，农村现有条件与政策在引入文化建设人才方面缺乏吸引力，很难在现有条件下补充新鲜血液。在这种情况下，缺乏强力人才的支撑，农村文化建设的速度与质量很难有所突破，人才瓶颈制约着农村文化建设的发展，这个问题需要建立长效机制予以解决。

（七）农村文化建设规划与城乡一体化进程结合不够紧密

我国城市化进程正处于日益深入阶段，在这样的阶段，城乡一体化建设涉及的许多问题都在快速变化之中。因此，在不断变化的城乡一体化建设中，农村文化建设一方面要不断根据城乡一体化建设中各项措施的具体变化而调整，另一方面，也要根据城乡一体化的长远目标设定相对稳定的目标。因此，在城乡一体化大背景下，农村文化建设应该根据实际设定自身的发展路径。既要立足当前城乡差距较大的现实，又要保持稳定的建设目标。在我国当前城乡一体化建设中，存在几种可能的模式。其一是集中发展大中型城市，将农村大部分人口进行转移。其二是发展大城市周边卫星城市，消化吸收农村人口。其三是实施农村城镇化。从上面几个模式来看，农村文化建设的侧重会有很大不同。目前，对于农村文化建设问题，应该进一步清晰思路。在农村文化建设上，重点建设一些具有战略前瞻性的项目与工程。尽可能减少过于分散和短期项目的投入。否则，随着城镇化进程的深入，许多投入会成为无效投入。

三　城乡一体化发展中农村文化建设的几点建议

（一）农村文化建设中需要继续坚持扩大投入的基本思路

我国农村文化事业发展落后局面并非短期形成，具有长久的历史原因与现实原因，希望短期内迅速改观这一局面，持续加大投入不可避免。因此，在财政力量力所能及的条件下，要想方设法继续加大农村文化投入，以城市财政收入补贴农村文化建设经费的不足。在经费使用方面，一方面继续加强硬件设施建设，另一方面努力提高软环境的改善。增加人员培训和文化服务的改善提高。可以肯定，城乡一体化建设中，没有持续提高的投入，农村文化建设水平就不可能进一步缩小与城市文化建设水平之间的差距。

（二）农村文化建设要尽快与城市文化建设上形成需求、资源的产业衔接与融合

目前，随着我国城市化进程的深入发展，各类城市不同程度加大了与农村的各方面的距离。农村有进一步脱离主流发展速度与水平的趋势。因此，不能孤立处理农村文化建设问题，需要将农村文化建设与城市发展节奏密切联系起来。要想尽办法使农村与城市之间建立文化供给与需求关系，形成农村与城市一体化发展的局面。从目前趋势看，城市中的文化需求极为多样，许多需求可以与农村的实际情况相结合。例如：随着高速客货运输通道的建设，农村中的休闲功能等都

有可能成为城市主要消费内容之一。同时，农村的许多原生态文化作品独具特色，对城市居民具有较大吸引力。农村的各种文化活动要积极介入城市文化舞台，有所展示，这样才能逐步形成城市文化建设与农村文化建设在需求上的结合，在资源上的互补。农村文化建设才可以较好融入国家城市化发展道路，初步形成城乡一体化发展道路。如果农村文化建设与国家城市发展长期隔离，农村文化建设一味依靠简单的财政投入，那么，农村文化建设在利用城市资源上就难有作为，加快缩短农村文化建设与城市文化建设的差距就会具有较大困难。

（三）农村文化建设要最大限度利用先进科技手段，尽可能减少科技含量在城乡间的差异

改变农村文化建设水平落后的局面，需要持续增加投入，但是同时用好投入又十分关键，采用科技手段增加农村文化基础建设应该得到更为广泛的重视。现代科技手段往往具有传播形式新颖、信息量大、与城市文化建设较易衔接的特点。增强农村文化建设需要在科技化上出效率、出效果。在增加科技手段投入的同时，也会促进农村从事文化建设人员的科技素质培养，进一步奠定农村文化建设的科技基础。科技是第一生产力，也是加大农村文化建设的核心手段。同时，也要兼顾农村的实际情况，避免高科技的水土不服问题。

（四）增强农村干部的文化意识，提高农民素质，发挥农民积极性，建立完善的农村文化队伍，发挥农村文化建设自身潜能

农村文化建设离不开干部队伍的文化建设意识，也离不开广大农民的支持与拥护，要形成相对完整的文化建设队伍。因此，要想长期发展农村文化建设，农村文化工作要成为地方领导关键工作内容之一，选用文化素质高、责任心强、有开拓精神、德才兼备、重视文化建设的干部，才能正确认识和处理经济与文化的关系，使农村文化建设对农村经济起到重大的推动作用，没有农村文化建设，也就没有农村经济的持续发展；农村经济的落后不能仅仅从经济角度找问题，更要在文化建设上找问题，经济落后的根源在于文化落后。此外，农村文化建设的好坏，与农民的拥护与支持密不可分，因此，要根据群众的特点和农村特征，组织农民喜闻乐见的活动。鼓励年轻人，吸引老年人，争取使农村文化建设立足在老少皆宜的基础上，不断推陈出新，打造特色，形成稳定的群体和服务对象，培养

热爱农村文化事业，具有特长的文化骨干，并在精神和物质上予以鼓励。最大限度挖掘农村业余文化爱好者在艺术修养方面的潜力，使这些文艺爱好者成为农村文化建设的中坚力量和有益补充，我们要充分调动这些文化骨干的积极性、主动性和创造性，营造文化氛围，提高农村文化的品位和档次，扩大农村文化的影响力，同时，保护民族传统文化。

（五）农村文化建设要力争、城市文化产业发展形成呼应与配合

我国农村文化建设，由于历史的原因，目前产业化的程度还极为原始。在现有条件下，通过产业化手段迅速减少农村与城市之间文化建设水平差异困难较大。但是，从国家文化发展战略来看，文化建设领域中，文化产业化已经加速开展，站在城乡一体化的高度上，农村文化建设也需要尽最大努力结合文化产业快速发展的大趋势，只有这样，才可能最大限度地利用市场资源和市场机制进一步加大农村文化建设事业的发展速度。因此，研究发展农村建设问题，不能与城市文化建设、城市文化产业发展割裂起来。在这方面，对于农村文化建设的规划，既要有城乡一体化的战略考量，也需要与我国文化产业高速发展的现实相结合。

城乡环境保护一体化的政策构建

陈 妍*

一 引言

中国经济迅速发展的同时带来了严重的环境问题。近年来，环境保护工作被放在极为重要的位置，国家投入了大量的人力、物力、财力用于环境治理，使得城市环境恶化趋势得到遏制，并逐步趋于好转。相比之下，我国农村生态环境恶化状况却越来越严重，在城市更为充分地享受经济发展成果的同时，广大农村地区却在更多地承受着经济发展的负面影响。

城乡环境保护严重失衡与我国城乡二元结构的形态特征有关，只有将中国的农村环境问题置于城乡二元结构的框架下分析，才能找到解决中国农村环境问题的有效途径。但目前还很少有这种视角的研究。

1. 城乡二元结构的研究中缺乏环境方面的系统思考

国内外二元结构的研究者多数将目光聚焦于经济领域的二元结构，主要揭示了城乡在收入、就业、工业化等方面的差异，如刘易斯（1989），费景汉（1992），托达罗、张培刚（1999）等。也有一部分研究注意到了社会领域的二元结构，主要揭示了城乡在户籍制度、教育机会、社会保障等方面的差异，如洪大用（2000）等。而在城乡二元结构的研究中系统思考环境问题的研究却非常少。随着城乡经济、社会方面二元化的深入，城乡环境二元现象越发明显，环境

* 陈妍，中国国际经济交流中心信息部。

问题越来越成为城乡二元结构研究无法回避的内容。

2. 农村环境政策的研究中缺乏二元视角的全面分析

国内外农村环境政策的研究者，其研究视角有产业角度的、有区域角度的，有社会经济角度的、有生态环境角度的，但是从二元视角探寻农村环境政策形成和运行的却很少。但是，对中国而言，二元社会经济特征已经深入各个角落，排除了二元因素就不能准确把握农村环境政策运行中的问题。因此，有必要从城乡二元的视角，对农村环境政策进行全面的分析。

二　当前农村地区环境问题的主要表现

造成农村环境污染的污染源，除了有农村乡镇企业产生的污染、农业生产造成的污染、畜牧业产生的污染、生活污染外，更有城市转移的废水、废渣等二次污染。

1. 乡镇企业产生的工业污染

乡镇企业的发展在解决农村剩余劳动力和增加农民收入方面作出了突出贡献，但也产生了严重的工业污染。受乡村自然经济的深刻影响，农村工业化实际上是一种以低技术含量的粗放经营为特征、以牺牲环境为代价的反积聚效应的工业化，村村点火、户户冒烟，给环境监管和治理都造成了困难。目前，我国乡镇企业废水 COD 和固体废物等主要污染物排放量已占工业污染物排放总量的 50%以上，而且乡镇企业布局不合理，污染物处理率也显著低于工业污染物平均处理率（苏杨，2006）。

2. 农业生产造成的污染

为了提高土地产出水平，我国农业生产中大量使用化肥、农药，远远超过发达国家为防止化肥对土壤和水体造成危害而设置的安全上限。而且化肥利用率低、流失率高，不仅导致农田土壤污染，还通过农田径流造成了对水体的有机污染、富营养化污染甚至地下水污染和空气污染。再加上大棚农业的普及，地膜污染也在加剧。目前，东部许多地区面源污染占污染负荷比例已经超过了工业污染。

3. 畜禽养殖业发展造成的污染

规模化畜禽养殖业的废弃物对农村环境的污染越来越严重。随着人们生活水平逐步提高，对肉蛋奶等畜禽产品的需求增加，人口密集的发达地区畜牧业发展迅速，但这些地区可资利用的环境容量小，加之其规模和布局没有得到有效控制，没有注意避开人口聚居区和生态功能区，造成畜禽粪便还田比例低，植被破坏和水体污染问题严重。

4. 基础设施建设滞后产生的生活污染

小城镇和农村聚居点的生活污染物因为基础设施和管制的缺失一般直接排入周边环境中，造成严重的“脏乱差”现象：每年产生的约为 1.2 亿吨的农村生活垃圾几乎全部露天堆放；每年产生的超过 2500 万吨的农村生活污水几乎全部直排，使农村聚居点周围的环境质量严重恶化。

5. 城市污染向农村转移

近年来，城市污染向农村转移现象日益严重。一方面，随着城市产业结构的调整，一些耗能高、污染重，难以治理的企业迁移到农村，给农村环境带来严重污染。另一方面，城市工业的“三废”直接转移到农村，造成污染。据统计，全国 80% 以上的城市污水未经任何处理就直接排入水体，已造成 1/3 以上的河段受到污染进而引起农灌水水质恶化。我国 90% 的城市垃圾是在郊外填埋或堆放，严重威胁周边农村水体安全。

我国农村污染治理体系尚未建立，环境污染给作为弱势产业的农业和弱势群体的农民带来了显著的负面影响。中国农村有 3 亿多人喝不上干净的水，其中超过 60% 是由于非自然因素导致的饮用水源水质不达标。农村人口中与环境污染密切相关的恶性肿瘤死亡率逐步上升。

三　城乡二元结构加剧了农村环境问题

业已存在并渗透到中国社会经济各个角落的城乡二元结构，是中国社会经济的鲜明特征。而城乡在社会经济方面的二元结构，加剧了城乡在环境方面的二元结构趋势。解决中国农村环境问题，必须从解决城乡社会经济二元结构方面入手。城乡二元结构对农村环境问题的影响，主要表现在：城乡二元结构不但降低了农民对环境的需求能力，也削弱了农民对农村环境的治理能力。

1. 城乡二元结构降低了农民对环境的需求能力

尽管改革开放以来，我国取得经济发展的巨大成就，但广大的农村地区，特别是中西部的农村地区，经济发展水平依然很低。2008 年，农村居民人均纯收入为 4761 元，城镇居民人均可支配收入为 15781 元，城乡收入绝对差距达 11020 元，城乡收入比达到 3.31，均创历史最高纪录。尽管农村居民人均纯收入连年增长，但无论从绝对量还是相对量上看都是比较低的。因此，在城乡二元结构下，受有限经济条件的约束，农民在经营决策时优先考虑如何发展经济、提高收入，而忽略了对农村环境的需求，经常作出破坏生态环境以换取经济增长的非理性行为。

2. 城乡二元结构削弱了农民对农村环境的治理能力

农民在主观上对农村良好环境的较低需求降低了农民的环境意识，导致农村承受了自身的工业、农业、养殖业、生活污染以及城市转移的污染。即使农民表现出了较高的环境需求，具有较强的环境意识，在城乡二元结构下，也无法形成有效的治理能力，主要原因包括：①资金缺乏。一方面，由于农民收入较低，无力出资治理环境。另一方面，国家的环保投资主要集中在城市和工业，无暇顾及农村。②人员缺乏。基于城乡在收入、教育、基础设施、医疗、社会保障等方面的巨大差异，包括环保在内的各类人才基本处于从农村到城市的单向流动，农村难以有效集聚所需的环保专业人员。③技术缺乏。农村的环保技术的来源主要为农村自创、国家支持、研究机构转让。由于农村专门环保人才和环保资金的缺乏，能够自主创新的技术甚少；国家支持的技术往往是和政策资金项目配套落实的，由于国家的政策项目主要投向了城市，这一渠道也不顺畅；研究机构转让的技术往往需要资金支付，对农村来说难以承担。④相关配套制度缺乏。我国现有的污染治理制度，是建立在城市工业的点源污染控制基础之上的，但当前在农村，除了点源污染外，更多的是面源污染，相关的工程技术、经济管理、法律法规等配套制度仍在探索过程中。

城乡二元结构降低了农民对环境的需求能力和治理能力，实质上就是降低了农民的环境意识和对环境资源的支付能力，降低了农村地区的环境投资水平，导致城乡环境差距越来越大。

四 城乡环境保护一体化的政策选择

十七届三中全会指出，我国已进入着力破除城乡二元结构、形成城乡经济社会发展一体化新格局的重要时期。环境保护怎么从“城乡二元”走向“城乡一体”呢？城乡经济、社会、环境二元结构是农村环境问题日趋严重的直接原因，二元结构长期存在是由于城乡主体权利的严重不对等造成的，因此，城乡环境一体化政策选择的原则应该是通过继续推进城乡一体化和加快农业生态化进程，来提高农民环境权益。

（一）实现城乡区域发展一体化

实现城乡区域发展一体化是解决城乡环境二元结构的基础。所谓城乡区域发展一体化，并不意味着城乡一样化，也不意味着变乡为城或变城为乡，而是改革城乡之间社会、经济、环境的制度隔离，创建城乡之间社会、经济、环境的协调发展机制。从系统的观点来看，城市和乡村应当是统一系统中的两个子系统，人流、物流、信息流可在两个系统中自由合理地流动；城乡社会、经济、环境相互渗透、相互融合、相互依赖；城乡差别很小时，可以使各种时空资源得到高效利用。在这样一个系统中，城乡地位是相同的，只是城市和乡村在系统中所承担的功能各不相同。逐步缩小城乡差距，实现城乡区域发展一体化，必须从城乡规划一体化、城乡基础设施一体化、城乡公共服务一体化、城乡劳动就业一体化、城乡社会管理一体化等方面着眼。

（二）完善城乡生态补偿机制

城乡环境二元结构主要表现在：一方面，城市通过资源开发和废弃物排放索取了农村的环境资源，另一方面，城镇对环境保护投资水平明显高于农村地区，对自然环境有更大的返还能力。应逐步建立本地区和跨地区的城乡环境资源的补偿机制，探讨、确定城镇对农村地区的补偿方法和补偿标准。通过合适的载体和途径对城镇利用农村环境资源行为进行收费（税），改变城镇无偿消费农村环境资源的现状。在农村地区严格执行已确定的环境标准，严格控制各种污染源可能造成的环境污染。逐步加大财政资金对农村地区环保投资的强度，充分引导社会资金对农村地区进行生态投资，改善农村地区长期以来环保投资不足的局面。

（三）加快农业的生态化转型

农村环境问题要靠农村自身发展来解决，农业生态化是解决农村环境问题的关键。农业生态化是基于生态系统承载能力的前提下，充分发挥当地生态区位优势及产品的比较优势，在农业生产与生态良性循环的基础上，开发优质、安全、无害农产品，发展经济、环境效益高的现代化农业产业。换句话说，生态农业产业化就是生态环境建设与保护的同时以市场需求为导向，以经济效益为中心，依托本地生态资源，实行区域化布局、专业化生产、规模化建设、系列化加工、一体化经营、社会化服务、企业化管理，使农业和农村经济走上自我发展、自我积累、自我约束的良性循环轨道。它是在农业产业化基础上，通过生态农业产业化，把“农民（基地）——高附加值的加工企业（龙头企业）——大市场”三者紧密、有机地结合起来，形成一个利益共享、风险共担、共同发展的实体，建立生态良性循环的生态经济系统。

（四）健全农民权利实现的保障机制

1. 逐步完善农村环境管理体制

我国环境管理体制仍然是建立在城市工业的点源污染防治基础上的城市环境管理体制，农村的环境管理体制十分薄弱。环境保护部的农村环境管理机构只是处级单位，在一些地方环境保护部门中，农村的环境管理机构非常薄弱甚至是空白的。

（1）全面建立各级环保部门中的农村环境管理机构。在环境保护部中设立司局级单位统筹负责农村环境的管理，在省、市、县、乡等各级地方的环境保护部门中设立一级的下属部门专门负责农村环境的管理，在村民委员会、居民委员会设立专门的岗位或人员负责本辖区的环境保护工作。全面建立各级的农村环境管理机构，消除农村环境机构无法覆盖的地区死角。

（2）逐步建立各级农村环境管理机构的日常工作机制。建立各级农村环境管理机构后，根据农村环境保护工作的特征，逐步建立起适合农村环境保护的日常工作机制，将农村环境的管理从一次性或周期性的管理变为持续和日常的管理，加强农村的生态建设、污染源监测、污染物管理、环境执法检查等，使农村环境领域的公共管理职能得到强化，消除农村环境管理无法覆盖的职能死角。

2. 发挥政府在农村环境公共物品供给方面的作用

农村环境公共物品，包括农村环境法律法规、农村环境质量标准、农村环境规划等，其供给需要通过凭借公共权力而采取强制的方式，只有政府才拥有这种合法的公共权力。一方面，供给这些管制性环境公共物品需要对现行的社会经济发展模式进行改革和调整，需要对农村地区乃至城乡之间的社会利益进行再分配，所有这些都极大地依赖政府的公共权力来实现，包括制定符合可持续发展要求的农村政策、规划和计划；重新审视和修改现行的涉农法律、法规，改革现行的各项涉农制度和措施等。另一方面，已建立的农村环境政策的有效实施，需要政府依靠公共权力在农村实施环境监督和环境纠纷的公正裁决。因此，政府环境管理部门应抓好农村环境宏观控制、综合决策，保证环境监督执法到位和公平。

3. 明晰环境资源产权，建立农村环境资源的市场机制

产权是由所有权、控制权、收益权、处置权等四种权力组成的有机统一体，这四种权力相辅相成，缺一不可。明晰环境资源的产权，包括明确环境资源的所有权、落实环境资源的控制权、保护环境资源的收益权、尊重环境资源的处置权，是建立农村环境资源市场机制的必要条件，也有助于从根本上提高农民权益。

（1）明确环境资源的所有权。所有权是产权的最基本权利，明确农村环境资源的所有权是在农村环境治理过程中发挥市场和企业主体作用的基本条件。只有环境资源的所有权明确，环境资源的产权主体对环境资源的控制权、收益权和处置权才有法理依据，建立环境资源的市场机制才有可能。

（2）落实环境资源的控制权。环境资源的控制权是环境资源所有权的现实保障，落实农村环境资源的所有权是在农村环境治理过程中发挥市场和企业主体作用的现实条件。只有落实了环境资源产权主体对环境资源的控制权，环境资源的所有权才是具体的，实现环境资源的收益权和处置权才有现实的可能。

（3）保护环境资源的收益权。实现农村环境资源的收益权是环境资源所有权和控制权的目的，这种基于环境资源所有权和控制权产生的利益是环境资源的价值所在。社会资金投资农村环境保护，也要有利可图，只有保护好环境资源主体对环境资源的收益权，才能激发环境资源主体的积极性，妥善维护环境资源，增加环境资源供给，将环境资源的内在价值转化为交易价值。

（4）尊重环境资源的处置权。环境资源的处置权是环境资源产权的实现形式，农村环境资源产权主体通过对环境资源处置权的实施来实现旧的环境资源产权主体退出和新的环境资源产权主体进入。这一点对农村环保引入社会资金，促进农村环保投资主体的多元化，具有特别重要的意义。对农村环境资源产权主体处置权实现过程的规范，就是对农村环境资源产权市场的规范，也就是对农村环境领域市场机制的规范。

参考文献

费景汉：《劳动剩余经济的发展》，经济科学出版社，1992。

苏杨：《新农村建设应关注农村现代化进程中的环境污染问题》，《中国发展》2006 年第 4 期。

威廉·阿瑟·刘易斯：《二元经济论》，北京经济学院出版社，1989。

王学真、郭剑雄：《刘易斯模型与托达罗模型的否定之否定——城市化战略的理论回顾与现实思考》，《中央财经大学学报》2002 年第 3 期。

张培刚：《新发展经济学》，河南人民出版社，1999。

洪大用：《我国城乡二元控制体系与环境问题》，《中国人民大学学报》2000 年第 1 期。

我国城乡一体化进程中的低碳城市发展规划问题研究

曾少军 杨 丽*

气候变化深刻影响着人类生存和发展，是世界各国共同面临的重大挑战。各种应对方案中，旨在降低人类活动造成的碳排放的“低碳”发展模式在世界范围内得到普遍认同，并成为新时期的人类发展目标。从利用更少的环境资源消耗，产生更少的环境污染，获得更多经济产出的“低碳经济”,① 到提倡减少碳排放的“低碳生活”、“低碳社会”概念，低碳理念在经济和社会发展的各个层面迅速普及。各国纷纷从国家层面推出相应的规划和计划，确认低碳理念在国家发展方向上的指导地位。例如，2007 年我国出台《应对气候变化国家方案》，2009 年 11 月提出 2020 年单位 GDP 能耗比 2005 年降低 40% ~45% 的自主减排目标；2010 年 7 月国家发改委组织开展首批五省八市低碳省区和低碳城市试点工作。

经济的快速增长推动了我国的工业化与城乡一体化进程，而经济的快速增长、工业化与城乡一体化进程的加快，也导致了温室气体排放量的快速增长。据统计，改革开放 30 年来，我国经济总量从 1978 年的 3624.1 亿元上升到 2009 年的 335353 亿元，城市化率从 1978 年的 17.9% 上升到 2009 年的 46.6%②，能源

* 曾少军，中国国际经济交流中心副研究员；杨丽，清华大学公共管理学院博士后。

① 戴亦欣：《中国低碳城市发展的必要性和治理模式分析》，《中国人口、资源与环境》2009 年第 3 期，第 12 页。

② 光明网：《中国社科院发布〈2010 年城市蓝皮书〉指出我国城镇化率达 46.6% 规模居世界第一》（2010 年 7 月 29 日），http：//www.gmw.cn/content/2010 -07/29/content_ 1196855.htm，2010 年 11 月 9 日访问。

消费和温室气体排放总量也快速增加。我国GDP在过去20年间保持近8%的增长速度，但我国百万美元GDP能耗是世界平均水平的3.1倍，是日本的9倍。快速城市化与工业化对我国发展提出了严峻挑战：中国的发展必须摒弃发达国家在19世纪工业化初期采用的高能耗、高污染、低效率的发展模式，转而遵循环境友好型的低碳模式。城市作为人类生存与生活的中心，在经济社会中处于举足轻重的地位，不可避免地成为我国低碳发展的重点。① 自2007年始，低碳城市的概念和实践成为低碳发展的新兴领域。2010年，国家发改委五省八市的首批低碳试点省市是我国低碳城市发展的一个里程碑。国家发改委《关于开展低碳省区和低碳城市试点工作的通知》（发改气候［2010］1587号）中五项具体任务的第一项就是编制低碳发展规划，要求试点省和试点城市将应对气候变化工作全面纳入本地区“十二五”规划，研究制定试点省和试点城市低碳发展规划。因此，低碳城市发展规划格外引人关注。

一 城乡一体化进程中发展低碳城市的必要性

气候变化、碳排放与城市化过程相交织，低碳的经济发展与社会生活方式成为遏制全球升温、气候变化的必要选择。从碳排放源头看，城市是人口、建筑、交通、工业、物流的集中地，也是高耗能、高碳排放的集中地。② 据统计，全球大城市消耗的能源占全球的75%，温室气体排放量占世界的80%。从最终使用（end use）的角度看，碳排放的来源可以分为产业、居民生活和交通三个主要的组成部分。根据美国分析资料，由建筑物排放的CO_2约占39%，交通工具排放的CO_2约占33%，工业排放的CO_2约占28%。③ 在英国，80%的化石燃料由建筑与交通消耗，城市是最大的CO_2排放者。④ 为了减少对CO_2排放趋势估计的复杂性，可以借鉴丁仲礼的思想，只考虑三个变量：人口变化趋势、社会发展阶段和能源结构。而这三个变量与我国的城乡一体化过程交织成一体。

---

① 戴亦欣：《中国低碳城市发展的必要性和治理模式分析》，《中国人口、资源与环境》2009年第3期，第12页。

② 顾朝林等：《气候变化与低碳城市规划》，东南大学出版社，2009，第6页。

③ Brookings, Blueprint for American Prosperity, 2008.

④ 顾朝林等：《气候变化与低碳城市规划》，东南大学出版社，2009，第6页。

我国城乡一体化进程发展很快，但城市化质量提高较为缓慢，城市化速度与质量严重不协调。目前，中国的城市化呈现典型的不完全城市化特征，城市化率在统计上有些高估。“十一五”期间，中国城市发展取得了巨大成效：城市规模快速扩张，中心城市地位凸显；城市基础设施不断完善，投融资渠道日趋多元化；城市经济实力显著增强，产业结构进一步优化；城市人居环境明显改善，建设管理水平迅速提高；城市社会事业蓬勃发展，和谐城市建设迈出新步伐。然而，由于体制和政策不完善，当前中国城市发展尚存诸多问题，如城市土地扩张与人口增长不匹配，城乡与区域发展严重不平衡，收入差距扩大与居住分异加剧，各种城市社会问题日益凸显，城市空间开发无序现象严重，大城市膨胀问题亟待解决等。[①]

“十二五”期间，中国将进入城市化与城市发展双重转型的新阶段，预计城市化率年均提高0.8～1.0个百分点，到2015年达到52%左右，到2030年达到65%左右。城市经济发展一个具有里程碑意义的变化是城市化率超过50%，城镇人口将超过农村人口。这一时间大约在“十二五”中期，届时城市人口与乡村人口都将是6.8亿。由于城乡人口数量对比的变化，城市经济在国民经济中的主体地位更为强化，[②] 也对城市发展提出了更大的挑战。

碳减排成为我国国民经济和社会发展的重要指标。近几年来，中国 CO_2 排放量成为备受西方政治家关注的话题，并以 CO_2 排放大国作为要求我国承担量化减排义务。我国政府作为负责任的大国，既响应联合国减少温室气体减排的倡议，也充分考虑我国的国情。2008年提出到2010年实现单位GDP能源消耗比2005年降低20%的目标，2009年提出到2020年实现单位GDP能源消耗比2005年降低40%～45%的目标，2010年10月的中共十七届五中全会通过的《中共中央关于制定国民经济和社会发展第十二个五规划的建议》（以下简称《十二五规划建议》）也明确提出“积极应对全球气候变化”，“把大幅降低能源消耗强度和

① 光明网：《中国社科院发布〈2010年城市蓝皮书〉指出我国城镇化率达46.6%规模居世界第一》（2010年7月29日），http://www.gmw.cn/content/2010-07/29/content_1196855.htm，2010年11月9日访问。

② 光明网：《中国社科院发布〈2010年城市蓝皮书〉指出我国城镇化率达46.6%规模居世界第一》（2010年7月29日），http://www.gmw.cn/content/2010-07/29/content_1196855.htm，2010年11月9日访问。

二氧化碳排放强度作为约束性指标，有效控制温室气体排放”等。

为应对城市发展与全球变暖的挑战，传统城市发展模式需要变革。具体而言，我们需要一种理想的“低碳”模式来化解工业革命200年来的“高碳”城市给人类社会带来的灾难风险。仅仅通过节能减排的技术手段尚不足以解决减少CO_2排放问题，有必要以更加多元的标准来衡量城市规划与建设，通过低碳城市规划来寻求城市发展的低碳化方向，探索可持续的低碳城市发展模式。[①] 要发展理想的低碳城市，低碳城市规划是一种必要而有效的手段。

城市规划是一种土地和空间资源的配置机制，是政府引导城市发展的重要规制手段。[②] 我国城市规划体系的构建，曾经以促进经济发展为基本前提。尽管近年来，城市规划逐渐强调民生、环保等目标，但城市规划理论和指标体系中，没有将能源消耗和温室气体排放等作为限制性要素。因此，以低碳城市理念来指导城市规划的创新尤为必要。

二　国内外低碳城市发展实践

就低碳城市规划研究而言，英国、日本走在科学研究的前沿，我国和印度作为发展中的大国开始关注相关研究。关于理论研究进展，顾朝林等的《气候变化与低碳城市规划》从低碳发展模式的经济性、低碳城市模式、低碳城市生活方式规划、低碳城市规划、低碳城市规划政策、低碳城市规划治理等方面对国外研究成果进行了直至2009年初的详细梳理，本文不再赘述。从总体上看，我国气候变化研究开展较早，低碳经济研究稍有深入，低碳城市研究刚刚开始且以低碳技术研究为主，而低碳导向的城市规划研究与实践起步更晚，研究与实践都还比较少。下文简要梳理英国、日本、美国、印度和我国在低碳城市发展方面的实践。

1. 国外低碳城市发展实践

英国关于气候变化、低碳城市与城市规划的研究和实践走在世界前列。特别是在国家规划政策指引中，关于可持续发展规划、应对气候变化的规划政策，从

---

① 顾朝林等：《气候变化与低碳城市规划》，东南大学出版社，2009，第6页。

② 顾朝林等：《气候变化与低碳城市规划》，东南大学出版社，2009，第23页。

规划的编制、实施、公众参与、实施反馈等多方面入手，系统而全面。2008 年 11 月，英国议会通过《气候变化法案》（Climate Change Act），提出到 2020 年英国的 CO_2 排放量相比 1990 年减少 26%，到 2050 年相比 1990 年至少减少 80%。[①] 英国政府已经明确在 2050 年降低 CO_2 排放 60%。要实现该目标，英国政府认为，包括经济、社会等各个部门需要共同努力，英国的阿伯丁市探索性地开展了低碳城市规划实践。

日本关于低碳城市的研究主要集中在低碳社会研究领域。2004 年日本环境省发起《面向 2050 年的日本低碳社会情景》（"Japan Low Carbon Society Scenarios toward 2050"）研究计划。2007 年 2 月，日本发布《日本低碳社会情景：2050 年的 CO_2 排放在 1990 年水平上减少 70% 的可行性研究》。2008 年 5 月，日本环境省研究小组发布《面向低碳社会的 12 大行动》。日本钢铁联盟、化学工业协会、造纸联合会、水泥协会、电气事业联合会、石油联盟等主要行业也自主制定了 2008～2012 年减排 CO_2 10%～120% 的目标。

美国布什政府拒绝认可《京都议定书》，主张通过技术途径解决气候变化问题。2007 年 11 月，美国进步中心发布《抓住能源机遇，创建低碳经济》报告，承认美国已经丧失在环境和能源领域的关键绿色技术优势，提出创建低碳经济的十步计划。2007 年美国国会提出《低碳经济法案》。2009 年奥巴马政府任命哈佛大学物理学家，专长气候、能源、核武器的约翰·霍尔德为总统科学与技术助理，试图扭转美国政府的气候及能源政策。

印度作为主要的发展中国家和 CO_2 排放大国，也开始关注城市在气候变化中的作用。2008 年 6 月 30 日，印度发布《气候变化行动计划》，确定了印度将执行至 2017 年之后的 8 个核心计划，其中包括"可持续生活环境国家计划，将提高能源效率作为城市规划的核心组成部分"。该计划要求：修订现有的节能建筑规范；更加强调城市废物管理及回收利用，包括利用废物发电；加强机动车燃烧经济性标准的执行力度以及使用定价措施鼓励购买低能耗汽车；提倡使用公共交通工具等。[②]

---

① 《中国科学院国家科学图书馆科学研究动态监测快报》2008 年第 1 期，第 2 页；2008 年第 18 期，第 15 页。

② 《中国科学院国家科学图书馆科学研究动态监测快报》2008 年第 1 期，第 2 页；2008 年第 8 期，第 10 页。

2. 我国低碳城市发展实践

我国的低碳之路在国家政策制度的推动下发展。1996 年，我国绿色照明工程计划随着《中国绿色照明工程实施方案》的制订完成而正式实施。2005 年，我国《国民经济与社会发展第十一个五年规划纲要》明确提出 2010 年单位 GDP 能耗比 2005 年降低 20% 的目标，2006 年，实施《可再生能源法》，发布我国第一部《气候变化国家评估报告》；2007 年，成立以国务院总理温家宝为组长的中国国家应对气候变化领导小组办公室，出台《应对气候变化国家方案》、《节能减排综合性工作方案》、《应对气候变化中国科技专项行动》、《可再生能源中长期发展规划》。2008 年，修订后的《节约能源法》正式施行，上海、保定成为 WWF 低碳城市首批试点城市，政协委员吴晓青在两会上提议发展低碳模式，上海、珠海、吉林等地先后提出建立低碳示范区。2009 年，《循环经济促进法》施行，我国作出自主减排承诺：2020 年单位 GDP 碳强度比 2005 年降低 40% ~ 45%。2010 年 7 月，国家发改委发出《关于开展低碳省区和低碳城市试点工作的通知》，组织开展首批五省八市低碳省区和低碳城市的试点工作。首批试点省市为广东、辽宁、湖北、陕西、云南五省和天津、重庆、深圳、厦门、杭州、南昌、贵阳、保定八市。2010 年 10 月，我党十七届五中全会通过的《中共中央关于制定国民经济和社会发展第十二个五年规划的建议》明确提到“树立绿色、低碳发展理念，以节能减排为重点，健全激励和约束机制，加快构建资源节约、环境友好的生产方式和消费模式，增强可持续发展能力”，强调“积极应对全球气候变化。把大幅降低能源消耗强度和二氧化碳排放强度作为约束性指标，有效控制温室气体排放”。

自 2000 年以来，我国多个城市进行了低碳发展的探索，如日照市是第一个申请加入“气候中和”网络的中国城市，并于 2007 年获得首届“世界清洁能源奖”。沈阳市是科技部地源热泵技术推广的试点城市。无锡市集聚了尚德、浚鑫等太阳能光伏生产企业和配套企业的产业群，太阳能光伏产业共申请专利技术 70 多项，获得专利授权 40 多项，是我国最大的光伏产业生产和出口基地。德州市 2004 年就签署《大邱宣言》成为世界太阳城组织的一员，承诺与其他成员城市共同努力，积极采取行动控制人均二氧化碳排放，申办 2010 年世界太阳城大会成功，制定“中国太阳城”发展战略，旨在将德州市建设成为世界太阳能研发、制造和文化中心。厦门市是国际重要的高端节能灯创制、制造和出口基地，拥有60多家节能灯和配套生产企业，生产全球20%的节能灯，节能照明电器出口量达50亿元，LED技术在北京奥运会与上海世博会成功应用。天津市经济开发区2008年加入“LED City”计划，成为我国首个LED城市照明示范区。上海崇明岛东滩生态城是世界上第一个零碳开发的永续城市规划。上海临港新城则重点在低碳社区、低碳产业园区等局部区域促进低碳技术应用，尝试低碳发展实践。潘海啸等提出了中国“低碳城市”的空间规划策略，主要从“紧凑城市”、“公共交通导向”、“发展自行车和步行交通”和“土地混合使用”等方面进行低碳城市规划的探索。2008年1月，世界自然基金（WWF）启动中国低碳城市发展项目，上海、保定入选首批试点城市。WWF与上海市有关部门合作，通过对建筑的能源消耗进行调查、统计和分析，提高建筑能源利用效率；通过对物业管理人员进行培训，提高其节能运行的能力；通过进行生态建筑发展的政策研究最终实现降低居民生活碳排放量。WWF与保定市相关部门合作，通过促进可再生能源的投资、建设新能源制造基地来为居民生活提供单位碳排放量低的新能源，最终实现低碳城市发展。WWF在保定低碳城市项目的开展，由清华大学公共管理学院的研究团队承担低碳城市规划设计，这不仅将低碳城市理念引入保定市，而且城市基础调研、分析与规划设计工作从2008年就已开始，也正是这些工作基础，为保定市赢得了入选国家发改委首批试点城市的机会。

国家发改委五省八市试点省市的选择依据地方申报情况，统筹考虑各地方的工作基础和试点布局的代表性而决定，五省八市之中，除了比较典型的保定市，其他省市都开展了程度不一的低碳城市发展规划基础工作。就笔者所知，申请成为首批试点省市的远远不只五省八市。特别难能可贵的是，还有不少城市的领导者将低碳城市发展规划列为重要议题并着手规划设计，目的只是想让自己的城市更美好，为城市居民做实事，并不完全是为了要政绩要政策。

三　我国低碳城市发展规划中存在的问题

我国的低碳城市发展规划大部分还没有编制完成，或是规划设计基本完成，规划实施刚刚开始，因此暂时无法对低碳城市发展规划中存在的问题进行全面梳理，本文仅就笔者发现的几个问题进行讨论。

1. 对低碳概念理解泛化

2009 年，低碳成为媒体与网络热词，似乎一夜之间“低碳”在全国普及，但大家对低碳的理解不尽相同。笔者曾收到一条更换手机号的短信，“为表低碳，××的手机号更换为……”尽管该短信有调侃热词的嫌疑，但确实有不少人认为节约开支就是低碳。低碳提倡节俭精神没错，但并不是所有的节俭都产生碳减排的效果，而且有些低碳有技术成本，这也是为什么有些低碳产品比非低碳产品价格更高的原因。以冰箱为例，目前市场的情况是节能指数越高，价格也越高。

低碳经济、低碳社会、低碳城市等概念均由低碳衍生而来。低碳指在保持经济社会稳定健康发展，人民生活水平不断提高的前提下，二氧化碳排放维持在一个较低的水平，对自然系统产生较小负面影响。[①] 低碳经济的概念 2003 年由英国在其《能源白皮书》中首次提出，指通过更少的自然资源消耗和更少的环境污染，获得更多的经济产出；低碳经济是创造更高的生活标准和更好的生活质量的途径和机会，也为发展、应用和输出先进技术创造了机会，同时也能创造新的商机和更多的就业机会。[②] 低碳经济以低能耗、低污染、低排放为基础的经济模式，是人类社会继工业革命、信息革命之后的又一次经济革命浪潮。其核心是能源技术创新、制度创新和人类生存发展观念的根本性转变。[③] 低碳社会的理念 2007 年由日本提出。日本认为，没有“低碳社会”就无法发展“低碳经济”。“低碳社会”遵循的原则是：减少碳排放，提倡节俭精神，通过更简单的生活方式达到高质量的生活，从高消费社会向高质量社会转变，与大自然和谐生存，保持和维护自然环境成为人类社会的本质追求。[④] 低碳社会指通过消费理念和生活方式的转变，在保证人民生活质量不断提高和社会发展不断完善的前提下，致力于在生产建设、社会发展和人民生活领域控制和减少碳排放的社会。[⑤] 因此，对低碳概念理解都比较泛化。

---

① 顾朝林等：《气候变化与低碳城市规划》，东南大学出版社，2009，第 168 页。

② Department of Trade and Industry. UK Energy White Paper：Our energy future-creating a low carbon economy. London：TSO，2003.

③ 顾朝林等：《气候变化与低碳城市规划》，东南大学出版社，2009，第 168 页。

④ “2050 Japan Low-Carbon Society” Scenario team. Japan Scenarios and Actions towards Low-Carbon Societies.（2008－05－26）. http：//2050. nies. go. jp/material/2050_ LCS_ Scenarios_ Actions_ English_ 080715. pdf，available on Nov. 9，2010.

⑤ 顾朝林等：《气候变化与低碳城市规划》，东南大学出版社，2009，第 168 页。

2. 对低碳城市发展模式认识不到位，低碳建设流于形式

城市的低碳发展既要求改变传统的高碳产业模式，以低碳产业与“降碳产业”为主导，保持能源的低消耗和二氧化碳的低排放，同时又要求保持经济的健康稳定发展与人民生活的改善，市民以低碳理念指导自己的生活与行为。不少干部认为低碳会妨碍发展，而招商引资经济指标是硬任务，已经纳入各单位年终考核范围，完成任务本来就非常困难，现在却还要低碳，以低碳会提高企业准入门槛等理由来反对“低碳”。2008 年广元市的各级干部对于当时还很陌生的“低碳”也是一片反对之声。其实，哪怕是零碳排放社区，城市经济学者也已经通过建立行为模型，考察城市规模、居住和就业选址、规划限制等因素对居民生活能源消耗和碳排放的影响，为低碳城市规划的原则和方法设计提供了经济学的支撑。低碳城市对减缓与适应过程中产生的经济效益非常可观。如首尔的“低碳和绿色增长总体规划”（Master Plan for Low Carbon，Green Growth）到 2030 年将会带来 100 万个就业岗位；在西雅图，清洁技术提供工作岗位的比率很高。

目前，特别是在 2009 年哥本哈根会议之后，我国已经有上百个城市都在探索建设低碳城市，不久前国家发改委也公布了中国低碳城市示范城市名单，但我国许多城市由于政绩需要，往往只注重实施一些短期见效快的重点减排项目，而对政府怎样在城市日常管理工作中进行低碳规划尚缺乏全面认知。从国际上低碳城市的实践来看，必须通过对城市进行全面的现状评估后，通过制定适合本城市实际情况的低碳规划和相应的政策来有步骤地实施，这样的低碳城市建设才是可持续的，也是最低碳的。否则就会出现我国城市低碳实践当中为了实现低碳城市的目标，而采取并不低碳的手段的尴尬局面。

3. 多方利益相关者参与不充分

低碳城市具有系统性与动态性的特征。系统性指在发展低碳城市的过程中，需要政府、企业、金融机构、消费者等各部门的参与，是一个完整的体系，缺少任何一个环节都不能很好地运转。低碳城市建设体系是一个动态过程，需要各个部门分工合作，互相影响，不断推进低碳城市建设的进程。就黄河三角洲低碳生态产业园区规划、广元市低碳重建与发展规划、保定市低碳发展规划等项目而言，规划设计各有自己的特点，为我国城市的低碳发展规划作出了很有价值的探索与尝试。但总体来说，社会参与还不充分，基本是地方政府主导，企业、金融机构与消费者的参与不够。

4. 规划设计机构资质不一，设计成果良莠不齐

没有权威的统计资料说明目前参与我国低碳城市规划编制的单位究竟有多少家，但发改委2010年组织了一次有关低碳城市发展规划编制的经验交流会，参会的几家单位，来源多样。既有国家的研究机构、科研院所，也有大型企业与个体户。大家都是凭各自的理解来进行委托城市的低碳城市发展规划，可以说皆无定法。项目团队、项目时间、项目内容、城市大小差别很大，设计成果良莠不齐。低碳城市发展规划是个综合性的系统工程，要求研究编制机构全面熟悉城市的历史、结构与现状，发现发展中的问题与挑战，并根据情景、资源与愿景提出适合这个城市发展具有操作性的目标与方案，涉及的领域不仅是城市本身，还涵括经济、环境、能源、建筑、交通、金融、土地、水、电、意识教育、政策与制度等各个方面。

5. 缺乏成熟、系统的低碳城市评价指标体系

Climate Group 在2009年《中国低碳领导力：城市》研究报告中主张从经济发展、能源结构、消费方式、碳强度四个方面的进步来衡量城市的低碳发展。中国社会科学院城市发展与环境研究所在《广元市的低碳重建与发展项目》中使用的是低碳产出水平、低碳消费水平、低碳资源指标、低碳政策四个一级指标和十二个二级指标来衡量广元市的低碳发展水平并指导低碳重建发展规划。前者的衡量是粗线条的，勾勒主要的方面，后者更加细化，已尝试应用于具体城市的规划。应该说，后者更具有可操作性。当然，社会科学院的这套指标体系还只应用于少数的城市，而且仅仅是完成规划阶段，暂时还没有足够的实践案例与规划实施的多年跟踪来判断该套评价指标体系的系统性、科学性与可操作性。

6. 尚未形成系统的低碳城市发展规划与低碳经济发展框架

2010年7月，国家发改委《关于开展低碳省区和低碳城市试点工作的通知》中明确将编制低碳发展规划列为第一项具体任务，要求试点省和试点城市将应对气候变化工作全面纳入本地区“十二五”规划，研究制定试点省和试点城市低碳发展规划。要求开展调查研究，明确试点思路，发挥规划综合引导作用，将调整产业结构、优化能源结构、节能增效、增加碳汇等工作结合起来，明确提出本地区控制温室气体排放的行动目标、重点任务和具体措施，降低碳排放强度，积极探索低碳绿色发展模式。至此，我国低碳城市的发展翻开新的一页。但在此之前，我国城市的低碳实践，基本是领先性的探索和尝试，其中大多数城市侧重于某一个行业或领域，少有从低碳城市的整体发展角度进行规划，并纳入低碳经济的发展框架，总体而言，我国城市的系统解决能力还比较弱。

四　完善我国低碳城市发展规划的思考

1. 普及低碳教育培训，培养低碳意识，改变消费模式，重视低碳能力建设

建立培训与共享机制，利用多种渠道与方式，不是仅仅让全社会知道“低碳”这个词，更重要的是要了解低碳的内涵、理解低碳与发展并不矛盾，真正以低碳理念引导生产、生活与城市的规划与发展。低碳城市本身就是动态的系统工程，需要政府、企业、组织、市民、消费者与规划设计机构多方利益相关者积极参与。低碳知识、低碳技术与低碳实践的共享有助于全社会低碳意识的培养与强化，有助于政府、规划设计机构、企业、组织与个人等利益相关者的低碳能力建设。

2. 加大绿色采购，加强国内外合作，促进低成本融资，刺激低碳技术发展

实现碳减排目标所需要的投资额常常会远远超出地方政府的财政能力，城市必须认识到可持续投融资战略的重要性。为成功实现减排目标，城市政府需要采用更加激进的融资战略，与利益相关方广泛合作共同探讨融资方式。例如为实现芝加哥气候变化行动计划中的碳减排目标，需要总额达 20 亿美元的投资额以改造 400 万幢建筑。城市政府没法完全依赖过去的公共财政补贴模式，必须探索多种资金来源。城市政府有必要将短期的公共财政补贴与长期的投资战略结合起来，找到更多可以促进低碳发展的金融工具。城市政府也可以加大绿色采购，催生节能减排与低碳技术的需求，促进低碳技术的发展。

世界各国的城市都面临同样的气候变化挑战，城市在全球与全国层面联合开展行动非常重要。这使得城市政府能够参与到全球与全国的讨论和分享中，一方面分享自己的经验，从而对其他城市产生影响，另一方面互相交流可以获得技术和资金支持。在 Climate Group 2010 年的《国际视角的城市低碳发展》中的 9 个案例城市都参加了多个全球网络与平台，无一例外都参与国际地方政府环境行动理事会与克林顿 C40 城市项目的合作。城市通过参加全球合作伙伴项目，既提升城市的国际形象，又能从项目中获取工具、融资、其他资源和信息的支持，以克服其实现地方可持续发展和规划的障碍。这些国际非营利机构及其平台和网络对城市政府制定气候政策与城市发展规划起了很大的促进作用。保定、上海、广元与WWF、英国驻华使馆等的合作就是很好的例子。我国城市还可以与更加广泛的全球其他国际非营利机构及其平台和网络进行合作。

3. 科学编制温室气体排放清单和情景规划，积极发挥政府的示范行动作用

城市发展规划需要设定合理的减排路径，这需要充分了解自身的碳足迹。编制城市温室气体排放清单不仅有助于制定减排政策，更是城市发展规划和执行中的重要一环，这个过程有助于设定部门目标并制订减排计划。碳排放清单的编制过程也是市政府与相关政府部门、工业界、商业界和社区就气候变化问题交流沟通的过程，涉及规范建筑行业，管理和优化交通系统，可持续的土地使用和规划等。

地方政府有能力通过示范行动引领城市迈向低碳未来。市政府通常完成两个温室气体排放清单调查和情景规划。一种针对商业部门和政府活动的温室气体排放，另一种针对政府管辖区域内整个城市社区的温室气体排放。排放清单编制完成后，市政府将利用此结果进行目标设定和情景分析的工作，并基于此制订出相应的气候变化行动计划。政府的行政管理也具有消费者的特征，也会排放大量二氧化碳。从政府的运行、相关设施和政府职员本身开始实施减排项目，具有重要的带头示范意义。一方面减少了政府部门的碳排放，另一方面可以对某些运作模式进行尝试，既能取得公众和工商业信任，还能找到成功模式，刺激市场，推动企业和公众开展更广泛的行动。

4. 建立多方利益相关者充分参与的体制、政策和管理体系

城市应对气候变化的挑战有很多，诸如最优技术选择、技术融资途径探索、技术市场推广的激励政策选择、消费者教育以及低碳技术的实际应用和维护，等等。然而，主要障碍不是技术问题，因为多数减排技术是可得的。主要的障碍在于探寻如何为低碳技术提供融资，需要什么样的制度、政策和管理体系以促进技术的商业化应用。可以说，政府所面临的最大挑战是如何获得核心利益相关方在技术投融资体系中的兴趣、认可和支持。

同时，低碳城市发展规划的制定还需要了解是什么因素阻碍了商业界、工业界和居民节能和采用清洁能源。市政府可以采用参与式行动、政策整合和建立合作伙伴关系等方式，让利益相关方坐在一起帮助确定合适的制度、政策、管理办法和技术方案。有时可以联合使用多种政策工具，如能效和建筑标准、经济激励措施、公众运动、信息传播和意识提高、技能培训等手段的结合。各城市逐渐把气候变化的减缓、适应和绿色增长政策整合，因此综合的规划方法的应用越来越多。政府的主要作用是采取措施鼓励企业和居民采取行动，这包括制定法律法规、推出经济激励机制以及提供相关信息。但由于具体问题常常跨越多个经济活动部门，有时会超出政府的管辖范围和能力之外，因此政府机构、私人部门、非营利机构和社区的合作伙伴共同行动很重要。

5. 每个城市的状况各不相同，城市低碳发展规划不必追求统一的模式

城市不同，政府采取的政策和行动也不同。城市之间的差异性决定了城市采取政策规模和投入的差异，没必要也无法追求统一的模式。比如重庆市政府与保定市政府，两者不可能是统一的蓝图、统一的模式，相同的政策措施、相同的影响。当然，尽管城市有差异，但还是有一些通用的政策工具，例如立法、包括提供直接融资在内的经济激励、协调支持或提供信息和咨询意见、教育和宣传、意识提高、共同合作等。城市规模大小和级别不同决定了城市不同的气候执政能力，但各城市气候行动背后存在共同的政策驱动力，理解城市政府的不同角色有助于低碳城市发展规划的制定与实施。城市政府同时扮演能源消费者、目标调控者、关系协调者和信息提供者等不同角色。作为消费者，城市政府需要考虑政府部门自身的减排；而作为管理者、促进者和提供者，城市政府需要考虑如何对整个社会的温室气体减排进行管制、动员和激励。

新时期推进城乡一体化关键在于制度创新

徐占忱 *

一 实现城乡一体化是关系到我国下一个30年发展的大战略

城乡一体化是随着一国经济社会发展进入一定阶段，城市和乡村作为一个统一整体，逐步进入产业发展互补、产品和要素市场互通、人居生态环境相依、基本公共服务均等、生活方式各为特色的良性发展状态。城乡从二元隔离和对立状态走向一体化是一个渐进的过程，由于城乡间产业基础、生产率差异以及城市的极化效应，发展中国家在其经济起飞和成长初期，必然伴有城乡间经济和社会发展水平的扩大。二元结构是发展中国家工业化过程中的普遍现象，随着工业化和城市化的深入，城乡二元结构也有一个逐步缓和直至消解的过程。

经过30多年的快速发展，我国经济总量已跃居世界第二，综合国力大幅提高，人民生活显著改善。"我国总体上已进入以工促农、以城带乡的发展阶段"，"进入着力破除城乡二元结构，形成城乡经济社会一体化发展新格局的重要时期"。

城乡一体化是关涉我国未来发展的大战略，是全面建设小康社会的关键环节。新时期提出推进城乡一体化是我们党对"三农"问题认识的新突破。推进城乡一体化，有利于拉动内需特别是消费需求，"工业反哺农业、城市反哺农

* 徐占忱，中国国际经济交流中心副研究员，博士。

村”，可以有效解决长期以来农民收入增长缓慢的问题，变农民的消费意愿为现实消费需求；有利于农业现代化建设，建设城乡统一的商品和要素市场，调动资本、人才、技术等城市优质生产要素向农业和农村汇集，改善农业生产条件，提高农业的现代化水平；有利于社会公平，公共财政的实行，基本公共服务的普遍提供，社会保障覆盖面的扩大，可以改善广大农民的弱势地位，促进社会公平正义，推动社会和谐。

二　城乡二元体制是新时期推进城乡一体化必须突破的制度障碍

（一）城乡二元体制某种程度上固化了二元结构格局

城乡二元结构是发展中国家在其发展中都要面对的一个现实问题，可以说具有一定的普遍性。因为在从传统农业国家向现代工业国家转轨过程中，必然要面对落后的城市工业基础和不发达的广大农村，工业化过程中的资本积累，大多依赖于农村剩余，初始阶段的“城市偏向”政策有其一定的合理性。

由于大国国情和新中国成立后特殊的历史条件，我国的城乡二元结构与其他国家明显不同。即从一般意义上的“城乡二元结构”，固化为后来的“城乡二元体制”。它已不仅仅是一般的经济结构方面的差异，而是经济、政治和社会多方面的综合性结构差异。自20世纪50年代末城乡二元体制初步成形以来，经过几十年的演化发展，形成了以户籍制度为基础，涉及教育、就业、住房、养老、医疗等一系列“二元化”的制度安排，最终构成了今天“城乡分治、一国两策”的制度架构。

应该说，这一制度架构为我国工业化起步作出了历史性的巨大贡献。从1952年国家建立农产品统购统销制度，到1985年这项制度取消，34年人为的城乡不等价交换，国家将大量农村资金转移进了城市工业中。据一些学者测算，从20世纪50年代中期到改革开放初期，通过工农产品“剪刀差”，国家向农村、农民收税（费）得到的资金，大概相当于改革初期我国工业固定资产的原值，估计大致是在6000亿~8000亿元之间（陆学艺，2008）。

前30年改革虽说是从农村起步的，但在打破城乡二元体制上没有实质突破。

1978～1984 年的农村改革，主要是农村自身生产方式的变革，当时的社会条件和经济发展水平，使改革不可能更多地涉及城乡关系。后来改革重点转向城市和企业，但在改革中对于城乡关系方面，如户籍、就业、价格、财政等也没有相应的跟进，因此，在城乡关系上没有取得具有实质意义的成果。

近年来，国家采取了“多予、少取、放活”的方针，推出了一系列支农、强农、惠农新举措。但由于相对固化了的城乡二元体制还在发挥作用，城乡差距没有缩小，相反，还在逐年扩大（见图 1），“城市发展快、农村发展慢”的格局没有根本改变。可以说，这一架构给我们推进城乡一体化带来了一些特殊的困难。

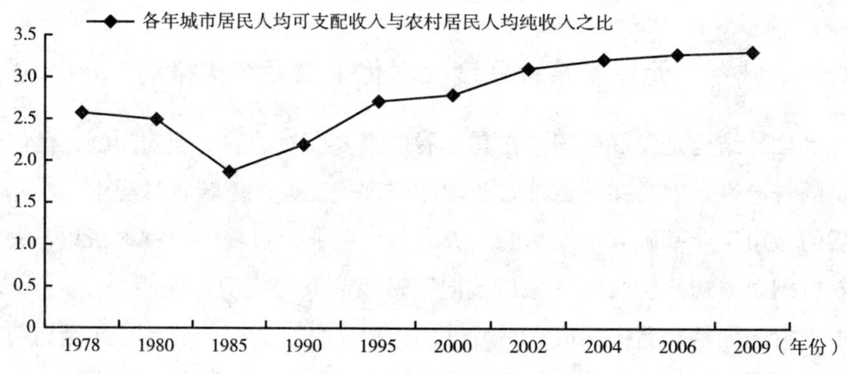

图 1　1978 年以来城乡居民收入差距变化

资料来源：相关年份《中国统计年鉴》。

有学者借鉴其他国家的经验，以城市化率、城乡劳动生产率差异、城乡居民收入差异和城乡居民恩格尔系数差异为指标①，对城乡一体化状况进行分阶段划分（见表 1）。2009 年，我国的城市化率为 46.6%，低于发展中国家平均水平 10 个百分点。2009 年我国一、二、三产业就业构成分别为 38.1%、27.8%、34.1%，产值构成为 10.3%、46.3%、43.4%，依此计算，我国城乡劳动生产率差异系数为 0.19。目前，发展中国家城乡二元劳动生产率差异系数一般在 0.3～

① 城乡二元劳动生产率差异系数＝农业比较劳动生产率/非农业比较劳动生产率。其中，农业比较劳动生产率＝农业产值占比/农业劳动力占比，非农业比较劳动生产率计算方法同此。城乡居民收入差异系数＝1－（农村居民家庭人均纯收入/城镇居民家庭人均可支配收入）。城乡居民恩格尔系数差异系数＝城市居民家庭恩格尔系数－农村居民家庭恩格尔系数。

0.45 之间，发达国家在 0.52～0.86 之间。城市居民家庭人均可支配收入 17174.7 元，农村居民家庭人均纯收入为 5153.2 元，城乡收入差异系数为 0.70；城镇居民家庭恩格尔系数为 36.5，农村居民家庭恩格尔系数为 41.0，城乡居民恩格尔系数差异系数为 4.5。总的来看，尽管我国城市化进程在加快，但城乡收入差距过大，劳动生产率差异较大，这些都与我国仍然存在的二元制度结构相关。

表 1　城乡一体化实现程度的五级划分

级别	城市化率	二元劳动生产率差异系数	城乡居民收入差异系数	城乡居民恩格尔系数差异系数	城乡一体化实现程度
1	U≥80%	L≥0.9	I<0.1	E<2.5%	城乡一体化完成
2	70%≤U<80%	0.6≤L<0.9	0.1≤I<0.2	2.5%≤E<5%	城乡一体化基本完成
3	50%≤U<70%	0.45≤L<0.6	0.2≤I<0.3	5%≤E<7.5%	二元结构向城乡一体化过渡后期
4	30%≤U<50%	0.3≤L<0.45	0.3≤I<0.5	7.5%≤E<10%	二元结构向城乡一体化过渡前期
5	U<30%	L<0.3	I≥0.5	E≥10%	城乡二元结构显著

资料来源：王崇举，2008。

（二）当前推进城乡一体化面临的主要问题

1. 巨大的历史欠账

城市二元体制和长期的城市偏向政策，给农村发展带来了巨大的历史欠账，出现了所谓的“城市欧洲化、农村非洲化”。当前农村地区，特别是中西部农村地区，水、电、路等基础设施落后，基础教育、公共卫生等公共服务缺乏，涉及农民养老、就业、生育、医疗方面的社会保障刚刚起步。尽管国家取消了农业税，采取了一系列的倾斜性政策，农业和农村生产生活条件有了初步改善，但对于巨大的历史欠账，有些问题显然非一朝一夕所能解决。

2. 新“剪刀差”

传统上的工农“剪刀差”是农村地区落后的重要原因。由于城乡“二元体制”进入新时期以来，“剪刀差”并没有消失，实践中在征地、财政、金融、价格、农民工等问题上，又形成新的“剪刀差”，据统计，在 1979 ~ 1994 年的 16 年间，通过新“剪刀差”，国家取走了大约 15000 亿元的农业剩余（周陈曦，2008）。特别是，由于农产品的低收入弹性，落后的农业经营方式，和近年来国外农产品对我国农业的冲击，农业对工业的贸易条件仍然没有改观，甚至呈现一定的恶化趋势。

3. 土地征用侵害农民权益

近年来，随着城市化加速，在土地农转非征用过程中，由于土地征用价格与出让价格存在巨大差额，造成失地农民利益严重受损。我国非农占地主要集中在城郊和人多地少的经济发达地区，政府征地给农民的补偿一般有土地补偿费、安置费、补助费以及附着物和青苗补偿费等，每亩约为 1.3 万 ~2.5 万元，政府每亩投入六七万完成“七通一平”后，转让给开发商时，每亩高达 30 万 ~ 70 万元，是给予农民的几十倍，政府在征地过程中每亩地净收益 11 万 ~24 万元。据统计，1987 ~2001 年，全国非农建设占用耕地 3394.4 万亩，其中 70% 为征地，按征地的一半为经营性用地计算，各地政府从农民手中获得的净差价为 14204 亿 ~ 30991 亿元。这还不包括突破指标、违法征地和一些乡村擅自卖地（王伟光，2010）。

4. 单向为主的城乡要素流动

由于较低的农业生产率和比较收益，改革开放后，农村优质生产要素大量流向城市，使农村失去进一步发展的物质基础。农业出现了严重的劳动力劣质化现象，技术、人才难以下乡。特别是农村金融普遍存在农业资金大量流出、农村资金供给严重不足的问题。2005 年末，全国银行业机构网点约 17.5 万个，平均每万人 1.34 个，农村银行网点约为 2.7 万个，平均每万人 0.36 个，城市人均贷款余额超过 50000 元，农村地区的人均贷款余额不足 5000 元，相差 10 倍。据国务院发展研究中心农村部的调查，2001 ~2004 年发生过借贷行为的农户中，未获正规贷款的占 41.97%，目前我国农村信用社的贷款利率普遍接近上限，不仅高于商业银行的贷款利率，甚至高于民间贷款利率。过高的利率使中小企业和农户望而却步。

近年来，工行、中行和建行大量农村网点撤出，农行也呈现了较大的“城市化”倾向，农村网点较多的邮政储蓄“只存不贷”。由于自上而下的资金管理模式，金融机构在农村吸收入的存款，大量的转到非农产业。其分支机构实际上成了“抽水机”。2005年农行涉农贷款余额9787亿元，而从农村获得的存款余额为16675亿元，存贷差高达6888亿元，广大农村地区形成了“低收入－低储蓄水平－低资本形成－低生产率－低产出－低收入”的循环（徐同文，2008）。

5. 城市化过程简单化、形式化和实利化倾向

城乡一体化从对象来说“化”的是人，更确切地说，是“农民”，而绝不是“物”。但现实中由于激励扭曲和利益诱使，城乡一体化过程中出现了一些偏颇甚至是错误的做法。一是一些地方片面强调的土地和空间城市化，土地城市化大大地快于人口城市化，造成耕地快速减少和土地浪费，大量农民失去土地。二是城乡一体化物质形态和空间形态的“一律化”，即城乡“雷同化”。简单地用城市的思维改造农村，破坏农村的生活环境，弄得“城不像城、村不像村”，既带来了不方便，也造成了浪费。三是“运动式”思维残余，不顾现实条件和农民的实际意愿，工作方式简单粗暴，形成了一些新的“民怨”。

三　新时期推进城乡一体化需要把握的工作要点

城乡一体化本身是一种发展观、一种发展战略。城市化发展到一定阶段以后，适应生产力进一步发展需要，推动城乡人口、技术、资本、资源等要素相互融合、互为资源、互为市场、互相服务，逐步实现城乡在经济、社会、文化、生态上协调发展，是个自然的历史过程。城乡一体化涉及现代农业发展、农民工问题、基本公共服务、城乡社会保障、新农村建设等方方面面。前一时期，国家提出了“规划布局、产业发展、基础设施建设、公共服务、就业和社会保障、社会管理”六个方面的一体化，具有很强的现实操作性，公共服务和社会保障方面，已涉及城乡二元体制问题。但从更为宏观的层面来说，笔者认为，“十二五”时期，以下五大方面应是工作重点。加快拆除城乡制度“藩篱”，积极推动制度创新，推进和保障城乡居民在基本福利和发展权利方面的平等，是当前工作的核心。

1. 坚持“反哺”

“反哺”是推进城乡一体化的第一步，也是最为基本的措施。继续坚持“工业反哺农业、城市反哺农村”的方针，要限制新“剪刀差”对农业发展和农民利益的侵害，加大公共财政对农业、农村的支持力度，推出更多的强农、支农、惠农措施，推进强农、支农、惠农政策的常态化、规范化，形成长效机制。特别是做好对中西部地区农村的专项支持。加强农村的合作组织和政权建设，建设法治、透明、服务型政府，尽量避免乡村治理中宗族势力和“能人政治”的负面影响，把好事办好办实。

2. 推进“平权”

城乡二元体制存在的关键是城乡居民权利的差异。城乡一体化的第二方面，是推进城乡在福利和发展上的“平权”，这是当前推进城乡一体化最为紧要的问题。要尊重农民的政治权利，尽快实现按相同比例选举人大代表，逐步消除传统体制强加在农民（工）身上不合理的歧视性政策。教育公平是社会公平的“起点”，教育权益是人的重要发展权。要解决好农民工子女上学问题，改变农村孩子“不上学等着穷，上了学立刻穷”的局面。缩小城乡居民在医疗、社会保障等公共产品享有的方式、内容、数量、质量方面的差异，积极推进基本公共服务的普惠和均等。

3. 加强统一的市场体系建设

要明晰产权，确保市场主体在自愿公平的基础上参与交换，依法保障当事人的权益。当前尤其是要明确农民对土地的使用权和收益权，探索农村土地使用权的转移让渡方式，禁止地方政府违背农民意愿强行征地的行为。建立覆盖城乡的就业服务体系，构建功能完善、平等竞争、城乡统一的人力资源市场，形成城乡劳动者平等就业的制度。以满足现实农户和农村中产业发展的金融需求为原则，积极推进农村金融体系改革。要解决好“管理”和“服务”的关系，发挥政府在农村金融发展中的主导性作用，探索并适度放开多种形式的民间金融，拓宽农民个人货币结余的多样化投资方式。

4. 农民工问题要有新突破

与二元体制相关，农民工问题是我国特有的问题。由于户籍制度套着各项福利，各种利益关系错综复杂，改革起来困难重重步伐缓慢。目前，农民工平均每个月工作 26 天，每周工作 58.4 小时。其中，89.8% 的农民工每周工作时间多于《劳动法》规定的 44 小时，农民工每年为城市贡献至少 1 万亿元（韩长赋，2010）。农民工在为国家、为城市发展作出巨大贡献的同时，他们的权益缺乏基本的保障。新生代农民工“有地不会种，有城进不来”，已成为一个必须重视和解决的社会问题。"十二五"期间，应在农民工进城落户以及养老、医疗、就业等社保权利方面，争取新的突破。

5. 探索多元城镇化模式

城镇化与城乡一体化紧密相关，对于我国这样农村人口多、地区经济发展差异大的国家，城市化绝不仅是农民工进城一条道路，农村就地城市化也是一条好路子。其实，英国原工业化时期[①]，其城市化发展就是以农村工业化为主要特征，最为显著的不是农村人口向传统城市转移，而是发生在农村内部的农村人口非农化趋势。这种情况主要出现在两类地区：一是人口密集且农村生产条件较差的地区，二是工业基础较好的外围地区。前一种具有不得已选择出路的特征，后一种是形成类似于今天的外包工业——"茅舍工业"（唐茂华，2008）。我国江浙一带的有些农村地区，起步情况和英国原工业化时期的某些农村十分类似，依其现在经济发展水平，尽管没有非农业户籍，但实际上已经城镇化，这也是城乡一体化"化人"原则的体现。

四 "十二五"期间要在打破城乡二元体制上有新突破

"十二五"将是对全面建设小康社会具有"决定性意义"的五年，推进基本公共服务均等化，解决好民生问题，推动社会事业发展，都要求我们坚决打破已有的体制机制束缚，在推进城乡一体化方面有大动作、大突破，推出具有标志性意义和突出亮点的政策。

1. 解决当前土地征用过程中普遍存在的侵权问题

城市化和工业化的快速推进，土地非农化征用是一个不可避免的问题。但由于"土地财政"驱使和资本强势，各地大量出现的侵犯农民土地权益的问题，激化了社会矛盾，严重损害了党和政府形象。当前，要在继续稳定农民土地承包关系的基础上，一是要严格规范土地征用过程中的法定程序，保证"程序正义"，为农民维护自身权益提供制度化保障。二是要提高并落实土地征用补偿标

① 原工业化时期是指15～16世纪封建生产方式开始解体和18世纪末，资本主义生产方式取得决定性胜利的两个时期之间存在一个中间阶段，即早期的、尚未成熟的资本主义阶段。

准，让农民真正分享到土地转让所带来的增值收益。三是要多方采取措施，解决好现存6000余万的失地农民“无土地、无就业、无社保”的“三无”问题。村级集体土地社区股份合作制改造，农民承包土地和宅基地的有序流转及城乡置换等改革，都要确保农民的利益。

2. 建立城乡统一的基本公共服务体系和社会保障政策

城乡居民的福利差异是城乡差异最重要的方面，缩小城乡居民在社会保障方面的差距，是当前打破城乡二元体制最有效的手段。国家要继续加大对农村地区的公共投入，改善农村的生产生活条件，制定农村地区基本公共服务标准，对于基本公共服务欠账较多的地区，有针对性地采取城乡对口帮扶的共建政策；上缴国有企业利润，扩大“新农合”、农村养老的覆盖面，提高中央政府补助标准，解决农村社会保障体系建设资金不足的问题；要从根本上解决农村的义务教育问题，逐步把农村义务教育全面纳入公共财政的保障范围，在经费投入、办学条件、师资力量等方面逐步统一城乡标准；鼓励城市知识、技术人才下乡，推动城市公共服务职能向农村延伸，实现城镇中教师、医生等专业技术人员下乡“轮岗”的规模化、常态化。要采取特殊的优惠政策，鼓励大学生的涉农就业和服务；探索国家重点高校按比例招收农村考生，毕业后回到农村工作的政策。

3. 坚持就业优先以创业带就业

加强就业服务体系建设，建立农民工流入地与流出地的就业信息沟通机制，探索建立区域性乃至全国的农民工供求信息定期发布制度。要把对农民工特别是新生代农民工职业教育和培训，作为像“两基工程”① 一样的社会工程来抓，明确培训机构资质，保障经费来源和培训质量。对于通过在城里打工获得一定资金和技术，愿意返乡创业的农民工，要给予鼓励和扶持，在财政、税收、信贷、土地方面制定具体的优惠政策，尤其是对回乡发展现代农业、解决就业人数较多、具有一定带头作用的创业者，要给予更大力度的支持。对于各地涌现出来的先进典型，国家要给予相应荣誉和奖励。

4. 建立和完善农村金融服务体系

建立政府、金融机构、民间金融组织、个人共同参与的农村金融服务体系。解决商业金融机构在农村的“撇奶油”问题，引导和督促商业机构将其吸收存

---

① “两基工程”是“基本普及九年制义务教育、基本扫除青壮年文盲”的简称。

款的一定比例，用于农业和农村发展；规范发展多种形式的新型农村金融机构，鼓励以服务农村为主的地区性中小银行发展；支持开展商业性小额贷款公司试点，完善农户小额信用贷款和联保贷款制度；建立农村信贷担保机制和农业贷款贴息制度；扩大政策性银行的职能范围和业务能力，农发行应从现在的单纯“粮食银行”转变成支持农业综合开发、农村基础设施建设、产业结构调整和农产品进出口的综合性政策银行；积极探索以宅基地及住宅作抵押进行融资的办法；扩大政策性农业保险覆盖面，增强农业生产的抗风险能力。

5. 推进进城农民工的市民化

“农民工”问题是二元体制特有的国情，农民工问题涉及就业、住房、养老、医疗、子女上学等一系列问题，农民工的市民化也将是一个长期的过程。“十二五”期间调整收入分配结构，要解决农民工总体工资水平低、增长速度慢的问题，建立农民工工资合理增长机制，促进农民工工资合理增长。要把农民工纳入城镇住房保障体系，予以进城农民工和落户农民与城市居民同等享受经济适用房和廉租房的权利。制定和完善农民工住房公积金制度，有条件的农民工可以申请公积金贷款。解决农民工社会保险的转移和接续问题。要把农民工随迁子女教育纳入教育发展规划和教育经费预算，按照实际在校人数足额拨付教育经费，予以进城农民工和落户农民子女与城市居民同等享受基础教育权利。逐步分离学籍和户籍，使农民工子女获得在父母就业地参加中、高考的权利。

参考文献

王崇举：《城乡协调发展与社会创新》，经济管理出版社，2008。

唐茂华：《中国不完全城市化研究》，经济科学出版社，2009。

张小林：《城乡统筹：挑战与抉择》，南京师范大学出版社，2009。

徐同文：《城市城乡经济协调发展研究》，社会科学文献出版社，2008。

王伟光、付崇兰、曹文明：《中国城乡一体化：理论研究与规划建设调研报告》，社会科学文献出版社，2010。

周陈曦、谢元态：《中国城乡关系的金融学透视》，《工业化进程中的城乡关系研究》，中国农业出版社，2008。

《农业部长谈解决农民工问题思路：抓紧解决七个问题》，新华网，2010 年 10 月 13 日。

完善制度体系建设
促进城乡一体化发展

王福强*

党的十七大报告指出："要加强农业基础地位，走中国特色农业现代化道路，建立以工促农、以城带乡长效机制，形成城乡经济社会发展一体化新格局。"十七届三中全会通过的《中共中央关于推进农村改革发展若干重大问题的决定》指出："要大力推进改革创新，加强农村制度建设，关键是要稳定和完善农村基本经营制度、健全严格规范的农村土地管理制度、完善农业支持保护制度、建立现代农村金融制度、建立促进城乡经济社会发展一体化制度、健全农村民主管理制度。"十七届五中全会公报进一步提出："要推进农业现代化，加快社会主义新农村建设，统筹城乡发展，加快发展现代农业，加强农村基础设施建设和公共服务，拓展农民增收渠道，完善农村发展体制机制，建设农民幸福生活的美好家园。"可见，统筹城乡发展、促进城乡一体化已经成为中央改变城乡二元经济社会结构，促进城乡经济社会全面、协调、可持续发展的重大举措。但推进城乡一体化建设，必然会面临着若干制度性的樊篱：制度惯性，造成"恶法"当道；立法缺失，造成制度"空白"；规范模糊，造成潜规则盛行；强制力不足，造成制度虚无。为此，就需要加强城乡一体化法律保障机制研究，从制度上固化和完善政策，为政策的推行提供强有力的制度保障。

一　制度体系存在的问题

城乡一体化是指以发展城乡经济一体化为主导，以改革和完善促进城乡地位

---

* 王福强，中国国际经济交流中心博士。

平等的制度为保障，通过城乡要素的自由流动，形成资源互通、分工互补、利益共享、共同进步的关系，逐步达到城乡之间在经济、社会、文化、生活、生态等方面的全面协调发展。其目的不是消除城乡差别，使农村完全城市化，而是缩小城乡差别，发挥农业优势，发展现代特色农业，最终实现工农互补、城乡互补的良性循环。它包括城乡规划一体化、产业布局一体化、基础设施一体化、公共服务一体化、要素市场一体化、社会管理一体化等六个方面。综观六个方面，可以发现城乡一体化最大的障碍是制度障碍。

（1）现行农村土地制度造成农民利益无法得到有效维护。农民集体所有的土地产权残缺，权利边界模糊；“公共利益”缺乏明确界定，征地范围过宽，征地程序混乱，征地补偿费用偏低；无地农民安置困难，失地农民社会保障缺失等。

（2）现行城乡差别的户籍制度造成城乡居民无法实现实质平等。“出身”的不同，造成了法律形式意义上平等的“人”，在结果上是实质的不平等。户籍决定着身份，也因此决定着与身份相关的医疗卫生、福利、教育、就业以及其他待遇。城乡差异造成的这种不平等，严重违背了宪法所规定的人人平等的基本原则。

（3）现行财税体制的城乡差别成为制约建设城乡经济一体化的重要制度障碍。财力向上集中、负担向下转移、利益天平向城市倾斜的分税制财政体制，以及财政转移支付、农村财政支出体制的不完善，均不利于农村财政收入的增加和新农村建设资金的保证，也难以促进新农村建设资金有效使用。

其他制度如社会管理、公共服务、产业布局、环境保护、社会保障等方面都存在突出的问题。这些问题叠加，制约了城乡经济一体化的发展，造成城乡经济水平差距进一步拉大，客观上造成了不公，引发了民怨。

二　构建城乡一体化制度的理念

（1）法治理念。依法治国是我国基本治国方略。统筹城乡发展作为解决城乡二元结构的重大举措也应贯彻依法治国的理念。要制定良法，及时修法，使法律体现以人为本的基本要求。在法律实施上一视同仁，不搞差别待遇，维护法律的统一。

(2) 平等理念。法律面前人人平等是我国的宪法宣言。城乡一体化制度建设也要落实这一人权宣言。要实现城乡居民的实质平等，使其平等享有经济社会发展成果，平等参与市场经济生活，平等享有民主政治权利等。要把平等理念贯彻到立法和法律实施的诸环节，使城乡居民享有同等的市场主体地位，实现服务条件、公共资源均等化。

(3) 民生理念。着力保障和改善民生是城乡一体化建设的重要目的。为此，在加强农村基础设施建设和公共服务、拓展农民增收渠道、完善农村发展机制方面，要突出民生理念。这也是科学发展观的应有之义。

(4) 可持续发展理念。统筹城乡发展是实现富民强国目标的必由之路。这种发展不仅仅是经济的增长，而且是全面、协调、可持续的发展，是资源节约型、环境友好型的发展。它高度重视合理利用资源和生态保护，充分保证人们的生活水平和质量，完全摒弃了“先污染、后治理”的发展模式。

(5) 积极政府理念。相对于工业和第三产业，农业抵御自然风险的能力弱，产业化程度低，竞争力弱，因而更需保护。政府要充分发挥引导作用，通过政策、服务等手段扶持农业发展壮大，逐渐解决“三农”问题。

三　构建城乡一体化制度的主体框架

依据城乡一体化建设的六个组成部分，结合现实中存在的各种制度问题，构建城乡一体化制度体系需要从以下几个方面着手。

(一) 改革农村土地产权制度，妥善保障失地农民利益

新农村建设、园区建设、集中居住、建设用地增减挂钩等城乡一体化措施不可避免需要建设用地。但《土地管理法》、《城市房地产管理法》等规定的强制性、垄断性的行政征用集体土地方式，把农民排斥在土地增值收益分配体系之外。农民既不能决定土地卖与不卖，也不能与买方平等谈判价格，从而造成大量的农民成为无地、无业、无社会保障的三无人员。农村宅基地、承包经营权的法律属性上身份色彩重而财产色彩轻，也不利于保障农民权益。

一是通过法律确定“公共利益”的范围，防止征收权滥用。在实体上，可采取列举式限定公共利益的范围。从程序上，可建立一套内省纠错机制，包括协

商前置程序、县以上政府审批立项程序、公共利益认定程序、征地补偿安置方案确定程序、补偿方案听证程序、损害赔偿认定程序等，确保征收公平公开公正，减少因征收不当带来的社会矛盾。

二是改革农地征收的补偿政策。要以确保农民不会因为拆迁而使生活水平下降为原则，区分具体情况根据土地收益来决定补偿方式。如对经营性土地，实行市场招标出让制度，土地出让金由市场决定；对公益性用地，协议出让价格一般以市场价格为标准，确实不能以市场价格补偿的，要对失地农民妥善安置，提供基本保障和发展机会。

三是调整土地承包经营权制度。首先要赋予其完全物权属性，通过对世性、排他性保证农户对抗非法占地等侵害行为。其次要保证承包经营权的公平性，包括既有人口与新增人口、男子的承包经营权与妇女的承包经营权平等，死者的承包经营权应该次于生者的承包经营权等。最后是要允许承包经营权的自由流转、继承、抵押和股份化运作，充分发挥其使用价值。如修订《承包经营法》第 37 条、《继承法》第 4 条和《担保法》第 34 条、《物权法》第 128 条。

四是建立失地农民社会保障体系，尽快出台《农民工权益保障法》。要在征地出让金收益中，切块建立社会保障基金，把失地农民纳入城镇基本养老保险、失业保险和最低生活保障范围，老有所养、老有所依，失地农民不再是农民而是市民。从而逐步缩小农民的规模，促进城乡一体化的发展。要通过法律制度，在农民工职业培训、就业指导、劳动条件、居住环境、政治权利、社会地位和待遇、子女入学等方面作出原则性规定，使农民工享有各方面的平等权。尽快出台《社会救助法》、《慈善法》等规范，使社会保障事业纳入法制化轨道。

（二）改革现有户籍制度，落实宪法意义上的人人平等

城乡“二元”体制及其衍生的户籍制度是目前一些社会弊端的根源。生而平等的人们因为城乡户籍的不同，造成迁徙不自由、享受的公共服务不平等，背离了法律公平正义原则。要消除城乡一体化发展体制上的缺陷，就要改革现行城乡区别的户籍制度，建立城乡一体化的户籍管理制度，促进城乡劳动力的自由流动。改革路径上，不是单向地促进农村人口流动到城市，也应提供城市人口流动到农村的制度设计。现在江浙一带的发达农村就出现了“逆城镇化”的倾向。

制度选择上，要加快户籍管理立法进程，修订 1958 年颁布实施的《中华人

民共和国户口登记条例》，出台《户籍法》等法律法规。首先要顺应农民工市民化的要求，改革户籍制度，推行居住证制度。大城市要积极稳妥地解决符合条件的农民工户籍问题，加快落实放宽中小城市、小城镇特别是县城和中心镇落户条件的政策，实行以具有稳定就业或生活来源、固定住所（包括租房）和居住期限为基本条件的户口迁移准入制，鼓励农民工就地市民化，实现居民日常管理从户籍管理到职业管理的转变。其次，要逐渐消除对农民进入非农产业或城市的种种歧视制度，建立城乡统一的劳动力市场，在劳务市场准入上提供平等机会；对进城务工农民，在使用公共产品如医疗卫生、社会保障和教育等方面给予市民待遇，坚决清理和取缔针对农民工的各种违法收费项目。再次，进行综合配套改革，逐步剥离相关部门依附在户口上的职能和利益。建立城乡社保的续接制度，为在城镇落户农民提供均等的教育、医疗、就业等公共服务。最后，以身份证取代户籍，真正彻底废除对农民身份制度的歧视，还农民以公民权利。农民虽在职业上仍是农民，但其身份是一种新型的社区居民，与城市市民一样享有统一的公民待遇。

（三）完善城乡规划制度体系，打造社会主义新农村

城乡规划一体化，主要就是通过整合城乡资源配置方式和配置途径，形成城乡一体化的产业体系和统一市场，最大限度地减少城乡资源配置的成本，不断提高城乡资源配置的经济效益、社会效益和环境效益。完善规划体系，就要坚持“三公”原则，在“保证城乡规划的区域公平、实现城乡规划的信息公开、落实城乡规划的权责公正”的基本思路指导下，贯彻落实“规划主体能动、规划行为规范、规划责任明确”的微观具体对策。具体来说，主要有以下几方面。

一是认真落实《城乡规划法》，合理进行产业布局。2007 年 10 月通过的《城乡规划法》是城乡一体化的“宪法”。它首次把城乡一同纳入规划范畴：“制定和实施城乡规划，应当遵循城乡统筹、合理布局、节约土地、集约发展和先规划后建设的原则……”在城镇化过程中，要切实按照该法的规定，改变重城市轻农村的倾向，统筹考虑，科学划分功能区，从产业价值链的角度确定产业分工，实现产业的差异化、错位化发展。同时，要及时出台《城乡规划法》的配套规范，细化第 66 条、第 68 条的规定，及时修订与之冲突的行政许可程序和行政处罚程序。

二是健全循环经济法规，强力保护生态环境。过去几十年，我国城市发展以牺牲乡村生态为代价，农村成为城市排污的重污染区。城乡一体化的价值标准不允许打着发展经济的旗号破坏农村环境，反而要通过城乡一体化来改善环境。从法律上讲，就是要健全循环经济法规，增强法律可操作性，严格落实环标、环评制度，通过法制强力保护城乡生态环境。如：在环境保护法中增加新建工业企业和现有工业企业的技术改造的环保技术指标、操作程序、不执行的法律后果等内容；加强循环经济项目审核，推行循环经济项目标识制度；进一步强化保障循环经济的司法手段，通过诉讼方式处理环境纠纷和查处环境犯罪，尤其是国家机关工作人员环境渎职犯罪，等等，从而不断提升循环经济的法治化水平。

三是以法律手段推行现代化“两型”农业，提高农业经济效益。我国《农业法》虽然有“促进农村经济全面发展，逐步缩小城乡差别”等规定，但对国家如何保障农业现代化、促进工业反哺农业，缺乏细致规定。建议制定《农业现代化促进法》，通过适度发挥国家规划、财政、金融和强制分配等干预职能，确立包括产业结构、生产布局、产业组织、生产要素等在内的工业反哺农业的强制性法律运行机制，强化法律责任，加速促进农业现代化的法治进程。

四是严格耕地保护的执法监管，力保耕地红线不被突破。近年来，在快速城市化与经济发展过程中，一些地方政府在城市发展上采用“大跃进”式的发展模式，滥占耕地，盲目扩张，严重透支了土地利用总体规划指标，造成可耕地逐年下降。为了坚守18亿亩耕地红线，必须从严控制城乡建设用地总规模：第一，中央及各级地方政府要根据《城乡规划法》制定和执行国土、城市规划，推行土地用途管制制度，切实保护农用耕地，鼓励城市发展对土地的再开发利用。第二，严格控制城乡建设用地总规模，形成节约集约用地的倒逼机制。从规划、标准、市场配置、评价考核等方面大力推进。第三，层层落实保护耕地和土地执法的责任制，做到及时发现、及时制止、及时处理。

（四）完善财税法制体系，提供城乡统筹发展资金

城乡差别的财政政策是形成城乡二元社会经济结构的重要因素，不合理的财政体制严重地制约着城乡统筹发展。一是城乡公共产品和公共服务的供给机制不同。城市中由国家或各级政府供给，如教育、道路、环境、卫生等，城市居民自然地享受了政府提供的各种公共产品和服务。农村中则由县乡政府提供，中央政

府不再通过拨款加以支持。这造成农村基础设施建设长期供给不足，社会保障体系严重缺位。二是中央税与地方税结构不合理，出现了“财权上移与事权下移”、“财权与事权不匹配”的现象。按照现行分税制规定，增值税的75%和所得税的60%划归中央。再加上农村地区免除了农业税，地方政府可用财力严重不足。而目前中国农村、农业进入了一个需要大量花钱的阶段：把大量的农民变成市民，需要花钱；把传统的农业改造成现代农业，需要花钱。据估计，到2020年，新农村建设全国大约需要投入4万亿元资金。

十七大报告指出，要“围绕推进基本公共服务均等化和主体功能区建设，完善公共财政体系”；“加快形成统一、规范、透明的财政转移支付制度，提高一般性转移支付规模和比例，加大公共服务领域投入。完善省以下财政体制，增强基层政府提供公共服务能力”。这些重要论述，对增强城乡一体化财政支持提供了方向。

一是建立一个“工业反哺农业，城市支持农村”的“公共资源配置权下移”的财政体制，即：中央和省级政府的财力配置尽量向县城和农村倾斜，“多予少取放活”要有制度性保证。通过进一步完善财政转移支付制度和改革现有的公共产品专项补助地方配套资金制度，建立农村公共财政体系，使农村的义务教育、医疗卫生、社会保障、基础设施等基本公共产品与城市保持一定程度的均等化，逐渐缩小地区差异，使条件差的农村真正能从城市的高速发展中得到实惠。通过借鉴国外“绿箱”、“黄箱”和“蓝箱”等传统农业补贴措施，建立“白箱”农业补贴制度。补贴的主体要以中央为主地方为辅，补贴的对象是贫困落后地区和优势发展产业，补贴的目的是满足农民实现平等生存权和发展权，补贴的重点领域是农业生产的重要领域。

二是要加快税制改革，建立一个中央与地方财权、事权、税权相匹配的财政体制，增强农村财政自身造血功能。如，把农业企业纳入增值税征收范围，对农产品征收统一税率的流转税，统一城乡个人所得税和企业所得税，尽快开征非农业用地和超标用地的物业税等。要借鉴国外经验，稳定税源，建立以不动产税收为支撑的地方财政，从而增强农村财力，提高地方投入经济建设和发展公共事业的实力。

三是整合部门涉农资金，加大预算审计监督，改变当前涉农资金“各自为政”的部门分散管理模式，将各项用于“三农”的财政资金一并专设资金账户管理，集中用于反哺农业农村。

四是推进农村金融体制改革。要完善农业企业信用体系，建立支持“三农”的农村金融机制。要借鉴国内外农村银行的经验，创新体制，积极发展“草根金融”，为农业企业发展提供资金支持。

（五）完善执法司法体系，构建和谐新农村

严格依法办事，建设法治政府。通过依法行政，增强行政行为的公信力，给相对人以行为预期。一是要建立权责明晰的公共管理职能分配机制。政府要保障农村居民的发展权益，实现广大农民的自身发展和公平发展。社会中间层组织应起到良好的辅助性补充作用。二是要完善政府行使职权的基本程序，从统一业务流程、统一服务标准、统一技术标准等方面予以明确。三是要采用柔性执法模式。政府不仅要做到静态、动态信息公开，而且要改变管理的方式和手段，增强透明度和公众参与度，赋予社会公众更多的知情权和监督权，努力实现行政管理双方双向互动的执法模式。

坚持宽严相济，调整刑事政策。城乡一体化势必造成人员流动、人员失业等社会问题，进而也会产生犯罪问题。要采取挽救与打击并重的方式。对流动人口轻微的偶犯、初犯和未成年犯，应适用宽缓的处理方式。对各种暴力犯罪、黑恶势力犯罪等，则依法从重从严打击。要建立治安联防体系，积极探索“移民自治”、“族群自治”等新型主体管理模式。要加强对流动人口的人文关怀，积极提供公共服务，避免其聚集区“贫困化”。

定纷止争，妥善解决民间纠纷。要以司法便捷为导向，巡回审理，就地办案。要尊重习惯，相信群众，注重调解。要密切法官与人民群众的联系，缩短民众与司法的距离，让人民群众选择司法、参与司法、信赖司法。要加强基层司法机关的软硬件建设，不断提高基层法庭制度功能和法官素质技能。

我国城乡统筹发展进程中的扶贫开发

黄承伟*

我国改革开放以来，伴随着经济的高速持续稳定增长和有计划、有组织、大规模的扶贫开发，扶贫开发取得了举世瞩目的成就。进入新世纪以来，扶贫开发继续取得新进展。中国共产党第十六次代表大会以后，我国开展全面实施城乡统筹发展战略。城乡统筹发展既为我国从根本上解决大范围的绝对贫困问题提供了新的机遇，也对新形势下的扶贫开发带来了新的挑战。本文在全面评价近十年来扶贫开发的成就与经验的基础上，系统分析了城乡统筹发展进程中扶贫开发面临的新机遇和新挑战，提出了重构城乡统筹发展进程中扶贫开发战略政策体系的建议。

一　新世纪以来我国扶贫开发的基本评价

2001 年，中国政府制定并颁布了《中国农村扶贫开发纲要（2001 ~ 2010 年)》(以下简称《纲要》)。经全社会的共同努力，《纲要》目标基本实现。

（一）近十年中国农村扶贫开发取得的成效

1. 农村贫困人口大幅度下降

农村贫困人口从 2000 年的 9423 万减少到 2009 年的 3597 万，贫困发生率从

* 黄承伟，博士，研究员，博士生导师，中国国际扶贫中心副主任。

2000 年的 10. 2% 减少到 2009 年的 3. 8%。592 个国家扶贫开发工作重点县（以下简称重点县）农民人均纯收入从 2001 年的 1277 元增加到 2009 年的 2842 元，年均实际递增 7. 6%，略高于全国平均 7. 2% 的增长水平。

十六大以来，国家先后出台了多项强农惠农政策。在农村建立新型农村合作医疗，2007 年开始在全国农村建立最低保障制度，2009 年又开始了新型农村养老保险的试点。这些重大政策的出台，为解决农村温饱问题做了制度性安排。

2. 生活条件持续改善

“十一五”期间，重点县农村居民人均消费支出年均实际增长率为 11. 5%，农户住房面积扩大了 2. 4 平方米，居住钢筋混凝土结构住房的农户比重为 18. 3%，比“十五”期末的 14. 2% 提高 4. 1 个百分点。2009 年重点县农户，每百户拥有冰箱、冰柜 18. 6 台，增长 1. 48 倍；电视机 101. 2 台，增长 10. 8%；固定电话和移动电话 114. 6 部，增长 1. 1 倍。2009 年重点县中感到取得炊事用燃料越来越困难农户有 31. 5%，下降了 5. 6 个百分点；使用旱厕和水冲式厕所的比重为 88%，上升了 1. 8 个百分点。

3. 基础设施状况明显改善

2002 ~ 2008 年，重点县新增基本农田 5940 万亩，新建及改扩建公路里程 78 万公里，新增教育卫生用房 2152 万平方米，解决了 4959 万人、4397 万头大牲畜的饮水困难，人畜饮水困难总体解决。重点县的行政村通路比例从 92. 6% 提高到 99%；通电比例从 96. 5% 提高到 98. 7%；通电话比例从 78. 3% 提高到 98%；通电视比例从 96% 提高到 98%。自然村通路比例从 72. 2% 提高到 84. 4%，通电比例从 92. 8% 提高到 96. 8%，通电话比例从 52. 4% 提高到 87. 5%，通广播电视比例从 83. 7% 提高到 92%。

4. 社会事业水平得到提升

重点县乡乡有卫生院，绝大多数贫困村有卫生室，适龄儿童在校率达到 97%。2002 ~ 2008 年，重点县中行政村有幼儿园、学前班的比重从 51. 3% 增至 55. 2%；有卫生室的比重从 68. 6% 增至 77. 4%；有合格乡村医生、卫生员的比重从 70. 8% 增至 77. 4%；有合格接生员的比重从 66. 6% 增至 73. 7%。重点县农村劳动力文盲、半文盲比重由 2001 年的 16. 1% 下降到 11. 1%，接受过培训的劳动力比例从 8. 6% 提高到 15. 1%。

5. 生态恶化趋势初步遏制

2001～2008 年，重点县退耕还林还草 13500 万亩，新增经济林面积 11850 万亩，新增草场面积 7380 万亩，实施移民扶贫 620 万人，极大缓解了生态环境压力。重点县饮用水源有污染的农户从 2002 年的 15.5% 下降到 2008 年的 6.3%，取得燃料越来越困难的农户从 45% 下降到 33%，生活质量有了提高。

6. 县域经济得到较快发展

“十一五”期间，重点县人均地区生产总值从 4793 元增加到 9549 元，增长了 0.99 倍，年均增长 18.81%；人均地方财政一般预算收入从 178.2 元增加到 429 元，增长了 1.41 倍，年均增长 24.5%。

《纲要》实施以来，扶贫开发增强了贫困地区群众的自强自立精神和自我发展能力，为促进国民经济持续健康发展，促进政治稳定、社会和谐、民族团结、边疆巩固发挥了重要作用，为全面建设小康社会的伟大事业作出了积极贡献。

新世纪以来，我国率先实现联合国《千年发展目标》贫困人口减半的指标，成为全球减贫的主要贡献者，探索并形成了中国特色扶贫开发道路，得到国际社会的广泛认同和高度赞誉。

（二）近十年我国推进扶贫开发的主要做法及基本经验

1. 坚持城乡统筹，按照大扶贫格局推进《纲要》实施

党的十六大以来，国家实行了统筹城乡发展，以工促农、以城带乡的方针，对农村全面实施反哺政策，不断加大强农惠农政策力度，有力地推进了贫困地区基本公共服务均等化进程。具体包括：对农业生产的“四减免、四补贴”，实行农产品最低收购价，加强了农村基础设施建设和教育、医疗社会事业建设，2007 年全面建立农村最低生活保障制度，形成了开发扶贫和生活救助“两轮驱动”的新格局。

2. 坚持将扶贫开发纳入国民经济和社会发展规划，逐年增加扶贫开发投入

2001～2010 年，中央政府共投入财政扶贫资金 1339 亿元（含以工代赈资金），并通过财政贴息调动了近千亿元扶贫贷款。地方各级政府的扶贫投入也在不断增加。272 个中央国家机关和企事业单位定点帮扶 481 个重点县，东部 15 个省市及计划单列市对口帮扶 11 个西部省区市。坚持“四个到省”的工作体制，将扶贫开发工作作为重点县党政领导考核指标，不断强化地方各级政府的扶贫责任。

3. 坚持社会扶贫，凝聚减贫与发展的强大合力

动员军队和武警、共青团、妇联、各民主党派利用自身优势开展各具特色的扶贫活动。民营经济和民间组织的参与，不仅扩大了扶贫资源，而且增加了不同地区、不同社会阶层之间的理解与信任，促进社会和谐。积极开展减贫领域的国际合作与交流，发挥扶贫外交的特殊作用。

4. 坚持自力更生，激发贫困地区的内在发展活力

贫困地区基层组织发挥战斗堡垒作用，带领广大干部群众，继续发扬自力更生、艰苦奋斗的精神，以主人翁的姿态积极献计献策，主动投工投劳。参与式整村推进普遍推行，农民专业合作组织逐步发展。贫困村互助资金组织从 2006 年的 319 个发展到 2009 年的 9003 个，获得信贷扶贫资金支持的农户从 2001 年的 152 万户增加到 197 万户。贫困农户自我发展、自我管理能力逐步提高。贫困地区人民“自力更生”精神的内涵不断丰富，表现形式也越来越多。

5. 坚持解放思想，不断提高扶贫开发工作水平

2009 年，国家将扶贫标准提高到农民年人均纯收入 1196 元，扶贫对象覆盖 4007 万人，要求对农村低收入人口全面实施扶贫政策。不断完善扶贫资金管理体制，改革扶贫贴息贷款管理，提高贫困人口参与公共事务的能力。东部各省在继续关注少量连片贫困问题的同时，将工作重点转向提高低收入人口健康生活水平和稳定发展能力，努力缓解内部发展差距，为全国扶贫开发探索了新路子。

二　我国城乡统筹发展进程中扶贫开发面临的新机遇和新挑战

从十六大报告首次提出“统筹城乡经济社会发展”之后，其内涵随着学术界探讨的深入和实践的深化不断丰富和发展，形成了基本一致的认识：统筹城乡发展的主体是政府；实质是促进城乡二元经济结构的转变；最终目标是要使城乡差别基本消失、城乡壁垒基本消除、城乡一体化的社会结构状态基本形成，变城乡二元的社会结构为城乡一元的社会结构；重点是对农村社会政治、经济、文化等各领域进行战略性调整和深层次变革。城乡统筹战略目标通过“以工促农”、“以城带乡”，实现农村经济发展与城市经济有机结合，增加对农村公共设施和公共产品的供给，实现其与农村生产生活相适应，让城市与乡村成为互惠互补、和谐的统一体。城乡统筹发展，改变城乡二元结构是解决“三农”问题的根本路径选择。①

随着人类社会的发展，贫困内涵得到丰富和发展，已经从收入贫困演变为目前的生存能力、发展能力和权利贫困。② 在中国，农村不仅是绝对贫困的“故乡”，而且是相对贫困的“坐标”。③

多年来，在中国城乡二元体制下，农民遭受到了社会制度、公共资源供给和市场的三重排斥，这是导致农村贫困的制度性根源，也一直成为制约农村扶贫开发整体效果的主要因素之一。城乡统筹发展战略的提出与实施，为我国的扶贫开发提供了全新的思路和重要的契机，扶贫开发面临新的机遇。

首先，以实施“工业反哺农业”、以工促农、以城带乡的城乡统筹发展战略，实现城乡公共产品供给、农民市民化及政策的一致化。强调从政策、资源、权利等各方面全方位为贫困地区和贫困人口构筑社会支持系统，包括政府的政策杠杆支持、财政投入支持、社会服务支持、城市带动支持以及农村的自我支持。

其次，城乡统筹战略的实质就是在制度、公共资源和市场三个层面重新梳理城乡关系，平衡城市与乡村、市民与农民的利益分配方式，在兼顾公平与效率的理念下，建立一个城乡机会均等，市民、农民都能够全面发展的社会，打破城乡分割模式。城乡统筹发展战略在一定程度上为从根本上消除大范围的农村贫困提供了基础和可能。

最后，全国各地在城乡统筹发展战略实施过程中，形成了不同的模式，比如：通过发展乡镇企业进行非农化的“苏南模式”；以工哺农、城乡结合实现大城市城乡统筹发展的“北京模式”；以解决农民工问题为突破口，以农村人口的城市化为关键点，采取农民进城和生产要素下乡相结合的方式来统筹城乡发展的“重庆模式”；以建设“世界现代田园城市”为长远目标，将农田保护、生态环保、现代高端产业、城市先进功能有机融合，以多中心、组团式、网络化的布局

---

① 顾修迅、郭振宗、胡继连：《统筹城乡发展是解决“三农”问题的关键》，《山东社会科学》2004 年第 6 期。

② 徐贵恒：《人文贫困的提出及其内涵》，《内蒙古民族大学学报》（社会科学版）2008 年第 4 期。

③ 张德元：《从农村“制度贫困”看“城乡统筹”的必要性》，《学习月刊》2004 年第 1 期。

统筹发展的"成都模式"；以推进城郊统筹发展为中心的"上海模式"；通过整体的规划，促进地区城镇空间布局的调整，通过城镇结构的优化来实现城镇的集聚与扩散效应，从而带动乡村经济的发展，实现城乡经济结构的调整和融合的"珠江三角洲模式"；等等。这些模式在发展中解决贫困问题取得了明显效果，同时也带来了一些新的问题，为全国在统筹城乡发展中推进扶贫开发提供了经验及教训借鉴。

城乡统筹发展战略及实施也给扶贫开发带来新的挑战，主要表现为贫困特征的变化和新贫困形态的出现。

新挑战之一：制约农村贫困地区发展和贫困人口脱贫的深层次矛盾依然存在

表现在：一是贫困人口规模较大，返贫压力增大。按照新的扶贫标准，全国有扶贫对象3597万人，占农村总人口的3.8%。在传统致贫因素的基础上，市场风险又成为致贫返贫的重要成因。二是收入差距仍在扩大，相对贫困现象凸显。城乡居民收入差距仍在不断拉大，东中西部农民收入差距和各区域内部收入差距也在扩大。在贫困地区，一些县的县级财政收入的高增长与农民收入低增长、城镇繁荣与农村落后、少数富裕大户与多数人收入不高并存的现象比较突出。三是发展严重不平衡，特殊贫困问题严重。西部地区的贫困问题主要集中在民族地区和边境地区，中部地区贫困问题主要集中在革命老区和山区，东部地区除存在少量集中连片贫困区域，主要表现为内部发展差距的扩大。根据国家统计局贫困监测数据分析，2001～2009年，西部贫困人口占比从61%增加到66%，云南、贵州、青海3省的贫困人口比重从29%增加到41%，贫困发生率16.7%，比全国平均水平高13.1个百分点。四是自然灾害威胁严重，防灾抗灾能力不足。气候环境变化对地处生态脆弱区的贫困地区影响更加明显。贫困地区防灾抗灾能力明显不足，许多生态环境脆弱区经济社会发展滞后，农牧业生产受灾害威胁十分严重，尽管采取了搬迁扶贫等一系列措施，一些农民的生产生活问题还未得到稳定解决。

新挑战之二：贫困呈现从农村向城市、从区域向阶层转移的趋势

我国城市化整体水平不高，特别是中西部经济欠发达，城镇就业机会不足，而目前城乡统筹战略实施过程中的农民市民化政策增加了城乡居民就业的难度。城镇化导向的劳动力转移和工业化推进，使得贫困人口进入城镇，增加了城镇贫困的规模和程度。随着城乡统筹战略的实施，城乡贫困群体中失业型贫困的主体性日益突出。城镇贫困往往来源于失业，尤其是长期失业，城市内部的贫困更多表现为一种阶层贫困。而城乡统筹战略实施过程中的农村建设使得农村内部阶层分化日益严重。小农生产模式收益的萎缩，农民贫困与否更多地表现为外出务工者所从事的职业及收入情况。存在着城乡趋同的态势。

新挑战之三：新的贫困形态和群体凸显

可以预见的新贫困形态和群体主要有：一是失地农民。偏重城市的发展理念使城市规模不断扩张，城乡基础设施、重点项目建设进程的不断加快，土地征用的规模控制难度越来越大，失地农民数量仍在增加。失去了土地保障的失地农民只能转向二三产业来维持生计需要，其贫困程度和深度与市场波动密切相关。二是集中居住模式下的农民。在收入没有得到明显增加的情况下，各地实施的赶鸭子上架“乡村社区集中模式”，在一定程度上增加了农民生产、生活的不方便性，潜在地增加了农民的开支，这必然增加了贫困群体维持生计和抵御风险的难度，贫困群体将会更加脆弱。三是进城务工农民。他们和城市贫困群体趋于一致，贫困与否及贫困程度主要受到就业状况影响。四是市民化的农民。中西部不少地区在工业化和城市化水平不高的情况下，实施的农民市民化政策将导致城乡之间的移民仅表现为空间转移而非就业转移，没有足够就业支持的“市民化”、“农民”群体贫困可能性增加。五是土地集中经营后“公司+农户”等模式下的农民群体，其土地收益受到龙头企业效益的影响，有可能成为新的致贫因素。

挑战之四：东、中、西部城乡统筹发展战略实施的减贫效果差异可能进一步加大区域间贫困的程度

我国东部、中部和西部城市化工业化水平差距很大。中西部乡镇企业发展滞后，区域内城市化、工业化水平成为制约城乡统筹发展的重要因素，乡镇企业带动能力减弱造成农村自身发展能力不足，城镇化滞后导致城乡差距扩大，而政府投入在资源配置方面的回报还不够。① 欠发达地区存在着小城镇建设、城市化水平低，经济基础薄弱，统筹能力低、劳动力转移难度比较大。② 因此在实施城乡统筹战略过程中，城市带动农村、工业反哺农业的能力差异很大。加上现行财政

① 黎苑楚、赵一鸣、徐东：《“中部崛起”进程中的统筹城乡发展研究》，《农村经济问题》2010年第7期。

② 黄明哲、赖路成：《欠发达地区统筹城乡发展推进城乡一体化的思考》，《江西师范大学学报》（哲学社会科学版）2008年第5期。

体制，客观上使贫困地区政府在自我实施的情况下投入不足，对农村的减贫效果不明显，有可能导致发展程度与减贫效果正向移动。

三　重构我国城乡统筹发展进程中扶贫开发战略政策体系的思考和建议

总结我国30年特别是最近十年扶贫开发的做法和经验，针对城乡统筹发展进程中贫困特征的新变化，扶贫开发工作面临的新机遇和新挑战，需要重构我国城乡统筹发展进程中扶贫开发战略政策体系。总的设想是：统筹解决城乡贫困问题，改变城乡扶贫开发工作分割局面，在建立新型城乡关系、改善城乡功能和结构、实现城乡生产要素合理配置的基础上，建立城乡统一的扶贫开发体制机制，构建“城乡有别、统分结合”的扶贫开发政策体系，逐步消除城乡贫困，促进城乡共同繁荣与进步。

思考之一：创新体制机制，构建城乡统筹扶贫开发战略

一是建立统一的城乡贫困标准。目前，我国农村贫困标准相对偏低，城市贫困标准缺乏权威的界定，城市人群的贫困问题未得到重视。应实行相对统一的城乡贫困标准，同时结合经济发展水平、物价指数等实施动态贫困线标准，让贫困人口更多地分享经济发展成果。二是逐步形成全国统一的城乡贫困监测体系。三是将城市纳入扶贫部门的工作领域，实现城乡扶贫机制一体化。四是整合城乡扶贫政策资金资源，统筹城乡扶贫开发政策。

思考之二：坚持大扶贫格局，完善预防、救济、开发相结合的扶贫政策体系

一是充分发挥扶贫开发领导小组的作用，推动贫困地区在转变经济发展方式进程中推进包容性增长，实施更加有利于贫困地区、贫困人口发展的政策。二是逐步建立城乡统一的社会保障体系，满足城乡贫困群体的生存和发展需求，提高贫困群体的福利水平，提升贫困群体抗风险能力，给农村和城市平等的发展机会。建立重点针对弱势群体的社会支持与保障体系，使其与城市社会保障体系接轨。三是要建立相对统一的城乡居民最低生活保障制度，把所有符合条件的城乡贫困居民全部纳入最低生活保障之中，稳定、持续、有效地解决城乡贫困人口的最低生活保障，使城乡贫困居民共享改革发展的成果。四是着力通过开发式扶贫提高城乡贫困人口的自我发展能力。未来开发式扶贫应以再就业扶贫政策为主要方向，统筹城乡就业制度。通过实现贫困人口的充分就业实现有效、持续减贫。

思考之三：完善扶贫开发瞄准机制，提高扶贫开发资源使用效果

一是区域瞄准和人群瞄准相结合，增强扶贫开发资源使用和工作的针对性。二是以满足贫困人群需求为目标，坚持贫困群体反贫困的主体地位。进一步将扶贫工作中的“恩惠”思想扭转为“责任”，将反贫困视为政府责任，在尊重民意，在脆弱性分析和优势视角①指引下充分挖掘贫困人群的脆弱性和优势资源，充分尊重贫困群众的价值、尊严，平等关注他们的需求，整合社会资源和贫困人群的自我资本，引导他们积极开展自持自救，提高个体及家庭自我减贫能力，使他们每个人都有能力改变自己的贫困状态。

思考之四：以参与式扶贫为主导，激发贫困群体的内在发展动力

一是通过参与式扶贫提高贫困人口自我发展能力，培养新型农民、市民。“参与式”扶贫是指政府通过投入一定数量的资金，以贫困村为平台，强调赋予贫困农户知情权和监督权，并激发他们的参与意愿，发动群众参与扶贫项目的决策、实施和监督过程，从而提高贫困农户自主脱贫、自我发展能力，从根本上解决贫困问题。二是激发贫困者内在动力，使反贫困从“外生”向“内生”转变。坚持以贫困人口的需求为导向，尊重贫困群众在扶贫开发工作中的主体地位，充分发挥贫困群众的主观能动性，通过贫困地区广大干部群众自身的努力，实现持续发展。三是培育民间组织参与扶贫，提高贫困人口的组织化程度。农民作为一个广泛、分散和相对弱势的社会群体，有着自身的诉求和共同的权益，因此，应该鼓励农民自己自下而上地采取组织化的手段，建立多种形式的民间组织从而会聚农民自己的意愿，同时积极参与相关的社会、经济乃至政治等公共事务。在村一级成立农民自我教育与培训机构，肯定和宣传农民自己在生产、生活中积累的地方知识和经验，促进不同村庄、村庄内部农民之间的交流。

思考之五：建立贫困人口风险应对和利益保障机制，巩固扶贫开发成效

一是把灾害风险管理纳入扶贫开发政策体系，在扶贫开发中提高贫困社区和人群的防灾、减灾能力。二是实施针对贫困人口的农业保险、就业保险等政策。三是建立农民民主权利和包括土地在内的财产权利保护机制，避免侵犯农民权益的问题产生，特别是避免侵犯农民潜在利益的行为，防止“被征用土地的农民

① 杜云素、萧洪恩：《优势视角下农民的社区参与》，《调研世界》2007 年第 11 期。

存在总体收入下降、就业困难和长远生计缺乏保障等贫困风险”①。四是对农村劳动力、资本、资源等各种要素流向城市和二三产业进行控制，避免土地等资源过度集中。

参考文献

薛刚凌、王霁霞：《土地征收制度研究》，《政法论坛》2005 年第 2 期。

胡进祥：《统筹城乡发展的科学内涵》，《学术交流》2004 年第 2 期。

黄荟：《阿玛蒂亚·森的贫困概念解析——以他的自由发展观为视域》，《江汉论坛》2010 年第 1 期。

张德元：《从农村“制度贫困”看“城乡统筹”的必要性》，《学习月刊》2004 年第 1 期。

国务院：《中国农村扶贫开发纲要（2001～2010 年）》。

黄承伟：《中国新阶段扶贫开发实践前沿》，光明日报出版社，2005。

黄承伟：《中国反贫困：理论　方法　战略》，中国财政经济出版社，2002。

洪银兴、陈宝敏：《苏南模式的新发展——兼与温州模式比较》，《改革》2001 年第 4 期。

毛广雄：《“苏南模式”城市化进程中的农村相对贫困问题》，《人口与经济》2004 年第 6 期。

周勇、李春红、张涛：《基于统筹城乡综合配套改革视角的农村人口城市化：重庆模式探讨》，《中国行政管理》2008 年第 8 期。

肖云：《成都市统筹城乡发展模式的社会经济效应分析》，《成都理工大学学报》（社会科学版）2008 年第 3 期。

张华瑛：《成都统筹城乡发展的实证研究》，《重庆工商大学学报》2008 年第 1 期。

陈端计：《和谐社会构建中的城乡反贫困统筹模式研究》，《经济问题探索》2008 年第 1 期。

陈端计：《和谐社会视角下城乡反贫困模式并轨的意义》，《经济前沿》2008 年第 1 期。

林顺利、孟亚男：《当代西方城市贫困的社会空间研究及其本土意义》，《内蒙古社会科学》（汉文版）2010 年第 7 期。

徐月宾等：《中国农村反贫困政策的反思——从社会救助向社会保护转变》，《中国社会科学》2007 年第 3 期。

林卡、范晓光：《贫困和反贫困——对中国贫困类型变迁及反贫困政策的研究》，《社会科学战线》2006 年第 1 期。

① 张晓玲、卢海元、米红：《被征地农民贫困风险及安置措施研究》，《中国土地科学》2006 年第 1 期。

李迎春、龙方、郭时印：《农村反贫困模式的分析与选择》，《湖南农业大学学报》（社会科学版）2008 年第 5 期。

陈永国：《统筹城乡发展的国际经验、教训及启示》，《生产力研究》2008 年第 19 期。

洪名勇：《开发扶贫瞄准机制的调整与完善》，《农村经济问题》2009 年第 5 期。

李兴江、陈怀叶：《参与式扶贫模式的运行机制及绩效评价》，《开发研究》2008 年第 2 期。

张晓玲、卢海元、米红：《被征地农民贫困风险及安置措施研究》，《中国土地科学》2006 年第 1 期。

范小建：《扶贫开发形势与政策》，中国财政经济出版社，2008。

田小红：《中国贫困管理：历史、发展与转型》，中国社会出版社，2009。

郭翔羽、颜华：《统筹城乡发展——理论、机制、对策》，中国农业出版社，2007。

《十六大报告》，人民网，2002 年 11 月 8 日。

《瞭望》专访国务院扶贫开发领导小组办公室主任范小建，2010 年 10 月。

城乡一体化评价指标初探

张焕波*

一 编制城乡一体化指标的意义

党的十七大报告提出“加强农业基础地位，走中国特色农业现代化道路，建立以工促农、以城带乡长效机制，形成城乡经济社会发展一体化新格局”。这是统筹城乡发展，推进社会主义新农村建设的重要战略部署。在推进城乡经济社会发展一体化的战略下，我国的城镇化建设、新农村建设取得显著成就。为了更好地对城乡一体化取得的成就进行客观评价，并促进地方政府积极、正确地推进城乡一体化，建立一套科学、客观、具有可操作性的评价指标体系非常有意义。

相对于其他评价指标，如发展指标、竞争力指标，城乡一体化指标的编制难度要大得多。因为发展、竞争力等指标的评价主体是一个，而城乡一体化指标涉及城与乡两个主体。如何准确把握城乡在各指标上的关系，选取适合城乡一体化发展要求的指标，存在较大的难度。除了在指标性质上难以确定，在指标的获取上也存在一定的难度。一般统计年鉴上的统计指标都不分城市和农村，而城乡一体化大部分指标都要涉及城镇和农村两个主体。由于这两方面的原因，目前来看，从全国的角度，对所有省区或者重点城市做城乡一体化评价指标体系的研究还不多见。大部分研究都是集中于某几个城市、某个城市或省份，这样缩小了统计范围，有利于指标的获取，但缺乏普适性。本文对这些研究进行梳理，找出共

* 张焕波，中国国际经济交流中心。

性的地方，按照十七大提出的对城乡一体化发展的要求，根据科学性和可操作性的原则，尝试提出一套适应全国范围的城乡一体化评价指标体系。

二 相关研究介绍

指标体系的选择是编制评价指标的核心内容，在这里重点考察一些学者对城乡一体化评价指标体系的研究。顾益康、许勇军在借鉴1998年诺贝尔经济学奖获得者阿马特亚·森关于社会福利指数等研究的基础上，充分考虑完备性、可比性和可行性等原则，确定了以城乡一体化发展度、差异度和协调度为主要内容的城乡一体化评估指标体系，用来准确评估和全面反映城乡一体化的进程（见表1）①。该指标体系没有将经济、社会、环境等指标分别考虑，而是在一体化上通过发展水平、差异度和协调度三个维度来刻画一体化程度，是比较独特的方法。

表1 城乡一体化评估指标体系*

一级指标	二级指标	三级指标
城乡一体化发展度	现代化发展程度	现代化发展综合指数
	城市化发展水平	城市化发展水平
	市场化水平	农林牧渔业商品率和农村居民总收入中现金收入的比例
	经济综合发展水平	人均GDP
	政府宏观调控能力	人均财政收入
城乡一体化差异度	经济差异指标	第一产业劳动生产率与全社会劳动生产率的比例
	城乡居民差异指标	城乡居民社会福利指数
	城乡基础设施和环境差异指标	农村家庭有线电视覆盖率与城镇家庭有线电视覆盖率之比例
	区域差异指标	人均GDP标准差系数
城乡一体化协调度	财政支出结构优化度	农村居民人均财政支农支出与全社会人均财政支出的比例
	最低生活保障度	最低生活保障
	地区发展协调度	水平与居民收入的比例(欠发达地区居民收入/人均GDP)/(发达地区居民收入/人均GDP)
	合理的失业率	登记失业率与4%的差距来测评
	利率的合理性	银行贷款利率与民间借贷利率的比例
	经济可持续发展	绿色GDP与GDP之比

*此表根据顾益康、许勇军（2004）整理，城乡一体化差异度原文有29个指标，限于篇幅，这里仅列出四个指标。

① 顾益康、许勇军：《城乡一体化评估指标体系研究》，《浙江社会科学》2004年第6期。

但是在选取基础性指标时，没有充分考虑指标的可获取性，例如用绿色 GDP 与 GDP 指标作为经济可发展程度指标，从理论上确实能够体现可持续性，但绿色 GDP 不是能够直接获取的统计指标，计算绿色 GDP 的方法很多，涉及不同的口径，难度较大。

修春亮、许大明、祝翔凌针对东北地区内部的沿海大城市地区、中部大城市地区和西部中等城市地区，分别选取大连、长春和白城作为调查对象，分析各典型城市的城乡一体化进程①。他们以现行行政区划的市区代表城市，市区外围的县（县级市）和个别远郊区代表乡村，以乡镇为研究单元，采用综合指数法评价城乡一体化的进程。城乡一体化综合指数由经济发展水平、农村非农化水平、社会公平和福利、交通及日常联系等方面的相对指标构成，通过乡村各微观地域（乡镇、县）各项指标与中心城市的比值加权求和而得（表 2）。该指标体系的优点在于将社会公平与福利、交通等公共服务纳入城乡一体化评价指标，并且在考察非农化水平时，没有用城镇人口占总人口比重，而是用非农业人口比重来测算非农化水平。这是因为相对于城镇人口比重，非农业人口比重更能实际反映农村的社会经济发展程度。城乡一体化的发展不能以牺牲农村的环境为代价，环境类因素没有在该指标体系中出现，这是不足的地方。

表 2　城乡一体化评价指标体系

专项分类指标	详细指标	专项分类指标	详细指标
经济发展水平	人均 GDP 农村人均收入 人均财政收入 人均社会总产值	社会公平与福利	人均教育事业经费 人均卫生经费 人均抚恤救济金
非农化水平	社会劳动力非农比重 非农业人口比重 总收入中非农收入比重 新型产业园区建设	交通及日常联系	客流量 客运交通条件 与中心城市的时空距离

杜茂华、陈国生以重庆市 40 个区、县的城乡统筹发展水平为研究对象，通过对重庆城乡统筹发展水平的原始数据的收集、整理和分析，文章选取 19 个指标，

① 修春亮、许大明、祝翔凌：《东北地区城乡一体化进程评估》，《地理科学》2004 年第 6 期。

以因子分析法对重庆市40个区、县进行了分析（表3）①。该方法并没有事先对指标进行分类，而是通过因子分析的方法，通过数据计算，将影响所选指标的内涵因素找出来。作者这些内涵因素根据代表的指标重新进行定义，最后分出五大类指标：城市经济发展水平、小城镇建设水平、社会发展水平、基础设施建设水平、农村经济发展水平。在编制评价指数，选择指标体系时，采取因子分析方法并不可取。首先因子分析方法选出的指标分组，有时很难进行理论解释。例如在该方法中，将人均公路里程作为基础设施建设指标，而地区公路运载量占全市比重、电视覆盖率列入小城镇建设水平。这在逻辑上是说不通的，实际都应该放在基础设施水平一类指标才合适。因子分析方法之所以将某些指标归为一类，是因为这些指标从统计上存在较强的相关性，共同受到某一内涵因素较大影响，但是有可能分属不同类的指标共同都受到某一因素的影响，将这些受共同因素影响的指标归为一类来解释存在困难。另外，评价指数的编制要依据作者对评价目标、评价内容和评价对象的深刻把握，需要在理论认识基础上进行选择，因子分析方法无法做到这一点。

表3　城乡统筹发展指数各主因子高载荷指标

因　　子	高载荷指标	因子命名
第一主因子	地区GDP与全市GDP之比 人均GDP与全市人均GDP之比 城市化率 失业人口占全市失业人口比重	区域内城市经济发展水平
第二主因子	经济密度 地区公路运载量占全市比重 电视覆盖率 区域内建制市镇密度	区域内小城镇建设水平
第三主因子	在校学生人数占全市比 教育经费占财政支出比重 地区病床数量占全市比重 地区卫生技术人员占全市比重	区域内社会发展水平
第四主因子	城乡居民可支配收入比 社会消费品零售总额占全市比重 人均公路里程	区域基础设施建设水平
第五主因子	地区农业产值占总产值比 财政支农资金与财政支出之比 农业全员劳动生产率与全市比 农村恩格尔系数	区域农村经济发展水平

① 杜茂华、陈国生：《基于因子分析法的重庆市城乡统筹发展评价》，《统计与决策》2010年第7期。

刘伟、张士运、孙久文根据国内外专家学者关于城乡一体化的基本观点和理论，选取若干反映城乡一体化进程的指标，建立了较为系统的指标体系，并在此基础上对四个直辖市城乡一体化进程进行了评价与分析（表4）①。该指标体系主要分为：城乡功能一体化、基础设施一体化、政府服务一体化、城乡产业一体化、城乡居民生活一体化五大部分。该指标体系有两个特征：第一，非常重视公共服务的作用。城乡功能、基础设施和政府服务都属于公共服务的范畴，在指标体系中占了大半部分；第二，充实经济发展成果的分享性，将经济发展和居民生活同等考虑。但是，该指标体系仍然没有单独考虑环境因素，而是将城乡生活垃圾无害化处理率比、城乡污水处理率比归为基础设施类，这样做并不是很恰当。

表4 城乡一体化建设评价指标体系

一级指标	二级指标	三级指标
城乡功能一体化	规划管理 功能定位	城乡规划发展一体化 城乡功能定位一体化
基础设施一体化	信息基础设施 环境基础设施	城乡居民百户移动电话拥有量比 城乡居民百户家用电脑拥有量比 城乡生活垃圾无害化处理率比 城乡污水处理率比
政府服务一体化	医疗卫生 社会保障	城乡千人拥有医生数比 城乡医疗保障覆盖率比 城乡养老保险覆盖率比
城乡产业一体化	产业结构 就业结构	二三产业增加值所占比重 非农产业从业人员所占比重
城乡居民生活一体化	物质生活	城乡人均可支配收入比 城乡居民恩格尔系数比 城乡居民人均住房使用面积比

俞云峰结合城市化指标与统筹城乡指标，构建基于城乡统筹视角的城市化综合评价体系，并以浙江省11地市2008年的截面数据为例进行了计算与验证②。

① 刘伟、张士运、孙久文：《我国四个直辖市城乡一体化进程比较与评价》，《北京社会科学》2010年第4期。

② 俞云峰：《城乡统筹视角下城市化评价指标体系的构建——以浙江城市化水平测算为例》，《科学决策》2010年第5期。

该文提出城市化发展水平综合评价指标体系应从城市发展水平和城乡统筹水平这两个方面来构建，城市发展水平包括人口与经济城市化指标和生活质量城市化两类指标，城乡统筹水平包括城乡公共服务协同度和城乡经济发展协调度两类指标，共四大类指标（表5）。该指标体系是对城市化水平综合评价，并不是专门针对城乡一体化进行评价。该指标中的城乡统筹水平指标与城乡一体化指标比较接近。城乡统筹水平通过城乡经济发展协调度和城乡公共服务协同度两个方面来反映。从表5可以看出，该指标体系非常重视农村居民的生活、收入和基础设施水平。这给我们一个启示，城乡一体化指标首先要把农村的社会经济发展水平放在首位。和前面几位学者的指标体系类似，在该指标体系中也没有将环境要素充分考虑。

表5　城市化水平综合评价指标体系

城市发展水平		城乡统筹水平	
经济城市化指标	生活质量城市化指标	城乡经济发展协调度指标	城乡公共服务协同度指标
城市人口比重	每万人床位数	城乡居民收入比	城乡生均基础教育投资比
第三产业从业人数比重	每万人公共汽车数	城乡居民文教娱乐支出比重	社会保障覆盖率之比
人均国内生产总值	人均道路铺装长度	城乡居民恩格尔系数之比	村庄整治率
第三产业产值占GDP比重	人均可支配收入	城乡居民通信工具差异	安全饮用水普及率
固定资产投资额	人均绿地面积		城乡居民信息化程度
房地产开发数	用气普及率		

三　编制城乡一体化指标选取

编制城乡一体化评价指标体系，首先要准确把握城乡一体化的内涵。城乡一体化主要包含六方面的内容：城乡规划一体化、产业布局一体化、基础设施一体化、公共服务一体化、要素市场一体化、社会管理一体化。[①] 城乡规划一体化就是要在市县域范围内制定包括市区和乡村在内的长远规划，统筹土地和城乡发展，合理配制工业区、商贸区、休闲区、生态产业化区等空间布局，改变过去市区规划与农村规划相互分离的状况。产业布局一体化就是要统筹农村产业发

① 郑新立：《毫不动摇地加快经济发展方式转变》，2010年6月28日《经济日报》。

展，发展农村服务业和乡镇企业。按照公共服务均等化的原则，城市的道路、供水、供电、通信和垃圾污水处理等设施逐步向农村延伸，让农民和城镇居民一样享受财政提供的基础设施服务。城乡公共服务一体化，主要包括医疗、教育、文化等方面，巩固农村义务教育的成果，提高义务教育的质量，完善义务教育免费政策和经费保障制度。要素市场一体化，就是人力、资源、土地、资本和技术等要素在城乡之间能够无障碍自由流动。社会管理一体化就是户籍制度、社会保障体系、公共财政体制、劳动力就业制度的社会管理方面统筹管理。

在确定城乡一体化内涵的基础上，在选取指标时要坚持一定的原则：第一，客观性：从客观实际出发，全面准确地反映城乡一体化的状况，尽量克服主观因素的影响，力求呈现客观真实的评价。第二，系统性：从系统整体出发，能够真实反映城乡一体化各个方面及其主要特征，各指标间既相互独立又相互联系，共同构成一个有机整体。第三，可操作性：指标体系不能过于复杂，力争简明实用，用较少指标反映较多的实质性内容；设计的指标便于收集和量化，提高指标体系在实际工作中的应用范围。第四，可比性：要求既能反映各地城乡一体化发展的共性特征，又能测度其个性特征，从而进行地区间的横向比较。

根据推进城乡一体化的六个方面的内容，按照客观性、系统性、可操作性和可比性的原则，结合前面介绍的相关学者的研究，初步提出城乡一体化评价指数的指标体系。该指标体系包括 5 个一级指标，19 个二级指标和 21 个三级指标（表6）。

一级指标包括：经济一体化指标、社会一体化指标、环境一体化指标、生活一体化指标和城乡发展水平指标。经济一体化指标是在经济结构、发展模式和经济调控上实现一体化，涵盖了城乡规划一体化、产业布局和管理一体化的内容。社会一体化指标是指基础设施、基础公共服务的均等化和一体化，涵盖了城乡规划一体化、基础设施一体化、公共服务一体化和社会管理一体化的内容。环境一体化体现了城乡建设要以资源节约和环境友好为基本条件，是反映城乡一体化质量的重要指标。城乡发展水平指标反映了城乡一体化的发展程度，体现了城乡一体化要与经济发展紧密联系。生活一体化指标是推进城乡一体化的根本要求和任务，以满足日益增长的城乡居民的物质文化生活为最根本目标。

表6　城乡一体化评价指数指标体系

一级指标	二级指标	三级指标
经济一体化指标	产出指标	农村总产值占总 GDP 比
	就业指标	农民工资性收入占纯收入比
	固定资产投入指标	乡村和城市全社会固定资产投资比
	劳动生产率指标	农业部门与非农业部门劳动生产率之比
社会一体化指标	公共财政投入	城乡社区事务财政支出比
		农林水事务财政支出比
	教育指标	城乡基础教育投入比
	医疗指标	各地区新型农村合作医疗人均筹资
	社保指标	年末参加农村社会养老保险人数占农村人口比
环境一体化指标	森林指标	森林覆盖率
	空气指标	二氧化硫排放强度
	水指标	化学需氧量排放强度
	土壤指标	工业固体废物综合利用率
生活一体化指标	收入指标	城乡居民收入比率
		农村居民家庭恩格尔系数
	文化指标	农村居民文教娱乐支出与城市居民比
	信息化指标	农村与城镇每百户计算机量比
	生活质量指标	农村与城镇每百户洗衣机量比
城乡发展水平指标	城市化率	农业人口与非农业人口比
	经济发展水平指标	人均国民生产总值
	经济结构指标	第三产业产值与 GDP 比

四　城乡一体化指标计算方法讨论

关于指数评价的方法有很多，包括综合指数评价法、因子分析法、主成分分析法、层次分析法、数据包络分析法，等等。在选择用什么样的方法时，要考虑方法的适应性。针对不同类型的问题，要选择不同适应程度的方法。如果评价指数单纯是做理论研究，可以用一些复杂的计算方法。但是如果是做应用研究，要考虑公众的接受程度。公众不但会对数据是否客观公正进行判断，也要对方法的客观公正性认可。国际上一些具有公信力的指数的应用方法，基本用的是综合指数方法。例如，联合国开发计划署的人类发展指数，世界经济论坛的全球竞争力指数，景气分析指数，股票价格综合指数等都是采用综合指数方法。综合指数法是指在确定一套合理的指标体系的基础上，对各项指标做标准化处理，将指标转化为限定在一定范围区间的个体指数，然后对个体指数加权平均，计算出综合评价值，以准确地评价综合水平。综合指数值越大，评价越高，指标多少不限。综合指数法将各项指标转化为同度量的个体指数，便于将各项指标综合起来，以综合指数为评比排序的依据。各项指标的权重是根据其重要程度决定的，体现了各项指标在综合值中作用的大小。指标标准化涉及对指标相对重要程度的判断，在不同的情况下有不同的选择，例如有的方法将原始值与目标值的比例作为个体指数，有的方法是将原始值与最小值之差比上最大值与最小值之差作为个体指数，有的方法还事先对原始值作对数处理，以更好地反映指标的重要程度，等等。

不管使用什么样的方法，都涉及指标的权重问题。权重的设定有定性和定量之分。定性方法一般是由专家或者研究者根据指标的相对重要程度进行主观判断，如果该指标较为重要，那么指标的权重要高于等权重下的权重系数，如果该指标相对不重要，指标权重要低于等权重下的权重系数。在大多数情况下，为了排除主观因素的影响，直接利用等权重的方法。从国际上评价指数应用来看，用等权重的情况较多。越是底层的指标，越倾向于用等权重。因为越到底层，指标的个数越多，如果进行权重主观的判断，就会带来很大的随意性，不但烦琐，而且也会让公众失去对指标的信心。在最顶层的指标中，有用等权重的，也有用非等权重的。但是考虑到指标的可接受程度，非等权重的指数不能太多。这里需要说明的是，尽管在等权重情况下，似乎各指标的重要程度一样，没有主观的因素，但是从实际来看，等权重也并不是完全对所有评价要素都等权。在等权重下，选取指标体系，设定指标等价框架的过程实际就是对不同影响要素进行权重设定的过程。除了定性的方法，还有用定量方法进行权重设定，例如利用层次分析法计算的权重和利用模糊评判法先进行权重的计算。但即使是定量的方法，权重也并不完全是由计算方法得出的，里面也有人的判断因素。例如在层次分析法中，要事先主观判断各指标相互间的重要程度。另外，即便是完全通过定量获得权重，指标选择的过程实际依然是设定影响因素重要程度的过程。由于定量的方法给人一种暗箱操作的感觉，容易失去公信度，一般情况下对于大众型评价指数，不建议使用这种定量设定权重的方法。城乡一体化评价指数将采用综合指数评价方法，在权重设计上，除了一级指标，其他等级指标选择等权重的办法。

五　下一步的研究工作

当前，我们提出了城乡一体化评价指标体系并对编制方法做了总体设计。下一步，将通过专家咨询、调研和会议交流等方式进一步完善指标体系。计划从系统工程理论出发，开发城乡一体化评价系统。该系统从功能上可分为数据存储与管理模块、评价方法集成与优化模块、评价与预测决策支持模块，能够对全国、省区和重点城市的城乡一体化情况进行评价。数据存储与管理模块以数据仓库的形式对国家、省区和重点城市的经济社会数据进行分类整理，通过友好网络界面多层次展现指标体系的数据，具有数据采集、分类、更新、查询等功能。评价方法集成与优化模块全面集成了相关评价方法，能够对同一指标体系进行组合评价，同时具备预测和优化功能，可以对各地的经济进行预测和优化分析。评价与预测决策支持模块是提供给最终用户的模块，能够多层次、多角度地展现评价结果，对城乡一体化的质量提供客观描述，对如何推进城乡一体化提供优化路径，为各级政府的宏观经济调控提供决策支持。预计2011年底该系统可以开发完成，并尝试发布结果。

城乡一体化进程中我国城市化水平和速度评估

张　妍*

“十二五”期间是推进我国城乡一体化的关键阶段。城乡一体化是城镇和农村基础设施、公共服务、社会保障体系完全均等化，在人口、技术、资本、资源等要素完全流通基础上，逐步达到城乡之间在经济、社会、文化、生态上协调发展。我们认为，如何推进城乡一体化，关键在于对我国城市化水平、速度的判断与评价，即未来我国城市化率应在何时达到何种水平？相应的，城市化速度应保持在何种比较平稳的水平上？合理的城市化水平和速度，有利于避免印度、拉美甚至发达国家在城市化过程中所出现的贫困、交通拥堵、人口爆炸、环境污染等一系列“城市病”。本文试图就这两个问题提出自己的判断，并对未来中国城市化的发展趋势进行预测分析，为政府制定正确的城市化发展战略和选择健康、协调的城市化道路提供理论依据。

一　中国城市化水平的分析与判断

对于我国现阶段城市化水平的判断，学术界的观点存在较大分歧。主流的观点认为我国的城市化水平严重滞后。一方面，城市化滞后于工业化（栾谨崇等，2004；米建国、李建伟，2009）；另一方面，研究者发现中国城市化水平低于同等收入水平的其他国家，城市化水平明显滞后（王小鲁、夏小林，1999；熊俊，

* 张妍，中国社会科学院人口与劳动经济研究所。

2009)。第二种观点认为中国城市化水平基本适度，但其理由各不相同。何卫东等人（2000）认为定居在近郊、使用城市基础设施、参与城市经济活动的部分农业人口和长期进城务工的在城镇从事非农业经济活动的外地农民，未统计在城镇人口中，所以中国真实的城市化水平要比统计数据高。郭克莎（2002）认为中国的城市化并没有严重滞后于工业化，其问题在于工业化的偏差而不是城市化的偏差。第三种观点认为中国是“隐性超城市化”。其理由是中国工业产值中的很大部分是乡镇企业和进城打工的农民工创造的，因此，应当将在乡镇企业就业和外出就业6个月以上的农村劳动力，以及这些劳动力需要分摊的人口作为隐性的城市人口计入城市总人口中，这样计算的中国城市化率在1997年已达60%，与世界平均水平相比则是超城市化（邓宇鹏，1999)。

对上述文献的分析发现，这些迥异观点的争论主要原因在于：①研究者采用了不同的比较和衡量标准。比如，有学者用人均收入水平与城市化率的关系进行国际比较；有学者用非农就业比重或工业就业比重来衡量城市化水平；还有学者使用工业产值的比重来衡量城市化水平，这些不同的方法得出了完全不同的结论。②对于城镇人口统计口径的争论。新中国成立以来，我国城镇人口的统计口径发生了几次较大改变。2006年国家统计局下发的《关于统计上划分城乡的暂行规定》，已将使用城市公共设施、居住在近郊的农村人口和常住城市的外地农民工计入城镇人口，统计更为科学。但是，将农民工居住在农村的家属也等同于城镇人口，则扩大了城镇人口的范围，夸大了城镇化水平。此外，上述大多数研究是针对2000年以前的数据进行的分析与探讨，而在新世纪初的9年内，中国的经济社会发生了很大变化，城市化水平是否滞后还需做进一步的分析与判断。

判断城市化水平是超前还是滞后，是相对于工业化和经济发展水平而言的。依据城市化与工业化的相互关系，城市化可以分为同步城市化、过度城市化和滞后城市化。下文将通过多个参照指标，从不同角度来探讨中国城市化水平是超前还是滞后。

1. 与经济发展水平相比，中国城市化水平是滞后的

根据100多个不同发展阶段国家经济结构变化统计经验值，钱纳里和赛奎因概括出工业化与城市化关系的一般变动模式，给出每一发展阶段（以人均GNP表示）的产业结构和就业结构中制造业和非农产业所对应的比重，以及相应的城市化水平（见表1)。有学者直接套用相应人均GNP与城市化关系分析中国的情况，得出中国城市化水平严重滞后的结论，与理论值相差25个百分点（简新华、黄锟，2010）。但是，钱纳里等人的标准中人均GNP使用的是1964年美元，与现在的人均GNP相差甚远，需将其转化后进行比较才更为科学。2008年我国人均GNP是3267美元，对照钱纳里标准，2008年中国的城市化水平应为53.88%，与实际数值45.68%相差8个百分点，说明中国的城市化水平滞后于经济发展水平，但滞后的程度相对较低。

表1　钱纳里、塞奎因关于不同发展水平经济结构正常变化的统计分析

单位：美元，%

人均GNP		GNP结构		就业结构		城市化水平
1964年	2008年	制造业	非农产业	制造业	非农产业	
70	387	12.5	47.8	7.8	28.8	12.8
100	553	14.9	54.8	9.1	34.2	22.0
200	1106	21.5	67.3	16.4	44.3	36.2
300	1659	25.1	73.4	20.6	51.1	43.9
400	2211	27.6	77.2	23.5	56.2	49.0
500	2764	29.4	79.8	25.8	60.5	52.7
800	4423	33.1	84.4	30.3	70.0	60.1
1000	5528	34.7	86.2	32.5	74.8	63.4
1500	8293	37.9	87.3	36.8	84.1	65.8

注：2008年美元与1964年美元的换算因子使用此期间美国GDP缩减指数，换算比例为5.53。

资料来源：钱纳里、塞奎因：《发展型式（1950～1970）》中文版，经济科学出版社，1988，第22～23页。

2. 与工业化、非农化水平相比，中国城市化水平略微滞后

国际上通常采用IU比和NU比这两个指标来测度一个国家或地区的城市化、工业化和非农化之间的发展关系。IU比是指工业就业比率与城市化率的比值，NU比是指非农产业就业比率与城市化率的比值；其中，I表示工业就业比率，N表示非农产业就业比率，U表示城市化率。当三者发展较为协调时，IU比大致为0.5，NU比大致为1.2。若IU比明显小于0.5，且NU比明显小于1.2，则说明城市不仅集中了从事非农产业的人口，而且也集中了相当数量的农业人口，这说明城市化超前发展了。相反，若IU比明显大于0.5，且NU比明显大于1.2，则说明大量从事非农产业的劳动力，仍然滞留于农村地区，城市化滞后发展。

利用1952～2008年数据对我国城市化与工业化、非农化的关系进行了实际度量，结果如图1所示：1996年以前，我国的IU比和NU比始终超过0.6和1.5，城市化水平一直滞后于工业化发展。1997年以后，随着我国产业结构逐步趋向合理，IU比开始低于0.6，NU比也呈逐年递减趋势，城市化滞后于工业化的程度越来越小；2000年以后甚至出现了IU比小于0.5的现象，NU比最低降为1.26。2008年底，我国的IU比为0.5，NU比为1.32。总体上看，我国城市化与工业化已进入适度协调发展阶段；但与非农化水平相比，仍存在从事非农产业的劳动力没有较快地转化为城市居民的情况，表现为城市化水平的滞后发展。

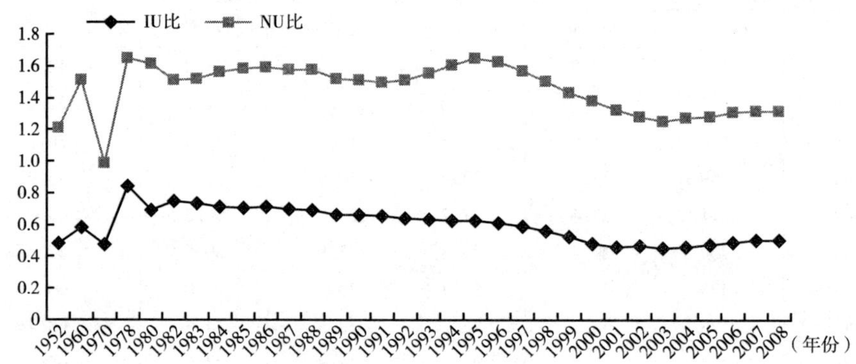

图1　中国城市化与工业化、非农化的对比关系分析

注：I＝工业就业人数/总就业人数；工业就业人数＝第二产业就业人数－建筑业就业人数。

为准确测量城市化水平滞后程度，我们进一步利用钱纳里标准对非农就业比重与城市化水平之间的关系进行了分析（见图2）。结果发现：自1996年以来，中国城市化水平与非农就业比重的差距表现出先缩小后扩大的趋势，2002～2004年两者已基本相符，从2005年之后差距又逐渐加大。依据钱纳里标准，2008年我国城市化水平应为49.38%，比实际值高出3.7个百分点。这说明中国城市化水平滞后于非农化水平，但只是略微滞后。形成这一现象的主要原因是我国第三产业总体发展缓慢且内部发展不平衡，城市公用事业、教育和科技咨询服务业等行业发展较为落后，未能发挥对城市经济应有的促进作用。

综合上述分析，我们可以得出这样的结论：从总体上讲，中国城市化水平是

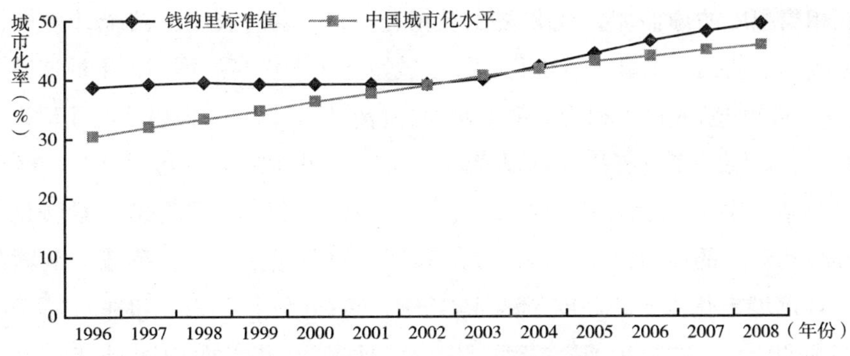

图2　中国城市化水平与钱纳里标准的比较

滞后于经济发展水平和非农化进程的，但滞后的程度较小。目前，中国的城市化水平未达到50%，还处于工业化中期和城市化加速发展阶段，因此，在未来的十年内还应大力推进城市化进程。

二　中国城市化速度的分析与评价

城市化速度是指在一段时期内城市化水平的年均增长速度。学术界常用的计算方法主要有两种：一种是计算城市化水平的年均增长百分点；另一种是计算城市化水平的年均增长率。1996 年以来，我国城市化进入加速发展阶段，1996～2009 年城市化水平年均提高 1. 24 个百分点。1995～2007 年全世界城市化水平由 44. 7% 提高到 49. 4%，年均上升 0. 39 个百分点；其中发达地区、欠发达地区及最不发达地区年均分别提高 0. 18、0. 51 和 0. 42 个百分点，均明显低于我国的城市化发展速度。同时，我国部分城市地区的社会经济发展与资源、环境、生态之间的矛盾日益凸显，进而引发各领域学者对当前我国城市化速度是否过快的争论。

1. 当前中国的城市化速度是否过快

如何评价当前中国城市化速度，理论界主要有三类观点。第一种观点认为当前我国城市化速度过快。一些学者指出中国城市化近十几年来脱离循序渐进的原则，超出了正常的城市化发展轨道，在进程上属于“急速城市化”，正处于一个“大跃进”和空间扩展失控状态（陆大道等，2007）。他们的依据是：第一，中国存在相当程度的虚假城镇化和贫困城镇化。1 亿多的农民工被统计为城镇人口，但实际上他们并未真正城市化，导致城镇化水平虚高。第二，土地城镇化速度过快。新增城镇人口中相当一部分是通过行政区划调整、城镇辖区面积扩大而实现的，城镇缺乏产业支撑和基础设施，失地农民并未市民化。第三，经济发展、产业结构水平和就业岗位的增加，不足以支撑当前冒进式的城镇化。第四，资源和环境的压力巨大，城市资源和环境问题尤为突出。第五，从国际比较看，各国城市化水平从20%提高到40%，英国经历了120 年时间，法国100年，德国80 年，美国40 年，苏联30 年，日本30 年，而中国只花了22 年。周一星（2005）认为，城市化水平每年提高0.6～0.8 个百分点比较适度，超过0.8 个百分点就是高速度，个别年份达到1 个百分点是有可能的，但是连续多年超过1 个百分点是有风险的，像中国这样连续数年的1.44 个百分点是虚假的。

第二种观点认为当前我国城市化速度并未过快。罗志刚（2007）将欧美发达国家及日本、韩国的城市化分别归为慢速城市化（0.4～0.6 个百分点/年）、快速城市化（1～2 个百分点/年）及超高速城市化（2～4 个百分点/年）。根据多渠道的数据资料计算，他认为总体上英、法、美等国的城市化过程属于慢速城市化，日本和韩国的城市化过程属于快速城市化。其中，日本1950～1955 年的城市化水平年均提高3.8 个百分点，韩国1965～1970 年年均提高2.08 个百分点，属于超高速城市化。这些后起工业化国家由于工业技术体系已经成熟，其城市化速度可以较快，甚至可以出现“超高速”的发展阶段。中国当前的城市化虽属于快速城市化，但并未达到超高速城市化水平，不算过快。

第三种观点认为中国的城市化速度慢了。诸大建（2006）指出，中国近年来的城市化对非农人口的吸纳并未达到相应的速度和规模，即从人口聚集和生活方式改进意义上讲，城市化速度不是“快”了而是“慢”了。

上述学者从不同的角度出发论证了各自的观点，但都有其不足之处。陆大道等人提到的城市化负面效应，可能并不是由城市化速度引起的，而是城市化发展模式不当所致；且在进行国际比较时，忽视了英、法、美等发达国家在城市化发展过程中，所处的国际环境和科技水平与当今社会已无法相提并论的现实，因此这种比较缺乏科学性。诸大建的观点虽有其合理性，但缺少数据支撑；罗志刚的对比分析非常详尽，但数据来源过于多样化，可比性需要商榷。因此，利用最新统计数据，从多角度对当前我国城市化速度的合理性进行再考察具有重要意义。

为增强可比性，我们选择同样经历过快速经济发展的日本、巴西、印度尼西亚等国家，将它们在经济快速增长时期的城市化速度与我国现阶段的城市化速度相对比，结果发现我国当前的城市化速度远低于日本，基本与巴西和印度尼西亚相当，并没有过快（见表2）。事实上，从一些发达国家的经验来看，如果某个时期城市化水平出现了停滞或倒退，往往在随后的一段时期内（一般为10~20年），城市化速度会明显高于长期平均速度。比如，美国因1929~1933年的经济大萧条，1930~1940年的10年间，城市化率仅上升了3.1个百分点。随后1940~1950年则大幅提升了7.5个百分点。日本在第二次世界大战时期，1940~1945年城市化率从37.9%倒退到27.8%。随后在1945~1950年，快速上升到37.3%，1950~1955年更是上升了18.8个百分点，达到56.1%。中国的情况也类似，在结束了1966~1978年的城市化停滞发展阶段后，改革开放之初的1979~1988年，城市化水平增加了6.8个百分点；1989~1995年，中国经历了经济体制的转轨时期，城市化水平缓慢发展，1996年后，市场经济体制的逐步建立，推动了城市化水平迅速提高。因此，蔡昉（2010）指出中国当前的城市化速度是一种对于计划经济时期城市化进程缓慢的补偿性增长速度，按照常态规律很难长期保持。同时，在中国城市化快速推进时期，我国城镇失业率并不高，也没有出现大面积的贫民窟，城市化基本处于健康均衡发展状态。另外，考虑到中国是后发优势明显的发展中国家，且在过去城市化长期滞后于工业化的情况下，当前城市化速度快一点无可厚非。因此，我们认为目前中国的城市化发展速度是与社会经济发展阶段相适应的，并没有盲目冒进。

表2　城市化速度的国际比较

单位：%

国　家	年　代	城市化水平	城市化水平的年均增长率
日　本	1945~1965	27.8~67.9	4.57
巴　西	1960~1980	44.7~67.4	2.97
印度尼西亚	1980~2000	22.1~42.0	3.26
中　国	1996~2009	30.5~46.6	3.32

资料来源：Population Division of the Department of Economic and Social Affairs of the United Nations Secretariat, World Population Prospects: The 2006 Revision and World Urbanization Prospects: The 2007 Revision, http://esa.un.org/unup。

2. 中国的城市化是要加快推进还是要适当减速

国内一些学者对未来我国城市化的发展速度问题提出了诸多见解。陈彦光（2006）的研究表明，我国的城市化水平饱和值为80%左右，2005年之后城市化水平的增长速度在理论上应该减缓。刘勇（2004）认为在2010～2020年间，我国城市化水平的增长速度将以年均1.3～1.5个百分点增长。李善同（2001）提出，在未来的20年内，我国的城市化率将年均提高1.5个百分点。

城市化的发展是多种因素共同推动的结果，其发展速度的快慢，应由一个国家或地区城市化发展所处的阶段、经济发展水平和国际大环境等因素决定。首先，从城市化的阶段性发展规律看，城市化水平处于30%～50%间是城市化速度最快的阶段。2009年我国的城市化水平为46.6%，在未来一段时间内城市化还将处于快速发展时期。其次，我国自1996年以来经济快速增长，推动城市化的快速发展，城市化率的年增长速度一直超过2%。综合多位专家的预测分析，未来10年我国的经济增长速度将放缓到年均6.5%～7.5%之间（王瑞泽等，2007），因此，未来10年我国城市化的发展速度仍将保持在相对较高的水平上，但与前14年相比会略有降低，预计不会超过2%的水平，也就是说城市化将适当减速，城市化水平的年均增长百分点将在1个以内。再次，目前由发达国家主导、跨国公司全球化经营为特点的全球经济一体化的国际环境，使得发展中国家在经济发展和城市化过程中，面临着不利的发展环境和格局（安虎森、陈明，2005）。许多发展中国家始终以加工初级产品为主，很难再走通过农业积累发展资金来加快工业化和城市化的道路，产业结构的升级困难重重。中国被誉为“世界加工厂”就足以证明当前我国城市化发展所处的困境，加之2008年世界经济危机的爆发，也就决定了我国城市化发展速度将逐渐趋缓。在上述因素的影响下，笔者认为中国的城市化进程在2010年后应适当减速，城市化率的年均增长百分点将不会超过1个。

三 中国城市化水平和速度的预测分析

未来几十年，我国的城市化发展还将继续推进。那么，今后的一段时期我国的城市化水平将有多高？速度应该有多快？城市人口每年将增加多少？这一系列问题的答案将是城市未来发展规划的基础。下文将通过模型测算对上述问题作一阐释。

学术界通常使用 Logistic 曲线预测城市化水平的变化趋势。从理论上讲，如果一个国家或地区的城市化发展是一种自组织的演化过程，基本都符合 S 形曲线。从时间序列看，我国的城市化在改革开放后开始了稳定而有序的发展，扭转了此前城市人口以自然增长率为主的局面，因此，1979～2009 年的城市化率数据具有 Logistic 曲线特征，可以使用该方法预测我国未来的城市化水平。

Logistic 曲线模型前提假定是：①每个经济体自身条件决定了其城市化率的峰值水平；②每个经济体城市化率随着时间的推移，呈现一个类似于 S 形的轨迹。为此，我们需要确定我国城市化率的峰值。我国属于人均自然资源占有量较低的国家，远远落后于世界平均水平，尽管在经济全球化条件下，可以通过扩大自然资源的进口（如石油的进口），增加人均资源禀赋，但是绝大多数资源供给将严格受资源禀赋的限制，如土地资源的不可移动性导致其绝对稀缺性，这将约束我国城市化水平峰值不会过高。同时，我国人口基数大，虽然多年来总和生育率一直处于更替水平以下，但人口总量仍将持续增加，且我国的山地居多，一些地方很难实施农业机械化生产，为满足十多亿国民的粮食需求，决定了我国从事农业的劳动人口比例，可能要高于其他国家。此外，以美国为参照系，美国的自然条件比我国优越，人口总量也比我们低很多，到 2007 年城市化率仅为 81.4%。综合考虑以上因素，我国城市化率的峰值大体将介于 75%～80% 之间。因此，我们分别以 75% 和 80% 两个城市化率峰值，利用我国 1979～2009 年的城市化率数据，估计了我国的城市化 Logistic 轨迹方程，得到模型如下：

$$Z_t = \frac{75}{1 + 3.087e^{-0.0525(t-1979)}} \tag{1}$$

$$Z_t = \frac{80}{1 + 3.191e^{-0.0493(t-1979)}} \tag{2}$$

模型（1）和模型（2）的拟合优度分别为 $R^2 = 0.975$ 和 $R^2 = 0.977$，式中 t 表示年份，Z_t 表示城市化水平的离散变量。根据模型（1）和（2）得到了 2010～2050 年城市化率的预测结果。同时，结合王广州对我国中长期的人口预测数据，推算出各年份相应的城市人口规模和城市人口年均增加数量（见表 3）。表 3 数据显示，在未来十五年我国城市化水平仍将快速提升，但是慢于过去 14 年的速度，到 2015 年我国的城市化水平将超过 50%，成为一个典型的城市国家；2020

年为54.6%~56.2%；2025年达到58.2%~60.1%。2025年以后，城市化速度显著减缓，2030年我国城市化水平为61.3%~63.6%；2040年超过65%，2050年将达到70%左右。

表3 2010~2050年中国城市化水平和速度预测

单位：万人，%

年份	总人口	城市化率		城市化水平的年均增长率	城市人口	年均增加城市人口
		峰值75%	峰值80%			
2010	134700	46.14	47.27	—	62151~63673	—
2015	138700	50.56	51.92	1.85~1.89	70127~72013	1595~1668
2020	141900	54.59	56.23	1.55~1.61	77463~79790	1467~1555
2025	143700	58.19	60.13	1.29~1.35	83619~86407	1231~1323
2030	144200	61.31	63.58	1.05~1.12	88409~91682	958~1055
2040	142800	66.17	69.10	0.77~0.84	94491~98675	608~699
2050	137900	69.46	72.97	0.49~0.55	95785~100626	129~195

*总人口为王广州的预测数，假设总和生育率保持在1.75的水平。见王广州《人口预测及其分析》，《中国人口与劳动问题报告 No.7》，社会科学文献出版社，2006，第98页。

四 结论

本文通过对中国城市化水平和速度的实证研究得出的结论是，从总体上讲，中国目前的城市化水平是滞后的，但滞后的程度较小，这种滞后主要表现为滞后于国内经济发展水平和非农化进程。中国当前的城市化发展速度是与社会经济发展阶段相适应的，并没有盲目冒进。通过Logistic曲线模型的预测分析，估计中国城市化在未来15年还将保持较快的增长速度，但与前14年相比速度将有所减缓，城市化率的年均增长百分点应在1个以内，2015年我国的城市化水平将超过50%，在2025年城市化水平将达到60%左右。因此，中国还需继续推进城市化进程，在未来15年的时间里，每年将新增1000万以上的城镇人口，其规模庞大，必将对社会经济发展各方面产生巨大影响。要成功实现这一社会转型，必须选择适合我国国情的城市化道路，妥善解决各种矛盾问题，避免严重“城市病”的发生，努力实现健康、区域协调发展的城市化。

参考文献

安虎森、陈明：《工业化、城市化进程与我国城市化推进的路径选择》，《南开经济研究》2005 年第 1 期。

蔡昉：《城市化与农民工的贡献——后危机时期中国经济增长潜力的思考》，《中国人口科学》2010 年第 1 期。

陈彦光、罗静：《城市化水平与城市化速度的关系探讨——中国城市化速度和城市化水平饱和值的初步推断》，《地理研究》2006 年第 6 期。

邓宇鹏：《中国的隐性超城市化》，《当代财经》1999 年第 6 期。

郭克莎：《工业化与城市化关系的经济学分析》，《中国社会科学》2002 年第 2 期。

何卫东、张磊：《对中国城市化水平的反思》，《城市发展研究》2000 年第 6 期。

简新华、黄锟：《中国城镇化水平和速度的实证分析与前景预测》，《经济研究》2010 年第 3 期。

李善同：《中国城市化水平 20 年后可达 60%》，《领导决策信息》2001 年第 28 期。

陆大道、宋林飞、任平：《中国城镇化发展模式：如何走向科学发展之路》，《苏州大学学报（哲学社会科学版）》2007 年第 2 期。

刘勇：《中国城镇化战略研究》，经济科学出版社，2004。

罗志刚：《对城市化速度及相关研究的讨论》，《城市规划学刊》2007 年第 6 期。

栾谨崇、栾永胜、于学花：《我国城市化滞后的原因及政策选择》，《经济师》2004 年第 10 期。

米建国、李建伟：《“十五”期间宏观经济改革取向》，国务院发展研究中心信息网，2009，http：//www. drcnet. com. cn/。

王小鲁、夏小林：《优化城市规模推动经济增长》，《经济研究》1999 年第 9 期。

王瑞泽、李国锋、周观君：《中国经济增长中长期预测的比较分析》，《新疆社会科学》2007 年第 2 期。

熊俊：《对中国城市化水平国际比较中若干问题的探讨——兼论中国城市化水平的滞后性》，《中国人口科学》2009 年第 6 期。

周一星：《城镇化速度不是越快越好》，《科学决策》2005 年第 8 期。

诸大建：《中国城市化：转变模式还是放慢速度?》，2006 年 8 月 8 日《解放日报》。

·国际篇·

日本城市化经验及对中国的启示

——城市化发展途径是实现城乡一体化的关键

逯新红*

一　日本城市化发展阶段划分与人口流动特点

（一）日本城市化发展与其经济发展阶段相适应

经济增长是驱动城市化进程的重要因素。随着战后日本经济发展的不同阶段，日本的城市化水平也得到了不同的提升。根据经济发展不同时期，日本城市化发展可以分为以下四个阶段。

第一阶段：战后恢复期（1945～1955年），日本城市化快速发展阶段，城市化水平突破50%。战后日本依靠“倾斜生产方式”重建经济。战后日本能源缺乏，工业生产几乎停滞，日本经济重建是从“倾斜生产方式”开始的，日本集中资金和原材料发展煤炭生产，用煤炭供应钢铁生产，再用钢铁加强煤炭业，以煤炭和钢铁来扩大生产能力，并以此来带动整体经济的复苏和发展。同时，利用有利的国际环境和市场条件，大力发展重化工工业，依靠出口立国，经济得到迅速恢复。1953年日本经济基本恢复到了战前水平。经济水平的提高大大加快了日本城市化步伐。按照城市人口占总人口比率计算得到的日本城市化率①如图1所示。1945～1955年，战后日本经济恢复的十年间，日本城市化水平大幅提高，由1945年的27.8%提高至1955年的56.1%，突破了50%的临界线。

---

* 逯新红，中国国际经济交流中心研究部博士。

① 本文无特别说明数据来源为日本总务省统计局《国势调查》结果。

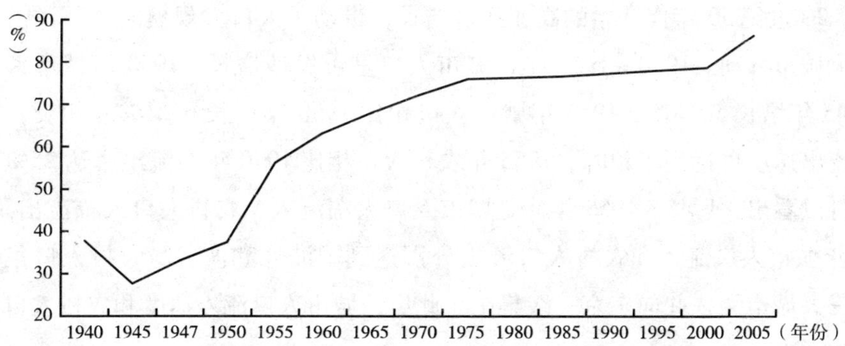

图1　日本城市化率

第二阶段：高速成长期（1955～1975年），日本城市化高度发展阶段，城市化水平达到76%，城市化基本完成。1955～1975年，是日本经济高速成长的20年，也是日本城市化水平高度发展阶段，1975年日本城市化率已达到76%，日本城市化进程基本完成。20年间，日本国民生产总值（GDP）增长了15倍，GDP规模跃居世界第二，国民收入增长了16.8倍。

第三阶段：经济缓慢增长到陷入低迷（1975～2000年），城市化进程较为缓慢，城市化水平79%。1975～2000年，受石油危机的打击日本经济增长放缓，经济泡沫破裂之后，经济陷入了"失去的十年"，1992～1998年的年均经济增长率仅为1%。受经济发展低迷的影响，这一阶段的日本城市化进程较为缓慢，2000年的城市化率为78.7%，比1975年仅提高2.8个百分点，年均仅提高0.1个百分点。

第四阶段：日本经济开始复苏（2000年至今），日本城市化水平大幅提升，城市化水平86%。2002年日本经济开始恢复性增长，城市化水平也得到了进一步发展，2005年城市化率大幅提高至86.3%，相比2000年提高7.6个百分点，年均提高1.5个百分点。

（二）日本城市化过程中人口流动特点

1. 人口向大城市集中阶段

1945～1965年，日本的城市化是以人口从地方圈流向以东京、大阪、名古屋为中心的大城市圈的形式推进的。其特点是：人口从农村流向城市，流出速度较快。20世纪50年代开始的高速经济增长，带动了人口大规模向太平洋沿岸工业带大城市移动。1950～1955年，城市人口呈爆发性增长，1950年城市人口相比1945年增长56.7%，1955年城市人口相比1950年增长61.1%；相反，农村人口流出速度也达到了顶峰，1955年农村人口相比1950年净流出率达25%。从图2可以看出，1945～1955年，是城市人口大幅流入、农村人口大幅流出阶段，1955年城市人口流入和农村人口流出分别达到了波峰和波谷。农村人口集中流向了三大城市圈，并向东京一级集中。此后，城市人口流入速度和农村人口流出速度放缓。

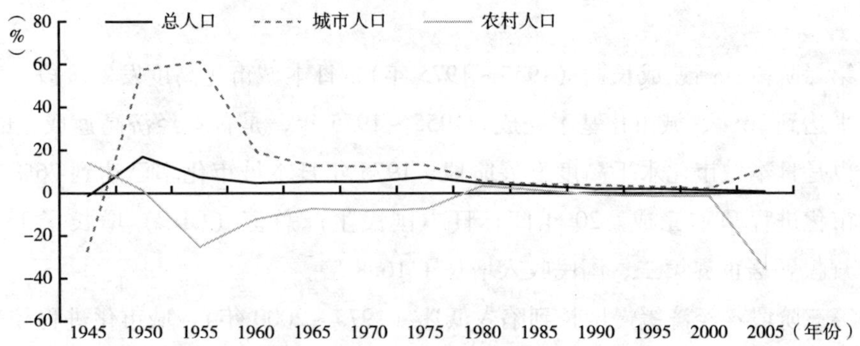

图2　人口增速和城市化水平增速

2. 人口由大城市向周边地区流动

1965～1975年，在居民收入差距缩小、产业布局向大城市周边城镇分散的背景下，人口向大城市集中的倾向减少，取而代之的是人口开始向地方中心城市及其周边城镇推进的城市化进程。1975年，城市人口增长率相比1970年放缓至12.6%，农村人口仍然保持7.7%的流出速度。

3. 人口再次向大城市圈特别是向东京一级集中

1975年以后，重新出现人口向大城市圈特别是向东京圈一级集中现象。2005年，东京圈、大阪圈和名古屋圈，三大圈的人口总数合计约占全国的47.3%（表1），三大圈的土地面积约占全国的7.2%，即三大圈以7%的国土面积承载着约全国一半的人口。特别是东京圈，2005年的人口流入相比2000年增长3.2%，人口密度更是达到了每平方公里2675人，东京圈以3.5%的国土面积承载了全国1/4强的人口。

表1 2005年三大圈人口及土地面积

三大圈	人口总数（人）	相比2000年增长(%)	面积（km^2）	人口密度（人/km^2）	占总人口比率(%)	占总面积（%）
东京圈	35097756	3.2	13121.75	2674.8	27.5	3.5
大阪圈	16262367	0.5	6751.34	2408.8	12.7	1.8
名古屋圈	9022617	2.6	7090.34	1272.5	7.1	1.9

二 日本国土综合开发制度变迁是日本城市化进程的缩影

（一）日本国土综合开发反映了日本城市化进程

日本通过国土综合开发制度的调整，将城市化与工业化、区域开发相结合。通过综合国土规划，在地方建立工业基地、新产业城市和技术集聚城市，并且大力发展交通，构建立体城市网络，极大地推进了日本城市化进程。因此，战后日本五次国土综合开发规划变迁反映了日本城市化的不同进程，参见表2。

表2 战后日本国土政策

年份	政策	年份	政策
1945	复兴国土规划纲要	1977	第三次全国综合开发规划(三全综)
1950	国土综合开发法	1987	第四次全国综合开发规划(四全综)
1960	太平洋工业带构想	1998	21世纪国土宏伟规划(五全综)
1962	全国综合开发规划(一全综)	2005	《国土形成规划法》取代《国土综合开发法》
1969	新全国综合开发规划(二全综)		

1950年，日本颁布《国土综合开发法》首次提出编制各级国土开发规划。日本国土规划是一项综合规划，是指统筹利用土地和资源、防范自然灾害、调整城乡差距、合理进行产业布局、实现地区间均衡发展的规划。

1. 注重开发和地区均衡发展的“一全综”

第二次世界大战后，随着日本经济的高速增长，农业就业人口迅速下降，第二、第三产业就业人口比例上升。同时，农村人口大量涌向城市，特别是三大圈的人口集中度非常高。20 世纪 50 年代后期，出现了大城市人口过密、地方农村人口过疏、城乡收入差距拉大等“大城市病”问题。为解决这些问题，1960 年日本政府公布收入倍增计划，提出太平洋工业带构想，在已有的四大工业带①之外建立工业基地。1961 年制定《新产业城市建设促进法》，规划了 15 个“新产业城市②”和 6 个“工业建设特别地区”③。1962 年日本制定“全国综合开发规划”（简称“一全综”），并在此后共制定了五次全国综合性开发规划。“一全综”旨在均衡地区间发展，以产业基础建设为核心建立沿海工业区。“一全综”规划在原有的东京等大型工业城市周边布局开发基地，形成由点到线的工业布局，以期实现地区均衡发展，并可以有效防止城市过大化。由此，太平洋工业带集中了包括三大圈在内的众多大城市，形成城市群。

2. 推动大型项目建设和创造良好生活环境的“二全综”

20 世纪 60 年代末期，随着经济高速发展以及人口和产业向大城市集中，城市病问题加剧。1969 年制定的“新全国综合开发规划”（简称“二全综”）旨在创造良好生活环境，解决全国范围内的交通网络，推进新干线、高速公路等大型项目的建设，缓解城市化发展中出现的问题。

3. 建设宜居综合环境的“三全综”

70 年代后半期，受石油危机的影响，日本经济高速增长结束，开始进入稳定增长时期。日本出现人口、产业向地方分散的趋势，国土资源趋于紧张。1977 年制定的“第三次全国综合开发规划”（简称“三全综”）提出重视生活环境的定居构想，提出建设示范定居圈和技术聚集城市，提倡人与自然和谐相处，抑制大城市的进一步扩大，努力振兴地方城市。

4. 构建交流网络和多级分散国土框架的“四全综”

20 世纪 80 年代后半期，广场协议之后，日本开始真正走向国际化，人口、产业再次向三大圈、特别是向东京圈一级集中，各项功能开始向东京一级化集中。为避免人口、经济等各项功能向东京一级化集中，1987 年制定的“第四次

---

① 四大工业带：京滨工业地带（东京都、神奈川县），中京工业地带（爱知县、岐阜县、三重县），阪神工业地带（大阪府、兵库县），北九州工业地带（山口县、福冈县、大分县）。

② 15 个“新产业城市”包括：道央、八户、仙台、秋田湾、常盘、新潟、松本/诹访、富山/高冈、中海、冈山县南部、德岛、东矛、大分、日向/延冈、不知火/有明/大牟田地区。

③ 6 个“工业建设特别地区”包括：鹿岛、东骏河湾、东三河、播磨、备后、周南地区。

全国综合开发规划”（简称“四全综”）以构建多级分散型国土框架为基本目标，力图构建以核心业务城市为中心的多级结构，并提出交流网络构想。“四全综”通过建设“全国一日交通圈”实现主要城市之间能够一日往返，交通网络的完善促进了工厂向地方的搬迁，推进了地方建设，增强了政府、地方、民间团体的交流与合作。此时，区域经济差距已不再是主要问题

5. 由国土开发转向由多种主体参与和地区合作的国土管理

20 世纪 90 年代末期，日本与亚洲各国的竞争和交流日益密切。1998 年“五全综”全称是《21 世纪国土宏伟规划——促进区域自立与创造美丽的国土》，其中并不包含“开发”字样，表明日本国土规划已经由国土开发转向注重国土管理。“五全综”提出建设多种主体参与的多轴型国土结构，并提出直接与包括亚洲国家等全球各国开展交流，形成广域国际交流圈；提出大城市再开发战略，着眼于大城市的修复、更新和有效利用；开展轴心城市周边地区之间合作；创建多样性居住城镇。由于日本人口减少和老龄化比率上升，大城市的医疗条件和基础设施等资源相对更加完备，目前日本再次出现人口向大城市集中现象。

6. 国土可持续发展战略

2005 年，日本进行国土规划改革，《国土形成规划法》取代《国土综合开发法》，并从 2006 年开始编制《日本国土可持续发展规划》。

（二）日本国土综合开发在促进城市化进程中的作用

1. 日本综合国土开发促进城市化发展的机理分析

“一全综”在原有旧工业区之外重点建设新工业城市和工业建设特别地区，形成了国土开发的“点”；“二全综”推动大型交通网络建设，将工业区和地方圈连接起来，形成了“线”；“三全综”提出建设示范定居圈和技术聚集城市，形成了“面”；“四全综”通过构建“全国一日交通圈”的交通网络以及多级分散的国土框架，最终形成了立体开发结构。“五全综”则是由国土开发转向国土治理，提高城市效率。日本通过五次综合国土开发推动日本经济发展与城市化相结合，逐步构建城市立体开发框架，解决城市发展中出现的问题，进一步完善城市职能，提高城市效率，均衡城乡发展，增强区域合作。

2. 工业化与城市化相互推进

日本政府根据经济发展不同阶段逐级推进区域扩张。从日本的国土开发阶段来看,“一全综”和“二全综”处于日本经济高速发展阶段,“一全综”侧重于从农业生产向工业化转变,“二全综”侧重于均衡国内工业化发展。“一全综”和“二全综”的实施过程中,日本城市化与工业化相互促进,共同推进,到20世纪70年代初日本已基本完成工业化和城市化。70年代后期,日本结束高速增长进入稳定增长阶段,其后的三次国土开发规划则侧重于由工业化向服务化的转变。

三 日本城市化采取大城市战略,发挥大城市辐射功能,带动城市带发展,实现城乡统筹发展

第二次世界大战结束后日本城市化与工业化相互促进,在转移农村劳动力过程中,采取大城市战略,形成东京、大阪、名古屋三大城市圈,成为人口聚集中心;并以中心城市为主体,发挥大城市的辐射作用,发展周边卫星城镇,形成城市带;城市带再向外扩展和辐射,实现城乡协调发展。日本的大城市战略是成功的,充分发挥了大城市较高的综合承载能力。

首先,发展大城市为主体的城市体系可以吸纳更多的劳动力,解决人多地少的问题。日本土地资源有限,通过发展大城市战略,一是把更多的农村劳动力从土地中解放,实现了农村劳动力向城市转移,这可以从日本城市化进程中人口流动特点中得到印证。二是节约了有限耕地,提高了耕地利用效率和农业现代化进程。

其次,通过城市布局、产业布局和人口布局相结合,增强大城市与周边地区的有机联系、形成高度一体化区域,所以地区间差距不大。城市化和工业化发展,加速了劳动力由第一产业向第二、第三产业转移。一方面,大城市自身的发展提高了人口容纳能力。另一方面,城市发展所需资金、人才、技术等要素的支持,促使大城市产业结构向第三产业倾斜,加大了第三产业就业人口比重。城市布局、产业布局和人口布局的均衡统筹与合理分工,增强了大城市的功效,加强了大城市与周边地区的有机联系,逐渐形成了高度一体化区域,区域间经济差距没有扩大。

由图 3 可以看出，日本第一产业就业人口迅速下降，第二产业和第三产业就业人口大幅上升，特别是第三产业上升幅度较大。第一产业就业人口由 1940 年的 44.3% 下降至 2005 年的 4.8%。其中，农业就业人口比例由 1940 年的 41.7% 下降至 2005 年的 4.4%，降幅达 89.4%。其间，第二产业就业人口则由 1940 年的 26% 上升至 1975 年的 34.1%，此后基本维持在这一水平并有所下降。其中，制造业就业人口比重在 1970 年达到高点 26.1% 之后，开始呈下降趋势，这与日本工业化的基本完成、第三产业的大力发展有关。第三产业就业人口比重由 1940 年的 29% 提高至 2005 年的 67.2%，并且仍然呈上升趋势。其中，服务业比重大幅提高，由 1940 年的 8.9% 持续上升至 2005 年的 28.5%。此外，批发零售餐饮业吸纳就业人口的比重相应由 12.6% 上升至 23.1%。

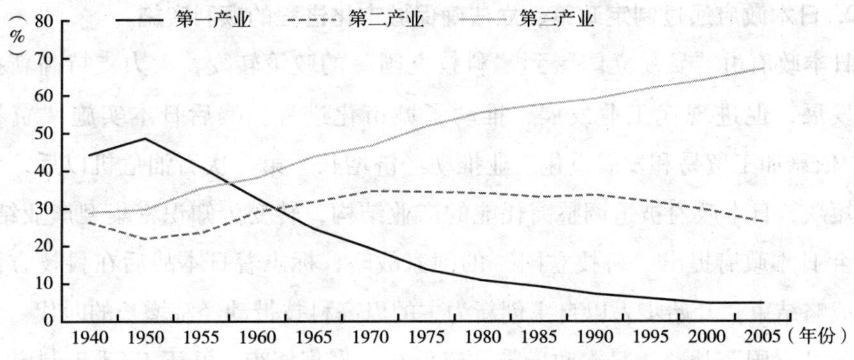

图 3　日本三大产业就业人口比重

再次，通过完善城市基础设施和公共服务建设，提高城市效率和城市的经济社会承载能力。公共服务和基础设施建设主要依靠政府财政投入，在“三全综”至“五全综”的土地政策中，构建“定居圈”、“宜居城市”、“人与自然和谐发展”、“提高城市效率”等措施的实施，极大提高了城市的综合承载能力。目前，由于日本人口减少和老龄化问题严重，人口再次出现向各项功能相对更加完备的大城市集中的现象，老城改造正在进行，通过大城市的再建，提高城市效率。

最后，注重发展城市周边地区，统筹城乡发展。日本并不是孤立地发展大城市，而是充分发挥大城市的辐射作用，发展卫星城镇的同时，再向外辐射发展周边地区，形成相互联系的城乡发展网络。大城市功能也由工业中心向管理中枢和金融服务中心转变，而公共服务、基础设施的建设等也不仅仅局限于大城市，基本是均衡布局的，地区间差别不大。

四　日本城市化进程中政府规划指导起到主要作用

1. 五次全国综合开发计划，均衡了全国产业布局

从日本战后的国土政策可以看出日本政府规划指导起到主导作用。从1945年的《复兴国土规划纲要》到五次全国综合开发规划，日本政府根据经济发展状况和土地资源状况，合理开发土地资源、促进城市化建设和产业发展，均衡了全国产业布局。

2. 日本政府通过制定政策、立法确保城市化进程的顺利实施

日本政府由“贸易立国”到“科技立国”的政策转变，大力支持高新技术产业发展，促进现代工业发展，推动了城市化进程。战后日本实施“贸易立国”，依靠加工贸易和发展重化工业推动经济增长。第一次石油危机以后，由于能源短缺，日本政府被迫调整高耗能的产业结构，转变为知识密集型产业结构。1980年日本政府提出“科技立国”的国家战略，标志着日本战后在科技方面的模仿战略结束，开始步入以自主创新为主的以高科技带动经济增长的时代。为推进“科技立国”战略，日本政府鼓励建设技术聚集城市，并于1983年制定《高度技术工业聚集区域开发促进法》，指定26个城市为技术聚集城市。受此影响，企业开始向地方迁移，出现传统产业转移和新兴产业培育并行的模式，技术含量较高的电机产品逐渐成为新的主导产业。同时，这一模式也提升了技术聚集地区的综合素质。另外，通过《首都圈建设法》、《新城市计划法》等立法对城市的建设与开发提供了法律支持。

3. 日本政府财政资金对城市建设的投入加快了城市发展

一是在城市产业布局上，加大对工业基地建设的投入。布局开发基地及其周边地区，形成连锁式开发，实现地区均衡发展。二是在城市交通上，投资建设新干线、高速公路等交通网络。通过全国性交通网络，把城市与产业地区相连，协调区域经济发展。三是加大公共基础设施建设投入，实现区域间公共资源均等化。

五　日本城市化发展中出现的问题与治理

日本城市化发展过程中，人口向三大城市圈过度集中，特别是向东京圈一级集中，导致城市人口密度过大，由此也带来了过密过疏问题，出现交通拥挤、地价高涨、环境污染严重等问题。

1. 过密过疏问题

日本城市化初期出现过密过疏问题，即大城市人口密度高、产业密集、卫生医疗等公共设施集中；相反，乡村人口净流出、公共基础设施缺乏。日本通过发展卫星城镇，建立“工业城”、“科技城”、“卧城”等中小城镇，分散大城市职能，缓解过密问题。通过产业布局，协调区域产业发展，增强中小城镇经济发展潜力，引导人口由大城市向中小城镇迁移，解决过疏问题，缩小城乡差距。

2. 交通拥挤问题

日本在20世纪70年代中期已经普及汽车，城市人口聚集，汽车保有量较大，汽车尾气排放造成严重污染，城市交通拥挤和道路堵塞问题严重。日本政府通过财政支持全国范围内交通网络建设，特别是建成了“主要城市一日往返”的交通系统，完善了卫星城镇与大城市交通系统的链接，促成郊外居住城内上班的居住模式，缓解了城市交通拥挤问题。

3. 地价高涨问题

城市迅速扩容导致土地资源紧张，土地供不应求导致地价高涨。1955～1975年日本地价上涨18倍，为其后的日本经济泡沫埋下隐患。

4. 公害问题

20世纪60年代以前，日本经济发展是以环境污染为代价的。日本致力于国内的经济恢复与发展，对环境保护没有引起足够重视，20世纪60年代初的“四大公害”问题震惊世界。此外，由于人口过多导致城市垃圾处理与污水处理困难，造成的环境污染严重。

六　日本城市化发展经验对中国的启示

城市化发展的途径是实现城乡一体化的关键。中国即将开始“十二五”规划的起草与制定，在即将开始的第十二个五年规划中，关于城市化建设应注重借鉴日本城市化发展经验与教训，制定合理与统筹兼顾的城市化战略，实现城乡一体化发展。中国应将城市化战略作为一项长期发展战略。

1. 发挥大城市带动作用，促成区域优势形成

借鉴日本的城市化经验，中国城市规划应纳入区域经济协调发展之中，发挥大城市的辐射作用，带动周边中小城镇；整合本区域优势经济、优势产业，形成区域经济优势；通过地区资源优化配置和经济融合，实现地区均衡发展。同时，应通过分散产业布局，防止城市规模过大，防止产生过疏过密问题。

2. 打破城乡二元结构，实现统筹发展

日本没有城乡界限之分，城市与地方发展同步考虑，尽量缩小地区差距。中国应统筹考虑城乡发展，打破城市之间行政分割，将同一地域的城市和农村作为整体统筹发展。公共基础设施等服务功能设置不仅限于城市，更应辐射农村地区，实现区域公共服务均等化。同时，应将部分城市职能分散到周边地区，建立功能不同的卫星城镇，如产业城市、居住城市、大型购物中心等。

3. 大力发展交通，构建立体城市网络

随着中国大城市的发展，以及汽车的普及，中国大城市交通拥挤问题日益严重。中国已成为第一大新车市场。据统计，2011 年中国汽车销售量将达到 1700 万辆，逼近美国历史最高水平。未来 30 年内，中国仍将继续增加汽车保有量。由于汽车增长过快，中国交通压力增大。目前，北京、上海、广州等大城市的交通拥挤、道路堵塞现象已经成为常态。因此，中国应借鉴日本经验，大力发展交通基础设施建设，构建交通网络，从而加强城市内部、城市之间、城乡之间的交通联系，更好地链接产业城市与大城市，促进城市周边地区与城市的协调发展。同时，便利的交通有利于实现分散部分人群到城外居住和消费，有利于缓解城市中心压力和地价压力。

4. 注重三农发展，保护耕地

日本城市化进程中，通过五次综合性开发规划，合理开发国土资源，实现地区均衡发展，最大限度地保护耕地和绿地。日本通过大城市和产业城市布局，引导劳动力由第一产业向第二产业和第三产业迁移，把农村剩余劳动力从土地中解放出来，缩小了城乡收入差别；同时加大对农村、农业和农民的支持，建立现代化集约式农业，提高了农业效率，增加了农民收入，促进了农村发展。中国应借鉴日本城市化过程中的农业政策，节约耕地，保护绿地，加大对三农的保护与支持力度，缩小城乡收入差别。产业政策向农村倾斜，解放农村劳动力，发展现代农业。但是，由于中国农业与日本不同，中国不适合发展集约式农业模式，而应进行规模化经营，发展大农业，提高农业效率。

5. 边发展边治理，注重人与自然和谐发展

日本城市化初期关于环境问题的处理方式是典型的先发展后治理模式。日本城市化初始阶段，为了加快城市化建设和工业发展，并没有注重环境问题，导致严重的环境污染后果。因此，从20世纪50年代后期开始，日本城市化发展过程中已经非常注重环境问题，并通过环境立法加大对环境的保护。日本政府1958年制定《公共水域水质保全法》和《工厂排污规制法》，1962年制定《烟尘排放规制法》，60年代至70年代，先后出台一系列有关污染防治和节能环保法律，基本形成了环境法规体系。另外，日本在城市发展的同时，注重人与自然的和谐发展，提出创建“宜居城市”等口号，并提出“城市可持续发展”战略。

中国应汲取日本在城市发展过程中的环境污染教训，要边发展边治理，在发展城市的同时加大环境治理力度。政府应严格限制高污染、高耗能、高排放企业，引导其向节能减排方向发展，鼓励企业向自主创新和节能方向转型，实现企业的结构升级。通过发展低碳经济、绿色经济和循环经济，促进经济与自然的和谐发展，促进城市与环境的和谐发展，构建“宜居城市”。

低碳城市建设的政府行为分析及其国际经验借鉴

景春梅*

在应对全球气候变化的大背景下，向低能耗、低排放、低污染的低碳经济转型已成为发达国家乃至发展中国家共同追求的目标。特别是在后危机时代，一些国家相继提出了“绿色新政”，西方国家率先建立了低碳示范区，形成了比较典型的发展模式，我国也有多个城市正在积极开展低碳行动，并进行了一些有益的尝试。如何发挥政府在低碳城市发展中的作用，是目前政府管理部门所面临的一项重要课题。

一　低碳经济、低碳城市和政府行为

人类社会的每一次经济模式的重大转变，几乎无一例外地引起了政府角色定位的重大转变，低碳经济也是如此。全球气候变化不仅催生了低碳经济，而且还影响到世界各国政府治理结构的变化，从而引发了各国对政府角色定位的新思考。

（一）低碳经济

“低碳经济”这一概念首次出现是在英国政府2003年发表的《能源白皮书》，题为《我们未来的能源：创建低碳经济》的报告中，即：低碳经济是通过更少的自然资源消耗和更少的环境污染，获得更多的经济产出；通过创造更高的

* 景春梅，中国国际经济交流中心博士。

生活标准和更好的生活质量的途径，为发展、应用和输出先进技术创造机会，同时创造新的商机和更多的就业机会。低碳经济就是 GDP 增长跟 CO_2 排放量脱钩的一种经济模式，它与一个国家发展阶段、资源禀赋、消费模式和技术水平等驱动因素密切相关，并且通过低碳化进程得以实现。低碳经济包含三方面的内容：一是在经济过程的进口环节，用太阳能、风能、生物能等非碳的可再生能源或者水能、核能等替代煤、石油、天然气等传统的碳基能源，从能源结构上减少二氧化碳。二是在经济过程的转化环节，提高工业、交通、建筑三大耗能领域内的能源利用效率，减少碳基能源的消耗，从而减少二氧化碳的排放。三是在经济过程的输出环节，通过保护森林和发展绿色空间吸收二氧化碳，提高碳汇以及发展碳捕捉能力。可见，低碳经济的实质是能源高效利用、清洁利用和低碳或零碳能源开发，核心是能源技术创新和制度创新，目标是减缓气候变化和促进人类的可持续发展。

（二）低碳城市

低碳城市实质上是低碳经济理念在城市发展中的实际运用。世界自然基金会认为，低碳城市是指城市在经济高速发展的前提下，保持能源消耗和二氧化碳排放处于较低的水平。国内学者认为，低碳城市就是通过在城市发展低碳经济，创新低碳技术，改变生活方式，最大限度地减少城市的温室气体排放，彻底摆脱以往大量生产、大量消费和大量废弃的社会经济运行模式，形成结构优化、循环利用、节能高效的经济体系，形成健康、节约、低碳的生活方式和消费模式，最终实现城市的清洁发展、高效发展、低碳发展和可持续发展（陈柳钦，2010）。低碳城市包含以下四方面的内容：一是低碳城市要求城市的能源消耗和二氧化碳的排放处于较低的水平，保持碳源小于碳汇；二是低碳城市要求城市居民形成一种低碳生活理念，保持一种低碳的生活方式；三是低碳城市要求企业生产方式的低碳化，提高企业能源利用率，降低碳的排放量；四是低碳城市要求政府以低碳社会为目标，将低碳城市政策化、制度化，为低碳城市建设提供制度上的保障。

（三）政府行为

政府行为是政府职能得以有效发挥的集中体现。政府职能是在一定时期内，根据国家和社会发展的需要，政府所必须扮演的角色、履行的职责和发挥的作用，它反映了政府活动的基本方向、根本任务和主要作用。国外学者将政府在低碳城市发展中的作用概括为三个方面：一是政府作为经济活动的监管者，通过立法和政策制度创新为低碳城市发展提出目标和可能的措施；二是政府作为公共政策的提供者，通过财政预算和有效手段为低碳城市发展提供条件和支持；三是政府作为低碳城市建设的促进者，通过整合社会其他部门，包括各级地方政府、社会机构、企业、市民等各方力量，共同推动低碳城市的发展。国内学者认为，政府要充分发挥制定规则和弥补市场失灵的作用，通过碳基金、配额制度、行政法律强制、碳排放税、建立排放贸易体系等低碳政策工具，以弥补低碳经济发展中的市场失灵（李军鹏，2010）。本文认为，为实现低碳城市的战略目标和规划，政府应发挥主导作用，统筹协调低碳发展与经济调节、市场监管、社会管理、公共服务职能，综合运用碳预算、征税、补贴、基金、市场交易等政策工具，建立相应监管制度，进一步推动低碳城市发展。

二　低碳城市建设的政府行为分析及其国际经验借鉴

在应对此次国际金融危机的过程中，西方一些国家率先进行了低碳城市建设的探索，积累了一些经验。考察国际上政府建设低碳城市的经验，进一步厘清政府发展低碳城市的发展规划和思路，分析建设低碳城市的治理路径，对我国城市向低碳转型具有积极的借鉴意义。

（一）制订低碳城市发展战略和规划目标

西方国家政府十分重视低碳城市发展战略的制定，以指导微观经济主体在政府设计的行为模式下开展各项社会活动，从而实现低碳城市的发展目标。2006年日本经济产业省编制了《新国家能源战略》，并借助强有力的法律手段，全面推动各项节能减排措施的实施。苏格兰政府制订了减排的目标体系，包括2050年目标、过渡期目标和年度目标；长期目标规定在2050年实现减排80%，过渡期目标规定，到2020年减少42%的温室气体排放，同时还设立了一个“境内减排目标”：即每年的减排目标中，必须保证有80%的温室气体来源于苏格兰境内。英国政府2008年专门构建了低碳社区能源规划框架，制定并公布了《英国低碳转型》国家战略方案，同时还出台了配套方案《英国可再生能源战略》、

《英国低碳工业战略》和《低碳交通战略》等，其中，能源规划草案明确提出，核能、可再生能源和洁净煤是英国未来能源的三个重要组成部分。

（二）制定建设低碳城市的法律法规

立法是推动城市减碳行动的重要依据和可靠保证，发达国家通过制定法律法规，规范开展低碳、减排行动。2007 年美国参议院提出了《低碳经济法案》，表明低碳经济的发展道路将成为美国未来的重要战略选择；2009 年美国出台了《美国复苏与再投资法案》，将发展新能源作为重要内容，包括发展高效电池、智能电网、碳储存和碳捕获、可再生能源，如风能和太阳能等。英国在 2008 年正式通过《气候变化法案》，这使英国成为世界上第一个为减少温室气体排放、适应气候变化而建立具有法律约束性长期框架的国家；按照该法律，英国政府必须致力于发展低碳经济，到 2050 年达到减排 80% 的目标。2009 年苏格兰议会通过了《气候变化法》，将碳问题作为一项中心议题，从立法层面制订了一整套控制碳排放、应对气候变化的行动方案。丹麦政府通过立法保证能源节约和提高能源效率，先后颁布实施了《供电法案》、《供热法案》、《可再生能源利用法案》、《住房节能法案》以及《能源节约法》，并进一步修订了节能法规，大力促进建筑和工业节能，提倡使用节能家电，培养公民和整个社会的节能习惯。

（三）成立与低碳发展有关的政府管理机构

行动主体是保证低碳城市目标和规划的执行者，领跑国际低碳领域的国家先后都成立了专门机构落实减排任务。比如，英国成立了伦敦气候变化管理局以及设施分布能源管理供给部门，制订并落实包括碳减排、可再生能源利用等目标；苏格兰设立了气候变化委员会，由政府各有关大臣指派人员构成，负责向其提供有关气候变化的相关政策建议，并向议会报告各项减排目标的实施情况。2010 年日本为尽早实现低碳社会，日本文部科学省正式启动研究开发与实践相结合的综合战略项目，计划在本年度内成立低碳研究推进中心，主要负责开展以社会为基础的技术示范和战略性的社会实践研究，并使之成为日本建立低碳社会的智囊机构。哥本哈根市政府将“气候公民”列为灯塔计划的重要内容，政府为此专门建立了气候科学中心，以儿童和青年为对象开展以气候为主题的活动，动员 18 岁以下的公民每年都要参加一次气候科学中心主办的活动，每年培训至少

1500 名环保使者，每年至少有 1 万名儿童在政府开辟的“气候森林”种植 1 棵树。

（四）制定有利于低碳发展的财税政策

外国政府普遍通过制定低碳财税政策来引导资源利用方式的改变，并建立严格的节能利用激励机制，推动低碳战略的实施。荷兰政府设计了包括燃料税、噪声税、垃圾税、水污染税、土壤保护税、地下水税、汽车特别税、石油产品税以及对损害臭氧层的化学品征收的消费税等，以加大对城市环境的保护。苏格兰政府计划设立由私营部门参与的“苏格兰未来信托”，以此为平台组建不同的基础设施项目融资公司，加大政府对改善能源环境及基础设施的投资。英国政府早在 2001 年就设立碳信托基金会，充分协调各方力量以支持低碳技术研发，并通过大力补贴鼓励企业投资节能环保的技术项目；英国还成立了智能电网示范基金，规定在未来一段时期内为智能电网技术研发提供资金支持。澳大利亚政府设立专项基金，重点促进热能技术升级和太阳能开发利用，建立碳捕集与存储中心以推动碳捕集与存储技术的投资与研发。

（五）建立推动低碳城市发展的制度和工作机制

发达国家注重发挥政府的规范功能，通过科学的制度和有效工作机制，对低碳城市建设主体行为进行规制和约束，使其沿着政府规划、设计的方向前进。日本政府由于资源匮乏特别重视发挥团队的综合力量，集中开展节能技术的研发。比如，日本环境省成立的“面向 2050 年的日本低碳社会情景”研究计划，就是通过联合工作机制和科学的管理制度，将来自大学、研究机构、公司等部门的研究人员组成攻关小组，分为发展情景、长期目标、城市结构、信息通信技术、交通运输等若干研究团队，同时项目组还与日本国内相关大学、海外研究机构合作，共同研究技术攻关对策。美国政府实施荒漠化防治计划的“保护性储备计划”，采用了水土保持补偿机制。德国政府采用“横向转移”的生态补偿机制，引导富裕地区直接向贫困地区转移支付。英国建立低碳城市规划机制，实施低碳化能源战略，包括从区域、次区域、地区三个层面，进一步界定社区能源规划的制度安排，整合国家、城市、地区相关的能源发展战略，构建社区能源发展的体制框架。

（六）发挥市民组织与市场调节作用

发挥诱导功能是外国政府治理低碳城市的一项有效手段，政府根据城市整体发展规划和目标，以市场配置资源的优化理念和物质利益取向为原则，促使居民或社会组织通过自身行为的调节来达到减排目标。丹麦的“太阳风社区”是由政府推动、居民自发组织起来建设的公共住宅社区，竣工于 1980 年，共有 30 户。该社区是通过居民自己设计，让社区充分利用太阳能、风能、生物质能等多种能源，增加自然景观的生产性，减少对外界资源的依赖。德国弗莱堡的弗班区被誉为可持续发展小区的标杆，该区以住房合作社制度闻名，其特点就是该区所居住的 2000 户共 5000 位居民都是社区的拥有者和设计者，他们自行构成小组，向政府申请购买建筑用地，并严格遵循高效节能理念设计和建造房屋，这样的房屋至少可以节能 30%；社区还拥有自己的热电厂（以 80% 木屑及 20% 天然气为能源），良好的隔热及有效的供暖系统，减少了约 60% 的碳排放。丹麦政府采取了以市场为导向的激励措施，发展新技术，提高可再生能源比重，逐步淘汰矿物燃料；政府还为能源技术研发提供资金支持，支持市场对能源新技术的推广应用。

（七）加强低碳领域的科学技术创新

技术创新是低碳经济发展的动力和核心，分析发达国家的低碳经济技术创新政策，一个突出的特点就是都强调低碳技术创新。美国政府自 2001 年以来就不断投入巨额资金，支持能源部国家能源技术实验室进行清洁煤技术研发，比如开发创新型污染控制技术、煤气化技术、先进燃烧系统、汽轮机及碳收集封存技术等，促使先进的清洁煤技术从研发阶段向示范阶段、市场化阶段推进，达到了降低成本、减少排放的目的。德国重点发展低碳发电技术，将低碳发电技术视为二氧化碳减排的重中之重；同时，德国还实施气候保护高技术战略，集中力量大力支持气候保护技术的研发，并将环保技术产业确定为新型主导产业重点扶植。日本在国家预算中专门安排资金支持节能技术的研发，并鼓励私人投资开展技术创新，支持开发太阳能、光伏产业等新能源，强调低碳发展的技术创新、制度变革及生活方式的转变。另外，意大利还通过节能减排的政策措施，积极促进可再生能源和新能源的技术开发。

（八）建设“以点带面”的示范社区

在城市经济发展低碳转型初期，大多数国家都选择先建设示范区的形式，探索先进的发展理念和转型经验，进而以点带面带动整个城市的低碳发展。英国的伯丁顿低碳社区将“零能耗”作为规划的基本理念，城市规划结合了环境、社会、经济等不同方面的需求，运用节能技术降低能耗、水耗，最大限度地节约能源，实现能源需求与废物处理等方面的循环利用。丹麦哥本哈根作为世界生活最佳城市和联合国气候变化会议的主办城市，长期致力于解决气候变化问题，目前已拥有高效节能的风能、生物质能发电系统，以及完善的区域供热系统，世界领先的公共交通体系和自行车道路体系，有望在2025年之前成为世界上首个“碳中和”城市。瑞典的维克舒尔是欧洲人均排碳量最低的城市，曾被欧盟委员会授予“欧洲可持续能源奖”，其中“维克舒尔零化石燃料计划”是该市早于1996年颁布的一项世界领先的项目，在供热、能源、交通、商业和家庭中停止使用化石燃料，降低碳排放，使能源消费对气候变化不造成任何影响。该计划的目标是在2010年实现碳排放比1993年减少50%，到2025年减少70%，并有望在2015年成为世界上首个零化石燃料的城市。此外，阿联酋的马斯达尔、美国的西雅图、日本的富山市、中国的天津等城市，都在积极探索建立零碳排放的生态园区。

三 优化政府行为，推动我国低碳城市建设与发展

通过考察发达国家政府在治理低碳城市方面的经验，不难看出，政府的综合主导力量在低碳城市的建设中占有重要地位，这对促进我国低碳城市建设具有借鉴意义。

（一）政府应确立科学的碳排放理念

发展低碳经济是由发达国家率先提出并在全球积极倡导的革新理念，本是有效应对全球气候变化的题中应有之意，但一味地强调碳排放总量，忽视了不同国家的历史状况、发展阶段和社会特点，势必对广大发展中国家的人民生存权和发展权构成威胁，不利于世界经济新秩序的建立。从本质上看，发达国家的低碳理

念就是想借环境之题，限制发展中国家的经济发展，遏制中国崛起是其主要图谋之一。在当前的国际产业分工中，发达国家处在产业链条的高端，服务业、高科技发达，能源消耗和排放相对较小；而发展中国家处于产业链的低端，生产和出口大量的高耗能和高排放产品。因此，我们必须保持清醒头脑，不能被发达国家牵着鼻子走，不能被他们所设定的低碳理念和碳排放指标所误导，而应基于我国国情，在肯定低碳发展理念的同时，积极倡导“绿色经济”、“环保经济”发展理念，设定符合发展中国家国情的指标体系，从而确立有利于整个世界经济协调发展的低碳城市道路。

（二）政府应制定低碳城市发展的中长期规划

城市规划对于城市发展起着长期的结构性作用，合理的城市规划是低碳城市建设的基础和关键。无论是改造城市还是新建城市，政府应改变过去以经济发展为主要目标的指导原则，将以自然的生态环境及区域性负载容量作为低碳城市建设的主旋律，把低碳、环保、经济作为制定城市规划的新定位、新目标。因此，中央政府在大的原则上应考虑将发展低碳城市纳入国家整个发展规划当中，确定重点发展方向，并在产业布局和支持政策上，对低碳城市及相关产业予以倾斜。地方政府应以制定“十二五”规划为契机，通过科学的调查研究，广泛征询社会各界意见，制定节能城市的中长期发展规划，明确城市低碳发展战略，尽早规划出自身城市建设的低碳发展路线图，确立城市今后不同行业在各个阶段发展低碳经济的目标、途径和工作重点，以指导未来低碳经济的高效发展。

（三）政府应成为低碳城市建设的法规和政策推动者

政府主导力量主要体现在低碳城市治理的法规制度安排和组织推动方面。首先要发挥政府作为监管者的角色功能，制定、完善涉及化石能源、新能源、节能环保、资源利用等方面的法律法规，整合相关部门节能环保法规的内容，并制定与之相配套的、操作性强的低碳法规细则，并设立专门的机构负责组织实施，使政府在低碳城市的建设中发挥监管者的作用。发挥政府在制度、政策上作为供给者的功效，就要在政府层面建立起完整的低碳城市制度体系，包括目标体系、行动计划、推进机制；加强低碳城市的政策引导，出台鼓励科技创新、节能减排、可再生能源使用的政策，利用减免税收、财政补贴、政府采购、绿色信贷等措施，来引领和助推低碳经济发展。发挥政府的组织推动作用，构建运行舒畅的低碳城市建设治理结构，理顺政府、市场、公民三方面的关系，协调社会各方包括企业、非政府组织以及公民的关系使其广泛参与和合作，共同促进低碳发展。

（四）政府应发挥低碳城市的示范带动效应

政府应以低碳示范区建设作为城市低碳发展的努力方向，积极探索并加大对低碳城市、低碳社区的示范作用。相比国际上的低碳城市，中国的城市具有一定特殊性，因此，我们要借鉴国外经验，探索符合我国实际的有效发展模式。在确定试点方面，应根据一个城市的发展基础、资源特征、区位优势等方面综合评价，确定其发展低碳模式和路径，对于综合型城市，可以考虑先试点后推广的发展模式。在示范内容上，涵盖了经济、社会方方面面，包括低碳的能源结构，低碳的工业、建筑、交通运输业，低碳的消费模式，低碳技术支撑等。在理念上，要将低碳、绿色理念贯穿城市的生产、流通、消费和公共服务等环节，体现在城市规划、能源利用、房屋建筑、公共交通、环境绿化等领域，甚至渗透到每个家庭的庭院设计当中。在实践上，应将试点城市建设与自身资源禀赋条件和产业发展优势结合起来，处理好长远发展愿景与短期产业选择的关系，打造低碳技术创新体系，注重新技术的推广与运用，为进一步在全国推广积累经验和教训。

（五）政府应积极引导和倡导城市低碳生活方式

发展绿色经济、构建低碳城市并不意味仅在制造业开展节能减排和技术创新，更重要的是政府应积极营造浓厚的减碳氛围，引导人们反思浪费能源、增排污染的不良行为，从而挖掘全社会减排的巨大潜力。政府应加大宣传力度，将低碳理念引入到城市生活的衣、食、住、行等各个方面，使节能减排的意识深入人心。要提倡绿色城市交通，建立低碳化的公共交通体系，发展低排放的交通工具，鼓励人们选择使用小型、低排量汽车和绿色出行方式。要培养城市居民低碳行为，鼓励市民选购节能家用电器，选用环保材料装饰家庭，按照标准控制室内空调温度，鼓励实施垃圾分类。要注意环境保护和绿化，号召人们积极参与植树造林，提高碳存汇的能力，促使市民从点滴做起，为节能减排作出贡献。

参考文献

仇保兴主编《中国低碳生态城市发展报告（2010）》，中国建筑工业出版社，2010。

肖荣波等：《欧洲城市低碳发展的节能规划与启示》，《现代城市研究》2009 年第 11 期。

陈柳钦：《低碳城市发展的国内实践》，http：//wenku. baidu. com/view/，2010 年 8 月。

刘志林等：《低碳城市理念与国际经验》，《城市发展研究》2009 年第 6 期。

刘文玲等：《低碳城市发展实践与发展模式》，《中国人口资源与环境》2010 年第 4 期。

陈国伟：《低碳城市研究理论与实践初探》，《江苏城市规划》2009 年第 7 期。

郭万达等：《政府在低碳城市发展中的作用》，《开放导报》2009 年第 6 期。

李向阳等：《低碳城市理论研究述评》，《河南商业高等专科学校学报》2010 年第 4 期。

普雷斯科特：《低碳经济遏制全球变暖——英国在行动》，《环境保护》2007 年第 11 期。

李军鹏：《低碳政府理论研究的六大热点问题》，《学习时报》2010 年 5 月。

巴西城市化与贫困问题对中国的启示

黄志龙*

巴西是经济较为发达的发展中国家，其城市化先于工业化，为典型的过度城市化模式。2007 年，城市化水平已达 85.1%，超过美国、日本等发达国家。其由过度城市化带来的贫困、失业、社会安全等问题，对于当前我国加速城市化阶段具有深刻的启示意义。

一　巴西城市化的两个阶段

（一）工业化前的城市形成（20 世纪 30 年代以前）

1500 年，葡萄牙航海家卡布拉尔发现了巴西，16 世纪 30 年代，巴西沦为葡萄牙的殖民地。殖民地时期巴西经济是以出口农产品为基础，最早的城市主要功能是提供商品集散和交易活动场所，城市不仅位于农作物产区，还临近港口。直到 18 世纪矿业周期中，巴西新建城市逐渐向内地转移，例如，米纳斯吉拉斯等地区贵金属矿的发现，吸引了大量采金者和黑奴涌入，该州著名的黑金城、圣保罗州的坎皮纳斯等都是在此时建立的，其中黑金城奴隶达 8 万 ~ 15 万人之多。随着矿业周期的结束，一些城市因资金抽出和劳动力外迁而逐渐衰败。总之，巴西殖民地时期的城市形成是以农产品和矿业出口为主导的、趋于分散经济的城市

* 黄志龙，中国国际经济交流中心研究部博士。

化模式，这种城市化不同于工业化推动的城市化。随着各种产业周期的结束，城市衰败也是必然的，不具有可持续性。

19 世纪初期，巴西出现了城市化的第一个高潮，这是由三个方面的因素推动的。首先，1808 年，葡萄牙王室迁都至里约热内卢，不仅使里约的人口规模急剧增加，还大大改善了城市基础设施，欧洲风格建筑大量引进巴西。城市人口的增加和王室实行巴西港口对友好国家开放的政策，带动了对外贸易的发展和大批各行业技术人员进入城市。1822 年，巴西政治上取得独立，这些因素极大地促进了城市的发展。此时，城市所扮演的角色已不仅限于农村权力的延伸，而成为政治权力的中心。

其次，1727 年咖啡种植引入巴西北部，形成了 19 世纪巴西的咖啡周期，咖啡种植在里约州巴拉伊巴河谷地区取得了极大的发展，成为巴西国民经济支柱产业。由于巨大的海外需求和优越的自然气候条件，咖啡种植范围不断扩大至圣保罗高原地区和米纳吉拉斯州地区。咖啡业的繁荣和出口扩张促进了新城镇的诞生和发展，同时铁路和港口的建设进一步推动了铁路沿线的新城镇的出现。1832 ~ 1896 年兴起的新城镇阿拉拉夸拉、里贝朗普雷图、包鲁等，这些城镇的出现都与咖啡业的发展和铁路的兴起有关。

最后，19 世纪后期大量欧洲移民和 1888 年奴隶制的废除促进了城市化的发展。当时，巴西政府为了充实农业劳动力，大量资助欧洲人移居巴西，为工业发展提供了丰富的高素质劳动力，1870 ~ 1880 年达到移民进入的高潮，这期间大约有 400 万外国移民定居巴西，其中大部分从事咖啡生产加工、城市经商和社会服务业。截止到 1889 年巴西共和国成立，大约有 150 万葡萄牙人、西班牙人、意大利人、德国人和斯拉夫人定居在巴拉那州、圣卡塔琳娜州和南里约格朗德州。由此而产生了一批新城市，诸如罗亚斯、布卢梅瑙、若因维耶等。

综上所述，早期巴西城市化是传统城市的扩展，是为出口农产品、矿产品服务的，城市依然服务于商业、官僚机构、初级工业生产和政治权力。但是，前期城市的形成和发展为 20 世纪巴西工业化的快速发展并创造进口替代工业化时期的“经济奇迹”奠定了坚实基础。

（二）20 世纪 40 年代以来工业化时期的城市化

巴西工业化作为城市化的主要推动力，始于 20 世纪 30 年代。30 年代瓦加斯革命时期，“牛奶+咖啡”的农业寡头统治开始逐渐衰落，巴西开启了工业化进程，全面推行进口替代工业化的发展战略，但是工业化的道路是漫长而曲折的，直至20世纪50年代前半期，巴西经济仍以初级产品和原料生产以及出口为主。这20余年的初级产品出口，是后期进口替代工业化和巴西民族工业高速发展的原始积累阶段。50年代后期，巴西工业化的资金来源不再以国内储蓄和资金为主，转而逐渐依靠国外资本，大规模举借外债，外国资本和技术成为巴西工业的主要推动力，巴西工业化进入了起飞阶段，重工业和耐用消费品工业高速发展。1967~1974年经济年均增长速度达到10.1%，创造了“巴西奇迹”，初步建立起较为完整的工业体系。

在工业化的带动下，城市化飞速发展，形成了庞大的城市规模体系。1940年，巴西首次将农村和城市人口分类进行人口普查，城市人口比例为31.1%。1950年，城市化水平仅为36.2%，1960年上升至44.7%，城市人口从1880万激增至3150万。1970年城市人口比重超过农村，达到55.9%，巴西从此成为城市为主导的现代国家。从城市的规模结构来看，巴西快速城市化不仅体现在农业地区的新兴城镇的激增，更表现为中心大城市的高速发展与扩张（见表1）。1950~1980年，中心城市的数量从1887座增加到3991座，其中，人口超过10万以上的大中城市到1980年已有95座，其数量在30年间增加了近8倍，人口所占比例增加了3倍。同期，人口在2万以下的小城镇虽然绝对数量增加了1倍，但人口所占比例却从1950年的94.9%下降到1980年的87.6%，这反映了人口向大中城市聚集的趋势。

表1　巴西1950~1980年按人口规模分级的城市等级体系

城市等级（人）	1950年		1960年		1970年		1980年	
	城市数（座）	人口比例（%）	城市数（座）	人口比例（%）	城市数（座）	人口比例（%）	城市数（座）	人口比例（%）
100万以上	2	0.1	2	0.1	4	0.1	7	0.2
50万~100万	1	0.1	4	0.1	5	0.1	7	0.2
10万~50万	8	0.4	25	0.9	49	1.2	81	2.0
2万~10万	85	4.5	141	5.1	245	6.2	401	10.0
2万以下	1791	94.9	2591	93.8	3649	92.3	3495	87.6
合　计	1887	100.0	2763	100.0	3952	100.0	3991	100.0

资料来源：Ana Cristina Femandes，Rovena Negreiros，Economics developmentism and change within the Brazilian urban system，Geoforum，32（2001）。

在此阶段，1960 年建设的新首都巴西利亚为西北部地区城市化和经济发展写下了厚重的一笔。在中西部地区，作为城市战略的一部分，基础设施的建设和 1960 年时巴西利亚成为新首都，对于内陆城市化起到了积极的推动作用，内地中小城市不断涌现，中西部地区城市人口占全国的比例由最初的零跃升到 1970 年的 4%。与此同时，20 世纪 70 年代中期后，为了改变巴西的工业和城市过分集中在沿海地区的状况，加速落后地区的发展，联邦政府和各地方政府纷纷实施各种优惠政策，鼓励企业从圣保罗等发达地区向内地转移，而传统工业区地价飞涨，强大的工会力量致使工资不断提高，生活成本不断上升，城市犯罪频频发生。调查显示，20 世纪 80 年代末，圣保罗工资比内地中等城市高出 30%，居民医疗费用支出高出 52%，这些不利因素也加速了企业向内地转移。1989 ~ 1999 年，仅圣保罗市 ABC 三区迁至内地的工厂就高达 1000 余家，相当于这些地区工厂数的 1/4。

总之，20 世纪初以来，巴西城市化的主要动因是工业化，工业化的发展带动了城市化的步伐，工业化与城市化互相影响，互相促进。在这一时期，城市不再是传统城市的延伸，而是工业生产的中心，成为重要的新的经济增长点。然而，必须指出的是，巴西城市化高潮期是进口替代工业化时期，至 1982 年拉美债务危机基本结束。20 世纪 90 年代以后，巴西城市化进入了稳步发展阶段。1990 年，巴西城市人口比重为 74.7%，2000 年增加到 81.2%，2007 年达 85.1%，年均增加了 0.61 个百分点。目前，巴西城市化水平已超过部分发达国家，更远远高于世界平均水平。

二　巴西城市化发展出现的主要问题

（一）城市化发展的不平衡

巴西城市化发展的不平衡主要体现在以下几个方面。

（1）各区域城市化水平的差异明显。根据 2000 年统计数据，巴西全国城市化水平为 81.2%，五个地区中，东南部地区城市化水平最高，为 89.3%；中西部地区次之，为 84.4%；南部地区为 77.2%，东北部地区为 65.2%，北部地区仅为 62.4%。同时，城市人口也主要分布在东南部，从 1940 到 1980 年间，东南部城市人口比例占全国城市人口的比例始终在60%左右，居主导地位；而同期内尽管北部和中西部的城市人口年均增长率较高，尤其在1950年后该值均超过东南部，但这两个地区的城市人口占全国城市人口的比例从未超过5%（见表2）。

表2　巴西1940～1980年间人口超过2万的城市人口相对分布和增长率

单位：%

	城市人口的区域分布					年均增长率			
	1940年	1950年	1960年	1970年	1980年	1940～1950年	1950～1960年	1960～1970年	1970～1980年
北　部	3	3	3	3	4	2.7	5.8	6.2	7.4
东北部	21	20	19	19	19	4.3	5.2	5.5	4.7
东南部	64	64	64	62	59	4.7	6.1	5.1	4.3
南　部	12	12	13	12	13	4.5	7.1	5.2	5.7
中西部	0	1	1	4	5	15.2	17.2	11.8	9.2
巴　西	100	100	100	100	100	4.6	6.2	5.4	4.4

资料来源：Ana Cristina Femandes，Rovena Negreiros，Economics developmentism and change within the Brazilian urban system，Geoforum，32（2001）：419。

（2）城市网络体系结构的发展不协调，大城市过度膨胀。从城市首位度①指标看，1970年为1.22，1997年扩大至1.77，在全球范围内位居前列。圣保罗和里约热内卢两个人口超过1000万的特大城市人口占全国城市人口的29.4%，占全国人口19%。同时，人口在2万以下的小城市数却占全国城市总数的80%以上。这说明巴西城市人口比例不平衡，城市网络体系发展严重失衡。

（3）城乡差距和贫富差距拉大。巴西在工业化发展过程中形成了一些大型的现代化大都市，城市居民拥有较好的基础设施、医疗、教育等社会保障，而农村除了大土地拥有者外，无地或少地农民生活条件极为恶劣，无干净的饮用水，无法享受基础教育等。同时，巴西的贫富差距进一步扩大。据统计，1960年巴西基尼系数为0.497，1995年上升至0.61。1960～1990年，巴西最富有的20%人群的收入所占比例提高了10个百分点，与此同时，50%最穷者收入占比下降了6个百分点。

城市化水平的区域差异与工业化和经济发展水平的区域差异相辅相成。20

① 城市首位度，是指一国（地区）首位城市人口规模除以该国第二位城市的人口数。该指数能有效反映城市化过程中城市规模方面所存在的差异程度。

世纪30年代后，大城市的集聚和规模效应使得区域经济不平衡加剧。1949年，东南部GDP占了全国的2/3（67.5%），其中一半就是由圣保罗创造的（36.4%），而东北部的份额还不到14%，南部为15.2%，北部和中西部都是1.7%。1995年，东南部、东北部、南部、北部和中西部GDP占比分别为57.2%、13.7%、17.4%、4.9%、6.9%。因此，有学者认为“巴西的工业主要集中于东南部和南部，那里的农业发达，生活水平相当于南欧；而亚马逊、西部和东北部地区没有工业，农业落后……这些广大地区仍属于不发达世界”。① 这一总结客观描述了巴西区域经济发展不平衡的现实。

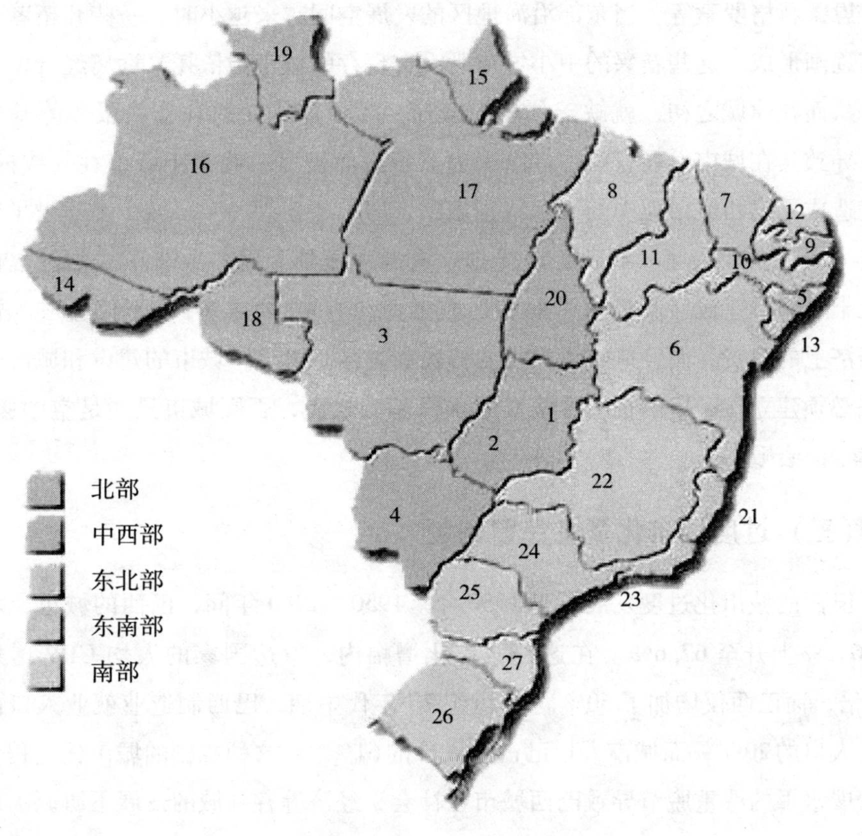

图1　巴西不同地区的划分示意

① 周世秀：《巴西“向西部进军”的历史经验》，《世界历史》2000年第6期，第71~77页。

（二）新建城市的发展面临重重困境

在巴西城市化过程中，既出现了在现有城市或城市网周边的新兴城市或城市延伸，又出现了许多建立在未开发地区的新城市。在既有城市周边的新兴城市或城市延伸，可以借助原有大城市的基础设施和经济积累，较好地解决交通、城市管线、住房、学校、医院等基础设施的建设问题，旧城扩张式的新城区或旧城的新卫星城都可以依托现存城市建设发展起来。然而，由于地广人稀，巴西尚有一些早期未被开发的大片地区，尤其是中西部地区，如马托格罗索、多锡勒、戈亚斯、恩莱特格罗索等。当东部沿海地区的发展空间越来越小时，一些开拓者移民城市逐渐形成，这些新兴的中小城市既没有现存的城市做依托又远离经济发达地区，从而在建城之初，就缺乏住房、医疗卫生设施、交通和公共服务等基础条件，导致其在城市发展竞争中逐渐失去竞争力而被另一些中小城市吞并或拖垮。这就造成了巴西城市化中的一个特别现象，即一些新兴的中小城市在建设了10～20年以后自然消失了，导致经济受损，资源被破坏。据一项非正式估计，在过去几十年间，建成后又消失了的雏形城市大约有40处之多，[①] 不仅造成了资源和经济上的浪费，而且造成了重复的移民和贫困。可见，城市的建设和城市化的推进必须建立在一定的社会经济发展水平基础之上，否则城市只能是空中楼阁，最终走向衰败。

（三）过度城市化及贫民窟问题

巴西的城市化过度发展始于1950年。1950～1980年间，巴西的城市化水平从36.2%上升至67.6%。在这一城市化增幅内，发达国家的人均GDP增加了2.5倍，而巴西仅增加了60%。20世纪70年代中期，巴西制造业就业人口占就业总人口的20%，而城市人口已占总人口的61%。[②] 这种急剧的城市化进程与经济发展水平的严重脱节导致巴西城市在社会、经济等各领域的发展不协调，由此产生诸多问题。

---

① 高强、董启锦、史磊：《巴西农村城市化的进程、特点和经验及其启示》，《世界农业》2006年第4期。

② 邬仓萍等：《世界人口纲要》，中国人民大学出版社，1987，第209页。

巴西的过度城市化所引发的最突出问题是贫富差距过大，贫困人口多数集中于城市，形成“城市贫民窟”这一独特景观。根据2000年人口普查统计，巴西有4600万人生活在贫困线以下，占全国人口的34%，14%的人口未解决温饱，其中，生活在农村的贫困人口有1500万人，中小城市有2200万人，大城市有900万人；共有贫民窟3905个，比1991年增加717个。近20年来，巴西城市人口增长了24%，贫民窟人口增长了118%。[①] 可以说，城市贫民窟是巴西乃至整个拉美地区的特色之一。贫民窟带来了一系列社会问题。一方面贫民窟居民大部分处于贫困线以下，居住、出行、卫生、教育条件极差，不仅影响当代人，也影响下一代的发展。另一方面，生活水平的巨大差异造成国民感情隔阂，加之贫民窟游离于社区和正常社会管理之外，影响社会安定。一些贫民窟为黑社会所控制，成为城市犯罪的聚集地。犯罪和贩毒集团以贫民窟为根据地，收买当地居民，为其贩毒活动提供便利，以致政府在贫民窟的扫毒行动，往往由于当地居民被收买而无法取得理想效果。此外，贫民窟乱占公共土地和山头，也给城市生态环境造成不良影响。

（四）造成贫民窟的原因

造成巴西的贫富差距和贫困问题的原因有以下几个方面。

首先是历史的原因，直至19世纪末，巴西的奴隶制才得以废除，获得“自由”的奴隶并没有因巴西辽阔的国土而获得土地，他们流落街头，无土地，无谋生技能，成为巴西的二等公民，“黑人穷，是因为他们生下来就穷”是巴西民众对黑人贫困的普遍解释。

其次，巴西土地占有高度集中和资本密集型的农业现代化道路，产生大量农村贫民。据巴西官方统计，1996年占农户1%的农村土地所有者，占有土地面积的45%。全国大部分良田掌握在大庄园主手里，其规模可达数万至数十万公顷。同时，政府重视出口农业，忽视面向国内市场的小农，对农业的优惠政策补贴大部分落在大中型农业企业家中。农村中小农户和无地农民处境艰难，加之大庄园主和农牧公司不断兼并土地和提高农业机械化的程度，形成大量无地农民向城市

① 李瑞林、李正升：《巴西城市化模式的分析及启示》，《城市问题》2006年第4期，第93～98页。

的流动。由于他们在农村失去了土地，这种流动是单向的，不可能再回流农村。现在巴西农村仍有1000多万无地农民，他们仍持续不断地向城市流动。

再次，巴西的经济发展模式问题使得就业机会严重不足，非正规部门充当了剩余劳动力的“蓄水池”。20世纪30年代初，巴西的工业化并未解决土地高度集中的问题，大量残余的大庄园主成为资本主义经济发展的主要障碍，农民无法获得基本的生产资料而失业。50年代后期，巴西进口替代工业化提速，从基本消费品进口替代向耐用消费品和资本货进口替代阶段过渡，大力发展资本密集型产业，同时劳动密集型产业因为亚洲国家的竞争日渐衰落，前期流入城市的农村人口大量失业，只能进入第三产业中的传统服务业和非正规部门就业。1985～1997年非正规就业增加了97%，而正规就业仅增加6%。非正规部门就业已经占巴西总就业人员的近50%。非正规就业虽然是社会稳定的缓冲器，但工资一般只相当于正规部门人员工资的一半，多数属于低收入群体。此外，巴西的公开失业问题十分严重，城市公开失业率由1990年的4.5%上升到2006年的10.2%。总之，失业、非正规就业规模大、就业质量差，是造成城市贫困人口长期大量存在的重要原因。

最后，巴西城市贫民窟的大量产生，还与巴西城市区域规划的一些政策失误有关。一方面是城市规划、建房用地、基础设施、社区发展没有考虑低收入阶层的要求。城市贫民窟居民由于收入低，很难在城市获得建房用地和住房，又不能退回农村，就非法强占城市公有和私人土地，如山头、城市边缘地区，搭建简陋住房，搞违章建筑。另一方面是公共政策不够完善。如巴西的税收体制是根据各州工资标准确定税收，按税收贡献向各地返回，使地区差距拉大。再如，国家教育开支向中、高等教育过度倾斜，初等教育相对萎缩，在中等教育阶段重视普通教育和人文学科教育，而轻视中等职业技术教育和师范教育，不利于改善低收入阶层子女受教育和就业状况。

近年来，巴西政府推行民生政策，着手消除贫富差距，对贫民窟进行升级改造。据不完全统计，20世纪90年代以来，巴西政府已经较为显著地改善了一些城市贫民窟的生活环境和居住条件。比如在里约热内卢的贫民窟，98.1%的家庭用上了自来水，92.5%的家庭接上了全国电网。在圣保罗，1991～2000年，贫民窟洁净水使用率从88.4%上升到99.7%，垃圾回收率从73.8%提高到98.9%。但由于积重难返，彻底解决问题仍任重道远。

综上所述，巴西的城市贫民窟与过度城市化问题实际上是由国家对农业、农民、农村的忽视导致的。因此，在快速推进城市化的过程中注重城乡统筹发展是巴西城市化给我们留下的深刻教训。

三　巴西城市化经验与教训对中国城市化的启示

我国城市化正处于加速推进的关键时期，关于城市化的模式、城市化水平与工业化的关系，仍然存在许多争论。从巴西城市化过程中产生的问题，我们可以吸取一些教训，制定适应我国国情的城市化战略。

（一）城市化与经济发展、工业化水平相适应

城市化是工业化和科技发展的自然结果，任何国家都必须遵循此规律。巴西城市化相对于工业化和整个社会经济发展水平而言都是过度的，城市的过度发展使巴西染上了以城市人文、生态环境恶化为特征的“城市病”。毋庸置疑，城市化不等于现代化。与巴西不同的是，我国的城市化滞后于工业化的发展，于是在改革开放后的30余年时间里进行了加速追赶，目前城市化速度已趋向于与工业化和经济发展速度相协调。到2009年底，我国的城市化水平已达46.6%。有研究表明，我国的城市化水平饱和值将达80%左右。[①] 另一项研究指出我国的城市化是土地的城市化而不是人口城市化，未来的城市化战略应是把简单的城市常住人口的增加改变为尽享城市公共服务的市民的增加。[②] 因此，我国城市化水平的增长速度应该有所减缓，注重城市化质量而不是片面追求城市化速度。

（二）城乡统筹发展、城乡一体化是城市化战略的终极目标

巴西城市贫困问题严重的教训表明，大规模农村人口之所以向城市迁徙，主要原因在农村生活条件较差、农民享受的公共服务少、农业生产效率低下等方面。其中，政府在农村公共产品提供中的缺位，使得农村甚至村镇在发展到一定

---

① 陈彦光、罗静：《城市化水平与城市化速度的关系探讨——中国城市化速度和城市化水平饱和值的初步推断》，《地理研究》2006年第6期，第1062～1072页。

② 蔡昉：《城市化与农民工的贡献——后危机时期中国经济增长潜力的思考》，《中国人口科学》2010年第1期，第2～10页。

程度后又重新衰败，农民难以享受到城市同等的教育、医疗、交通、通信等公共服务。与此同时，巴西农业生产效率偏低，由于政府支持和补贴力度有限，难以与欧美农产品在国际竞争中相抗衡。当前，我国正处于城市化加速推进的时期，政府务必加强对农业、农村的改造，坚持城市化的发展以农业提供的商品粮食为限度的原则，使农业成为工业化和城市化发展的稳固物质基础。同时，巴西无地农民的教训警示我们要保持农民土地承包经营权的稳定，使农民在城乡之间自由地“双向”流动，避免城市贫民窟的出现。

（三）构建合理的城市规模结构体系

巴西城市人口过多地聚集在圣保罗、里约热内卢等少数大城市的发展模式产生了严重的城市问题，大规模的“城市贫民窟”至今未得到妥善处置，反而还呈现逐步蔓延的趋势。在我国当前城市化的加速发展时期，为避免农村人口盲目集中于大城市，应尽快构建合理的城市规模结构体系，加快小城镇的发展，充分发挥大城市的作用。大城市以其大规模和高能量发挥着集聚和扩散效应，带动较大区域的协调运转；小城市和小城镇是基础，它们接纳城市的能量向乡村辐射，同时也集中乡村的要素向城市输送；中等城市是纽带，起着承上启下的作用。近年来，我国的城市化发展战略始终提倡大中小城市和小城镇的协调发展，但实际情况是大城市仍在加速发展，中小城市和小城镇发展薄弱，城乡居民收入差距加大。因此，政府要采取宏观调控措施，尽快建立合理的城市规模结构体系，有效把握城市化进度，缩小区域间的城市化水平差距。

（四）创造就业是城市化的核心内容

就业是经济发展、城市化和社会发展之本。巴西在20世纪80年代前的进口替代工业化时期，通过大力发展民族工业，先是劳动密集型产业，为大量进城农民解决了就业问题。随着进口替代工业化从劳动密集型产业向资本和技术密集型产业的转变，民族工业创造的就业岗位逐渐难以满足新增城市人口，城市失业问题开始隐现。1982年债务危机之后，巴西开始实行新自由主义经济改革，贸易和投资自由化快速推进，民族产业面临着国际市场竞争的巨大冲击，纷纷倒闭或破产，失业问题日益严重。而城市人口已经失去土地，无法重新回到农村。总而言之，大规模失业是造成巴西城市贫民窟的根源所在。

· 实践篇 ·

实现城乡共同发展的战略选择

——关于推进城乡一体化发展的实践与思考

陈润儿*

城乡一体化，就是把城市和农村作为一个有机整体，促进城乡资源优化配置和转化利用，推动城乡之间统筹协调和共同发展的过程。推进城乡一体化发展，是全面深入推进科学发展的实践要求，是长沙率先实现全面小康的现实选择，事关全局、事关根本、事关未来。

一　推进城乡一体化发展意义重大，必须提高认识、统一思想

（一）推进城乡一体化发展是我们必须坚持的战略思想

1. 推进城乡一体化是加快新型工业化进程的必然要求

工业与农业是相互联系、相互促进的。没有农村的资源，工业难以起步；没有工业的带动，农村难以发展。一方面，工业要向农业延伸，用现代工业来装备农业生产、转化农业资源、提高农业效益，带动农村工业化；另一方面，工业要向农村转移，将产业配套、初级加工、物流仓储等扩散到农村地区，走向工业乡村化。这就要突破二元结构、打破二元体制。推进城乡一体化发展，有利于改变长期以来城市与农村的双重工业化的格局，为新型工业化开拓一个广阔的

* 陈润儿，中共湖南省委常委、长沙市委书记。

空间。

2. 推进城乡一体化是提高区域城市化水平的必经阶段

一个区域的城市化，一方面表现为吸纳聚集的过程，另一方面表现为扩散辐射的过程。这是城市化过程的普遍规律。长期以来，我们的城市以行政区划为单位，以单中心、圈层式、“摊大饼”的方式在扩张，既影响了城市的聚集，又影响了城市的品质。解决这个问题，迫切需要打破城乡二元结构、创新城市发展方式。城乡一体化就是城市化实现的一条新途径、城市化发展的一个新阶段，既包括农村的城市化，又包括城市的现代化。长沙正处在城市化的加速发展阶段，城乡一体化既是不可逆转的发展趋势，更是不容错失的战略选择。

3. 推进城乡一体化是推进农村现代化建设的必由之路

农村现代化是全面现代化的基础。没有农村的小康，就没有全面的小康；没有农村的现代化，就没有全面的现代化。在传统的分工体系中，大城市对中小城市、中小城市对农村，形成了一个垂直抽取的经济结构，构成了“财富向城市集中、贫困向农村集中”的怪圈。加之我们在新中国成立初期以来实行城乡二元体制，割裂了相互依存的城乡发展关系，造成区域分割、资源分割和城乡分割，导致了当前农村的基础差、投入少、发展慢。要推进农村现代化，就必须打破城乡二元体制，加快城市的基础设施向农村延伸、城市的公共服务向农村覆盖、城市的现代文明向农村传播，构建和谐共生的城乡关系，形成共同繁荣的良好局面。

（二）推进城乡一体化发展是我们必须面对的紧迫任务

1. 推进城乡一体化是优化资源配置、促进城乡互动发展、增强整体实力的根本出路

实践证明，提升一个地方的整体实力，必须推进城乡一体化发展。忽视城乡联系，无论是就“三农”抓“三农”，还是就城市抓城市，都是行不通的，既影响资源优化配置，又妨碍城乡共同发展，其结果必然导致农村的发展缺乏动力、城市的发展缺乏基础、区域的发展缺乏后劲。通过城乡一体化发展，构建市域城镇体系，并使之成为农村资源引向城市的介质、城市资源辐射农村的载体，不仅有利于发展空间的扩张和资源要素的流动，而且有利于提高中心城市的带动力、增强区域发展的整体性。

2. 推进城乡一体化是切实改善民生、缩小城乡之间差距、构建和谐社会的根本举措

长期存在的城乡二元体制和居住地域差异，造成了城乡之间的鸿沟，导致了城乡居民之间思想文化认同上的差别。农民受歧视的现象严重存在于城乡交往的许多方面，增加了城乡关系融洽的难度，强化了农民对土地的依附关系，拉大了城市与农村的相对差距。只有打破农民对土地的依附关系，使农村人口自由流动、农村资源活化增值，产业向农村延伸、要素向农村流动，才能减少城乡矛盾、缩小城乡差距、实现城乡和谐。否则就只能头痛医头、脚痛医脚，问题越积越多，解决越来越难。

3. 推进城乡一体化是统筹城乡发展、实现城乡共同繁荣、提高生活质量的根本途径

改革开放以来，长沙的城市与农村都得到了飞速发展，城乡面貌大为改观。但一个不容回避的问题，就是城乡差距并没有缩小。城市像欧洲、农村像非洲固然言过其实，但是这种发展的鸿沟还是客观存在的。这其中的原因是长期存在的二元体制使农民无法将资源变成资产、将资产变为资本，无法通过市场来均衡配置资源、吸引社会投资、增加农民投入。只有城乡一体化发展，整合农业资源来加大农业投入、依靠农民投入来富裕农民生活，才能实现城乡共同繁荣、提高人民生活质量。

（三）推进城乡一体化发展是我们必须抢抓的历史机遇

站在新的更高的历史起点上审视城乡一体化发展，我们面临着难得的历史机遇，为长沙率先推进城乡一体化发展开辟了广阔空间。

1. 机遇来自于扩大国内需求、确保经济持续增长的政策取向

扩内需、保增长既是应急之举，更是长远之策。积极财政政策的一个重要措施，就是着力解决城乡发展不平衡问题。有迹象表明，政策的取向不会变，导入的重点会调整，主要是增加农村投资、着力促进城乡均衡发展和拉动农村消费、着力带动产业升级换代。推进城乡一体化发展，充分激发农村投资潜力，全面开发农村市场空间，就是对这一政策机遇的敏锐把握和充分运用。

2. 机遇来自于建设两型社会、合理高效利用资源的改革导向

作为全国两型社会建设综合配套改革试验区，长沙的改革试验必须着眼于城市与农村这样一个更大的空间来规划和展开，更为合理高效地配置资源、整合资源和转化资源，这既是发展的要求，又是改革的导向。从全市来看，城市资源稀缺、潜力小，农村资源节约空间大；而正是城乡二元结构，妨碍了农村宝贵资源的优化配置。推动城乡一体化发展，已经成为建设两型社会的迫切要求。我们必须立足于试验区的平台，大胆试、大胆闯，真正做到没有政策变通政策、没有条件创造条件、没有优势形成优势。

3. 机遇来自于转变发展方式、调整优化产业结构的经济走向

无论是发展方式转变，还是产业升级转型，都必将对资源配置和经济布局带来深远的影响，这既对城乡一体化发展提出了新要求，也为城乡一体化发展注入了新动力。调整产业结构的动力，在计划经济时期是生产主导，产业结构的调整主要在于生产环节；在市场经济时期是消费主导，产业结构的升级主要在于消费需求。现在城市需求呈现多样性特征，包括产品需求、文化需求和服务需求。把这些需求适时导入农村，必将为产业结构的调整提供更大的回旋空间和更大的推动力量，加速城乡一体化发展。

二　推进城乡一体化发展任务艰巨，必须突出重点、统筹兼顾

推进城乡一体化发展，必须坚持尊重规律、惠民为本、协调发展、有序推进的原则，跳出农村建设农村、转移农民富裕农民、调整农业发展农业，加快转变经济增长方式、农民生活方式和社会管理方式，大力推进城乡规划、基础设施、公共服务、生态环境、产业发展和管理体制一体化，积极构建新型的城乡关系、工农关系和镇村关系。

（一）大力推进城乡规划一体化

城乡一体化的基础在规划、关键要科学。一是要注重前瞻性。要加强中长期经济社会发展预测，把规划的前瞻性具体落实到城乡空间布局的谋划上、重大项目建设的把关上、重要基础设施的建设上；在遵循建设规律的基础上，要更加注重城乡建设的错位发展、更加注重村镇特色的充分彰显、更加注重历史文化的传承弘扬。二是要注重系统性。要树立全域规划、全面规划理念，实行国民经济和社会发展规划、土地利用规划、城市总体规划“三规”融合，形成相互配套、

全面对接、管理有序的规划体系。要按照组团式、网络化、生态型的要求，做好主城区、都市圈和城郊带的规划，努力构建现代城市和现代农村和谐相融、历史文化与现代文明交相辉映的新型城乡形态。三是要注重操作性。要对规划实施的路径、建设的时序、环境的变化作出准确的把握，制定相关的实施规划，完善配套的技术标准，加大规划统筹协调力度。全市要采用统一的规划管理技术体系，使用统一的规划结果依据图纸，建立重大基础设施规划协调制度，解决城乡规划不统一、基础设施不对接、前后规划不连贯等问题，确保发展目标的一致、建设时序的协调和城乡功能的融合。四是要注重权威性。要深化规划编制、执行和监督等管理体制改革，建立完善市、县、乡、村四级城乡一体的规划体系，实行集中统一管理。要规范规划决策程序，提高规划管理水平，对重大规划编制、重点项目落地、重要设施建设进行统一决策审批，逐步完善以各级规划委员会为核心的规划决策机制。要加大规划实施的监管力度，维护规划的刚性和法定地位，强化规划的引导和约束功能。

（二）大力推进基础设施一体化

城乡基础设施既是整合城乡资源的载体，又是连接城乡发展的纽带。对于基础设施建设，一定要有长远眼光和系统配套，特别是一些区域性、战略性的重大项目，要坚持跨区共建共享。一是必须注重设施配套。要将城乡基础设施当做一个整体来统一规划、统筹安排，做到城市设施建设与农村设施建设并重、生产设施建设与生活设施建设并重、产业设施建设与生态设施建设并重。进一步完善基础设施体系，加快城乡对接延伸，做到布局统一规划、项目统筹安排、功能同步发展，实现城乡基础设施联合共建、联网共享。二是必须突出建设重点。要加快以农村公路通达、电力扩容、安全用水、环境整治为重点的“四大工程”建设，抓紧制订实施方案、明确责任主体、落实具体项目、建立推进机制。同步推进公共交通等其他配套设施建设，促进城市基础设施向农村延伸，实现市域供水、供电、供气以及通信、信息网络一体化，提高城乡基础设施配套能力。三是必须着力提升功能。要注重完善设施功能、提升建设品位、增强承载能力，既要以市场需求为导向，充分发挥基础设施项目带动投资、拉动增长、推动发展的重要作用，又要以民生利益为重点，创新基础设施的投入机制和管理模式，提高运行效率和服务水平，切实增强城乡居民的舒适度和幸福感。

（三）大力推进公共服务一体化

城乡之间的差距既有经济发展方面的差距，更有公共服务水平的差距。大力推进城乡一体化，要着力解决农村公共服务滞后于城市的状况，逐步完善城乡均衡、全民共享的公共服务体系。一是推进城乡社会事业一体化。加快建立以科技、教育、文化、卫生、体育等为主要内容的公共服务体系，逐步实现同城同待遇。加快农业科技创新体系建设，培养农村实用人才，健全农业社会化服务体系。深入推进食品安全城乡创建工作，建立健全城乡食品安全监管和应急体系。加快农村文体基础设施建设，推动城乡文化、体育事业健康发展、共同进步。二是推进城乡社会保障一体化。贯彻广覆盖、保基本、多层次、可持续原则，以社会保险、社会救助、社会福利为基础，以基本养老、基本医疗、最低生活保障为重点，加快构建与城镇接轨的农村社会保障体系。鼓励农民以土地权益换社会保障，实现农民由土地保障向土地和制度保障、家庭养老向家庭和社会养老相结合转变。三是推进城乡社会文明一体化。以文明城市创建为抓手，不断强化基础工作，着力丰富活动载体，积极拓展创建领域，把创建视角向乡镇延伸，让文明成果向农村辐射。通过城乡结对共建、镇乡连片共建、村企互动共建等途径，促进城乡文明创建活动协调联动、整体推进。

（四）大力推进产业发展一体化

城乡关系的核心是产业关系，城乡一体化，首先是产业一体化。城市产业向农村转移，农村产业向城市延伸，已经成为现代产业发展的一个特点。要促进城乡产业的延伸、链接和融合，奠定城乡一体化的经济基础。一是优化产业布局。根据不同特质及优势，在城乡之间实行不同的产业分工，在不同区域形成不同的产业基地，积极探索建立产业协调发展架构与产业园区整合机制，推动产业集群发展、资源集约利用和功能集合构建，形成产业联系紧密、空间布局合理、资源深度整合、区域特色明显、基础设施共享的产业布局。二是改善产业结构。统筹规划和整体推进三次产业的发展，切实提高城乡产业关联度、市场集中度和经济融合度。要注重以产业组织的优化推动产业结构的改善，建立高效率的产业配置结构、专业化的产业部门结构和集群型的产业区域结构，促进产业结构从单一到复合的转变，以产业结构的改善，来转移农民、富裕农民。三是加快产业升级。

做好推动长沙产业升级的统筹规划，坚持工业企业、商贸企业和农业企业一起抓，技术升级、产品升级和管理升级一齐推，提升自主创新能力，形成核心竞争优势。要进一步完善科技研发与产业升级的有效对接机制，加强中国长沙重点高校人才战略合作联盟建设，努力办好中国（长沙）科技成果转化交易会，为产业升级提供人才和技术支撑。

（五）大力推进生态环境一体化

城乡生态环境是一个有机联系的整体，相互影响、不可分割。要把统筹城乡生态环境保护摆在推进城乡一体化的突出位置，以减排、治污和增绿为重点，完善城乡生态体系，改善城乡人居环境。一是加强生态环境整治。以城乡环境整治工程为抓手，重点抓好大气、水域、固废的治理，积极推进清洁化生产、净化噪声和绿化造林。积极推进农村人居环境管理和环境综合整治工作，严格控制农村面源污染，逐步实行规范养殖、达标排放，促进生态恢复，涵养生态资源，扩大生态容量。二是严格生态环境保护。严格执行环境准入制度、影响评价制度和“三同时”制度，探索建立环境有偿使用制度，积极推进生态保护区、生态敏感区、生态脆弱区的建设和保育。统筹城乡环境监管体制，完善城乡生态环境监测网络和预警系统，形成城乡生态环境保护的快速反应和上下联动机制。三是强化生态环境建设。围绕城乡生态网、生态圈、生态轴建设，以绿化规划、绿化产业、绿化共建为重点，构建城市、园林、森林三者融合，水网、路网、林网三网合一，生态林、产业林、景观林三林共建，城区、集镇、村庄三位一体的生态系统，逐步形成城区园林化、郊区森林化、道路林荫化、庭院花园化的城乡生态格局。

（六）大力推进管理体制一体化

打破二元结构，关键是要突破二元体制。要适应新的发展形势和要求，大力推进城乡管理体制一体化，努力把城乡社会建设成为服务完善、管理有序、文明祥和的共同体。一是改革行政管理体制。克服“管乡不管城、管城不管乡”的体制弊端，破除城乡分治的制度体系、城乡分割的运行模式和城乡分别的政策标准，在机构职能上防止各自为政，在运行机制上实现城乡统筹，在管理权限上推动重心下移，加快构建行为规范、运转协调、公正透明、廉洁高效的城乡行政管理新体制。二是理顺经济管理体制。创新农村集体经济组织方式，探索集体经济有效实现形式，以镇为单位组建市场运作主体，确保集体资产保值增值，促进各类合作组织的规范健康发展。破除城乡之间的市场壁垒，建立统一开放、竞争有序的城乡市场体系，促进城乡要素的合理流动，降低城乡之间的交易成本，提高城乡资源的配置效率。三是创新社会管理体制。以社会管理一体化为着力点，协调城乡社会管理中的重大关系，创新城乡社会管理中的重要制度，努力实现城乡社会管理的规范化、专业化、社会化。创新人口户籍制度，推进一元管理，引导集中居住，完善相关政策，逐步解决依附在二元户籍制度上的政策限制和城乡差别。推进城乡社区管理，加快社区服务向新村庄、集居点延伸，切实增强社区的服务、自治和保障功能，为有效实施社会管理奠定坚实的基础。

三　推进城乡一体化发展关系全局，必须加强领导、注重实效

城乡一体化发展是一个牵动全局的系统工程，既涉及思想观念和政策措施的转变，也涉及城市关系和发展方式的转型；既涉及生产布局和产业结构的调整，也涉及利益冲突和社会矛盾的调适。我们要站在全局和战略的高度来探索城乡一体化发展的新思路、新模式和新途径。

（一）以坚定的决心来推进城乡一体化发展

城乡一体化发展，中央政策有支持，现实发展有需要，人民群众有期待，我们既要保持清醒的认识和高度的自觉，又要树立坚定的决心、采取积极的行动。一是从对城乡发展走势的科学把握上坚定决心。城乡发展一般都要经历城乡分割、城乡联系、城乡融合到城乡一体的过程。从长沙的发展阶段特征来看，随着城市化进程的加快，城乡经济融合加强，城乡要素流动加快，城乡一体化发展的态势越来越明显。在这个阶段，我们必须看清历史方位、目标定位和发展站位，做到顺势而为，乘势而上。二是从对改革发展方向的准确判断上坚定决心。改革开放 30 多年，我们改革发展的大方向，就是从社会主义计划经济体制向社会主义市场经济体制的转变。今天，改革城乡二元体制，已经成为结束计划经济体制、完善市场经济体制的迫切任务。我们要始终坚持社会主义市场经济的改革方

向，改革的决心不容动摇，改革的方向不容偏离。三是从对中央、省委精神的深入贯彻上坚定决心。党的十七届三中全会作出了加快形成城乡经济社会发展一体化新格局的战略部署；省委九届六次全会明确要求，到2020年，全省要基本建立城乡经济社会发展一体化体制机制。作为改革试验地区、省会中心城市，大力推进城乡一体化，这是我们的责任所系和使命所在。

（二）以改革的精神来探索城乡一体化路子

农村的贫困是一种体制性贫困。要解决好这个问题，根本的出路在于推进改革，着力解决体制和机制的问题，充分发挥市场在资源配置中的基础性作用，通过市场化来推动一体化。一是必须注重改革的开创性。建立促进城乡经济社会发展一体化的制度，没有现成的路子可走，没有固定的模式可搬。全市上下要继续解放思想、实事求是，率先改革、大胆探索，敢于用改革的理念扫除城乡一体化发展的障碍，善于用改革的思路破解城乡一体化发展的难题。二是必须找准改革的突破口。以创新土地管理制度为突破口，重点推进土地流转从不动产向可动产转变、土地整理从节约型向集约型转变、土地利用从低效益向高效益转变，解决好土地的所有制、经营权和资产化问题，使资源资产化、资产资本化，真正实现以地融资、以地兴业、以地增收。三是必须增强改革的推动力。坚持从长沙实际出发，从发展需要着手，把城市与农村、经济与社会、改革与发展有机结合起来，统一协调改革进程，统筹制定改革政策，整体推进改革发展，不断增强城乡一体化发展的内生动力和体制活力。

（三）以统筹的方法来加快城乡一体化步伐

推进城乡一体化发展，要始终坚持统筹的理念，科学运用统筹的方法，切实加大统筹的力度。一是以规划引领。城乡一体化是一个长期的过程，尤其要重视发挥规划的统筹作用，通过规划来拓展空间、配置资源。要突出城乡的互补性、整体性和协同性，进一步完善规划布局、形成长效机制，在规划层面上确保“一盘棋”、防止“两张皮”。二是以城镇带动。要准确理解和全面把握以城带乡的工作方针，加快城镇建设，把大城镇建设成为小城市，把小集市建设成为大城镇，着力解决好城镇规划、建设用地、资金投入、功能完善四大问题，以城市经济来激活农村经济，以城市发展来带动农村发展。三是以项目支撑。围绕城乡一体化发展，抓住基础设施、公共服务、生态环境等关键领域，从政策支持、规划实施和群众期盼中争项目、找项目、上项目。要以项目为载体，引进外地资本，激活本地资源，整合政府投入与社会投入来推进一体化发展。四是以典型示范。坚持以城带乡、以镇带村、以点带面的思路，按照分类指导、统筹布点、集中连片、全面推进的总体原则，切实抓好城乡一体化发展四大示范片、十大示范镇建设，以达到探索路子、创造经验、示范带动、整体推进的目标。

（四）以长效的机制来提升城乡一体化水平

城乡一体化是一个历史过程，是一个发展方向，要把推进措施上升到机制层面，务求实效，确保长效。一是建立领导协调机制。组建专门的工作机构，建立科学的考核制度，确保城乡一体化统一推进、有序推进和协调推进。按照功能定位和发展重点，打破条块分割，整合各方资源，努力形成齐心协力、协调推进城乡一体化的工作格局。二是建立政策激励机制。制定一套符合实际、施惠于民、公平合理的激励政策，是城乡一体化推进的关键。坚持政策引导，协调各方利益，创新运作机制，抓紧完善出台土地流转、土地整理、社会保障等配套政策，进一步细化具体措施和操作办法。三是建立税收调节机制。充分发挥税收政策在优化资源配置、促进经济增长、推动结构调整等方面的重要作用，通过建立引导、激励各类资本向农村流动的税收机制，不断优化税收制度，更好地发挥税收调节作用，使资源更多地配置到农村，推进城乡一体化发展。四是建立资金投入机制。既要加大公共财政对农村发展的扶持，也要积极引导社会资本投向农村，还要有效激活城乡资源、盘活城乡资产，努力形成政府推动、多元投资、市场运作的资本运营机制，打造城乡一体化发展的项目融资平台、土地融资平台和招商融资平台，拓宽城乡一体化发展的投资领域。

浙江省统筹推进城乡发展一体化的实践与启示

浙江省人民政府咨询委员会课题组

（2010 年 11 月 15 日）

一　浙江省统筹推进城乡发展一体化的实践成效

党的十六大以来，浙江省以科学发展观为统领，大力实施统筹城乡发展的方略，围绕率先建成惠及全省人民的小康社会的总目标，先后就统筹城乡发展、促进城乡一体化作出一系列部署。2004 年底制定《浙江省统筹城乡发展推进城乡一体化纲要》，2006 年 4 月作出《关于全面推进社会主义新农村建设的决定》，2006 年 8 月召开了全省城市工作会议，作出了“走新型城市化道路”的战略部署，2007 年省委第十二次党代会提出了统筹推进新型工业化、新型城市化和新农村建设的战略新思路，2008 年 12 月出台《关于认真贯彻党的十七届三中全会精神加快推进农村改革发展的实施意见》，进一步提出把加快形成城乡经济社会发展一体化新格局作为根本要求，大力实施新型城市化和新农村建设双轮驱动战略。并相继制定一系列配套政策措施，启动实施了一大批统筹城乡发展和建设的实事工程，初步形成了新型工业化、新型城市化、新农村建设和农业现代化互促共进，以城带乡、以工促农的城乡一体化发展新格局，统筹城乡发展取得显著成效。

（一）着力推进城乡一体的规划建设，农村面貌发生历史性变化，农村建设落后于城市的状况明显改变

浙江省坚持以科学规划为龙头，把优化城乡生产力和人口空间布局、统筹城

乡基础设施和社区建设规划作为推进城乡发展一体化的首要和基础性工作率先推进。按照《统筹城乡发展推进城乡一体化纲要》的总体部署，把推进城市化的规划与社会主义新农村建设的规划紧密结合起来，修改完善市县域总体规划。着重发挥新型城市化在统筹城乡发展中的引领带动作用和在新农村建设中的基础支撑作用。

按照走资源节约、环境友好、经济高效、社会和谐、大中小城市和小城镇协调发展、城乡互促共进的新型城市化道路的要求，形成以发展都市圈、城市群、县域城市化和中心镇培育为重点的推进新型城市化的格局。加强杭州、宁波、温州都市经济圈和浙中城市群规划和建设，进一步增强区域中心城市的集聚带动功能。同时，在全国率先开展县市域总体规划编制，修编全省城镇体系规划，统筹规划县域城乡产业发展、居民住宅、生态保护、农田保护和区域基础设施建设。制定实施中心镇、中心村空间布局和建设规划。坚持把县市作为统筹城乡发展的基本单元，把推进县域城市化作为全省城市化的战略重点。分别在 1992 年、1997 年、2002 年、2006 年先后 4 次扩大了 20 个经济较发达县市区政府的经济社会管理权限，积极推动县域经济向城市经济主导的转型。积极实施中心镇培育工程，把中心镇作为统筹城乡发展的重要节点、农村非农产业的集聚高地、务工经商农民市民化的主要平台。全省城市化水平由 2002 年的 51.9% 提高到 2009 年的 57.9%，年均提高近 1 个百分点。

针对农村建设明显滞后于城市建设的状况，2003 年在全省启动了以改变农村环境“脏乱差”和村庄规划建设落后状况为目标的“千村示范万村整治”工程，2006 年后又按照社会主义新农村建设的规划部署，统筹推进“乡村康庄”、“千万农民饮用水”、“万里清水河道”、“百万农户生活污水净化”、“千镇连锁超市万村放心店”等工程建设。七年多来，全省各级政府累计投入 180 多亿元用于村庄整治建设，带动村集体、农民和社会各界投入建设资金 600 多亿元，全省 1.4 万多个村初步完成了整治建设，建成了一大批全面小康示范村和文明和谐的农村新社区。在这几年的城乡统筹规划建设中，已经基本形成了城市基础设施向农村延伸，城市公共服务向农村覆盖，城市现代文明向农村辐射的趋向，农村建设落后和环境“脏乱差”的面貌得到了快速的改变。目前，全省村庄布局规划和中心村规划基本完成，80% 的村庄生活垃圾实现集中收集处理，70% 的农户家庭实现改厕，40% 的村庄开展生活污水治理。启动实施农村住房改造建设项目

1470个，开工建设农房24.3万户，完成建设投资377亿元。全省等级公路通村率达到99%，路面硬化率达到98.1%，班车通村率达到91%，城乡客运一体化率达到45.7%。提前完成“千万农民饮用水工程”目标，累计有1367万农村居民用上清洁卫生饮用水。乡镇连锁超市覆盖率达到100%，实现“行政村村村通电话”、“自然村村村通电”、“行政村村村通宽带”等目标，农村人居环境显著改善。

（二）着力推进城乡一体的产业结构调整，高效生态现代农业快速成长，一二三产业协调度明显提高

把推进城乡产业结构战略性调整作为夯实统筹城乡发展经济基础的战略任务，努力在协调发展一二三产业上进行积极探索。一方面，浙江省加快推进新型工业化，大力发展民营经济、县域经济、特色块状经济，不断提高浙江省经济综合实力和以工促农、以城带乡的能力。2009年，浙江省GDP已经达到22832亿元，人均GDP达到44335元，财政总收入达到4122亿元，增长幅度和人均水平均居全国前列。近年来，针对第三产业落后的状况，省委、省政府提出，把现代服务业作为推进产业结构战略性调整的重大举措，大力发展生产性服务业、商贸服务业和生活性服务业。全省三次产业构成已经转变为5.1∶51.9∶43，县域经济不断壮大，全省以工促农、以城带乡的经济实力大大增强。

浙江省把加快发展现代农业作为统筹城乡发展的攻坚任务，从农业资源紧缺和发挥比较优势的实际出发，提出以发展高效生态农业作为主攻方向，走经济高效、功能多样、产品安全、技术密集、资源节约、环境友好的新型农业现代化道路。在高度重视提高粮食综合生产能力的同时，大力推进市场导向的农业结构战略性调整。着眼于保护种粮农民积极性，注重探索对种粮农民进行有效补贴的办法，确保300亿斤粮食生产能力、160亿斤以上的粮食生产总量和45.5亿斤的粮食储备规模。同时，积极推进蔬菜、茶叶、果品、畜牧、水产养殖等十大主导产业的培育，目前，这些农业主导产业占农业总产值的比重达到70%以上，成为农业增效的重要支撑。把农田园区化建设作为现代农业的基础工程，全面启动了粮食功能园区、现代农业示范园区、精品农业园区建设，全面提高了农田水利、标准渔港、标准鱼塘、竹林作业道路等基础设施建设水平。把培育现代农业经营主体作为增强现代农业发展活力的关键环节来抓，鼓励承包农地自愿、依法、有

偿的流转，大力培育百万农业专业大户、家庭农场，成为农业适度规模经营的主体力量。积极发展以农民专业合作社和农业龙头企业为骨干的农业产业化经营服务，到2009 年底，全省各类农业产业化经营服务组织达到2.1 万多个，其中农民专业合作社总数近1.6 万家，带动全省42% 的农户。积极推进农业科技创新，组织实施十大农业科技专项和建设十大农业科技创新平台。全省高效生态农业发展生机勃勃，已经成为农民增收的新亮点。

（三）着力推进城乡一体的创业就业，农村居民收入持续较快增长，城乡收入差距扩大趋势有效遏制

浙江省把推动全民创业、以创业促进就业作为增加城乡居民收入、实现充分就业的重大战略举措。鼓励城乡居民，特别是农民群众打破城乡分割和所有制障碍，开展多层次、多领域、多形式的创业创富活动，形成了企业创大业、能人创新业、农户创家业、干部创事业的良好氛围和“百万能人创业带动千万农民转产转业”的创业就业新格局，在全省呈现创业活力全民迸发、社会财富充分涌流的好趋势。各地把农民持续增收的重点放在全面发展农村经济、大力扶持中小企业、鼓励农民进城创业就业上，整体推进城乡经济结构和劳动就业结构战略性调整。依托县城和中心镇形成了以特色主导产业为支撑，大中小企业专业化分工、社会化协作的特色块状经济新格局，成为农民创业就业和增收致富的强大支撑。

目前全省农村劳动力非农化率达到75% 以上，比全国平均水平高30 多个百分点。农村中小企业进一步发展壮大，全省乡镇企业达到109.9 万个，吸纳农民就业1338 万人，2009 年总产值达到46052 亿元。稳定发展家庭工业和农村社区服务业，全省拥有家庭工业近65 万家，从业人员达到374 万人。农家乐休闲旅游业、来料加工业等农村新兴产业加快发展，全省累计发展农家乐休闲旅游村（点）2331 个，经营农户10877 户，直接从业人员96380 人，直接营业收入44 亿元。全省来料加工从业人员扩大到106 万人，2009 年加工费收入超过60 亿元，其中欠发达地区从业人员扩大到73 万人，加工费收入达到44 亿元。

与此同时，浙江省把积极开展农村劳动力技能培训，大力提高农民创业就业的能力作为加快农村劳动力转移和增收致富的重要政策举措，加大农民就业培训力度，实施“千万农村劳动力培训工程”，同时对未升入大中专院校农民子女进

行职业技能培训。农民就业技能全面提升，2004 年以来全省共培训农村劳动力 980 多万人，培训后实现转移就业近 300 万人。浙江省还出台了大中专农业技术类专业免费就读和低收入家庭子女免费就读中专技术学校的政策。同时，切实做好保护农民工合法权益的各项工作，落实好最低工资制度和劳动工资协商制度。城乡统筹的创业就业有效地促进了城乡居民收入的持续增长，2009 年，浙江省城镇居民人均可支配收入增加到 24611 元，跃居全国省区第一位；全省农民人均纯收入首次突破万元，达到 10007 元，保持了连续 25 年居全国各省区第一位，2002 年以来农民收入年均增长 8% 左右，是改革开放以来增长最快的时期，城乡居民收入拉大的趋势也开始得到遏制，近年来城乡居民收入差距一直稳定在 2.45∶1 左右，有些县市已经下降到 2∶1 以下。

（四）着力推进城乡一体的公共服务和社会建设，农村基本公共服务全面覆盖，城乡公共服务差距明显缩小

从基本公共服务是最重要的民生保障和农村公共服务严重缺失滞后的实际出发，浙江省把推进城乡基本公共服务均等化作为统筹城乡发展的一个战略重点，切实加大财政投入力度，全面实施城乡基本公共服务均等化行动计划，经过这几年的努力，农村基本公共服务缺失的状况已经全面改观，对农村“种类补缺”的任务初步完成，基本做到了幼有所学、壮有所为、病有所医、老有所养、弱有所助。大力实施城乡教育均衡化工程，在全国率先实现城乡免费义务教育，率先基本普及了学前三年到高中段的 15 年基础教育，目前普及率已达到 96.2%；2005 年开始积极实施改善农村中小学办学条件的“四项工程”，义务教育阶段生均公用经费标准稳步提高；积极发展城乡职业教育，2006 年开始实施助学奖学、实训基地建设、师资队伍建设、县级骨干职业学校建设、校企合作和提升劳动力素质等职业教育“六项行动计划”，农村教育落后的状况得到了全面改善。

把解决农村缺医少药、农民看不起病的问题作为紧迫的民生课题加以重点解决。全省各地以实施农民健康工程和加快构建农村基本卫生服务和保障体系为重点，努力实现农民群众病有所医的目标，全面推开新型农村合作医疗制度，率先对参保农民每两年安排一次免费体检，全省 3035 万农民参加了农村新型合作医疗，参合率达到 92%，人均筹资标准达到 179 元，所有的县（市、区）人均筹资达到 140 元以上。县乡村三级公共卫生服务体系建设取得了全面进展，全省乡

镇普遍建立了公共卫生服务中心和中心村卫生室，有许多乡镇还建立了责任医生制度和村卫生室配全科医生的制度以及基本药物统一配送等制度，基本解决了农民群众看病难、看不起病的问题。

把解决农民老有所养的问题作为城乡基本公共服务均等化的一个攻坚任务。浙江省在全国率先实行了最低生活保障制度，实行城乡最低生活保障全覆盖，在册低保对象69.8万人，平均标准达到每月216.3元；率先建立被征地农民基本生活保障制度，386万被征地农民纳入了社会保障，做到应保尽保；率先建立农村“五保”和城镇“三无”人员集中供养制度，农村“五保”对象集中供养率达到95%以上，做到应助全助。近年来在29个县（市、区）进行了农村养老保险的试点，2010年在全省普遍建立了新型农村养老保险制度，年满60周岁的农村居民都能享受到每月不低于60元的养老金，同时，对没有享受企业职工养老保障的城镇老年居民也建立了养老金制度，有些地方正在积极探索城乡养老保障制度统筹接轨和逐步缩小城乡养老金差距的办法和制度。

把加强农村文化体育事业建设作为农村社会事业的重要内容。坚持“送文化”与“种文化”相结合，探索繁荣农村社会主义文化建设的新路子。启动实施“新农村文化建设十项工程”和农民小康健身工程，在一般的行政村都有了村文化室和体育文化活动场所，农民文化体育生活不断丰富，已经成为浙江省社会主义新农村建设的一道靓丽风景。同时，浙江省还注重加强农村社会管理和社会治安，广泛开展文明乡村、文明家庭创建活动，各地也积极探索基层民主形式和基层组织运行机制的创新，全面实施农村工作指导员制度和服务型基层党组织创建活动，营造了一个农村社会和谐稳定、干群关系不断密切的良好社会氛围。

（五）着力推进城乡区域一体发展，欠发达地区加快致富奔小康，区域经济社会发展协调度显著提升

针对浙江省70%是山区、区域发展差异大的基本省情，历届省委省政府都很重视扶贫开发和支持欠发达地区发展的工作。党的十六大以来，针对工业化、城市化加速推进的情况下区域差距又有所扩大的新情况，把进一步加大扶贫开发和对欠发达地区帮扶的力度作为统筹城乡区域发展的重点和难点。明确把欠发达地区农民增收，特别是低收入农户增收作为扶贫开发的首要任务，加以重点突破，全省先后实施了欠发达乡镇奔小康、山海协作、百亿帮扶致富和城乡低收入

群体增收行动计划。建立健全了政府扶持、区域协作、社会援助机制，加大结对帮扶力度，广泛动员社会各界参与扶贫济困，欠发达地区发展活力显著增强，发展势头明显加快。2003～2007 年省财政对欠发达及海岛地区转移支付 513 亿元，年均增长 18.9%。深入推进“山海协作”工程，截止到 2007 年底，全省累计签订“山海协作”项目 4006 个，到位资金 700.9 亿元，欠发达地区有组织输出劳务 32.12 万人。

从 2003 年开始实施的欠发达乡镇奔小康工程，以下山搬迁、培训转移、特色产业发展、基础设施建设、区域协作和结对帮扶等为主要内容，到 2006 年基本完成，全省 26 个欠发达县的农民人均收入从 2002 年的 3131 元增加到 2006 年的 4547 元，人均纯收入低于 1500 元的低收入人口从 2002 年的 147 万人减到 2006 年的 60 万人。2008 年起，以提高低收入农户发展能力、缩减农村阶层性相对贫困为主要目标，启动了“低收入农户奔小康工程”，以 2007 年人均收入低于 2500 元的 111 万农户 271 万人口为扶贫对象，以产业开发帮扶行动、培训就业帮扶行动、下山搬迁帮扶行动、基础设施建设行动、社会救助覆盖行动、区域协作促进行动、金融服务支持行动、社会援助关爱行动为主要内容，以“一户一策一干部”为主要方法。通过两年的努力，到 2009 年底，全省人均纯收入低于 1500 元的家庭已经有 54% 收入超过了 2500 元。

浙江省还把推进城镇化作为促进欠发达地区跨越式发展的重大举措，按照欠发达地区城市化与下山脱贫、异地搬迁紧密结合的新思路，鼓励和支持欠发达县走“小县大城”、内聚外迁和异地致富的路子。在县城和产业基础好的中心镇建立下山脱贫移民小区，引导库区、地质灾害频发区和偏远高山村庄的农民搬迁下山，让下山的农民转产转业，融入城市化、工业化，成为安居乐业的新市民。省财政安排专项扶持资金支持移民小区建设和对搬迁农户的补助。全省 26 个欠发达县（市、区）和黄岩、婺城两区累计下山搬迁 10.2 万户、36.3 万人，其中省重点扶持的 211 个欠发达乡镇完成下山搬迁农户 5.8 万户、21.5 万人。

（六）着力推进城乡综合配套改革，影响城乡协调发展的要素和体制瓶颈正在突破，以工促农、以城带乡的机制作用显著增强

针对围绕突破城乡二元结构制约，积极探索建立以工促农、以城带乡，城乡开放互通、互促共进的发展机制和体制。深化县级管理体制和乡镇综合改革，实

施扩权强县、扩权强镇改革，简政放权，减少审批环节，赋予县乡镇更多的经济管理权限。深化公共财政分配体制改革，各级财政对“三农”的投入逐步加大，全省各级财政“三农”投入由179亿元增加到762亿元，七年增长4.3倍。深入推进农村税费改革，2005年在全国率先全面停征农业税收，全面取消乡统筹和村提留制度。不断完善省市县和乡镇财政体制，不断改进省直管县的财政体制，壮大县级财政实力。针对欠发达县和欠发达乡镇财政困难的状况，加大了财政转移支付的力度。

以突破城乡二元结构为目标，积极推进城乡综合配套改革。浙江省把嘉兴市、义乌市作为城乡综合配套改革的试点地区，全面开展了包括城乡土地制度、户籍制度、住房制度、社保制度、集体产权制度等城乡配套的综合改革，积极探索新型城市化与新农村建设联动推进，生产力布局与人口布局同步优化，产业集群与城镇集群协调发展的体制机制和以工促农、以城带乡的长效机制。全省各地还积极有序地推进户籍管理制度改革，实施《流动人口居住登记条例》，废除实行14年的流动人口暂住证制度，实行外来人口居住证制度，持证者将在医疗保险、子女就学、住房保障等方面享受市民待遇，并规定居住一定年限后可申转常住户口；积极稳妥推进土地制度改革，鼓励承包农地经营权的流转，累计流转面积633.5万亩，占承包耕地的32.0%。在经济发达地区结合中心镇培育工程和中心村建设，开展农户宅基地转换和以宅基地换城镇住房的试点。完善土地征用区片综合价制度，逐步提高农民土地征用补助标准，切实解决被征地农民的就业和社会保障问题。加快农村金融体制改革和创新，温岭、临海等4县市开展了农村资金互助社试点；新昌等10多个县建立了新农村建设投融资公司；积极探索林权、滩涂海域使用权、土地承包经营权、农房抵押贷款模式，27个县开展了林权抵押贷款业务，累计发放林权抵押贷款15.73亿元，受益农户2.8万户。政策性农业和农村住房保险稳步推进，22.87万农户参加农业保险，参保率达到82.2%；1003.12万户农户参加农村住房保险，参保率为98.6%。

二　统筹推进城乡发展一体化实践探索的经验体会

这些年来浙江省统筹城乡发展工作之所以能取得较好成绩，走在全国前列，最主要的就是坚持以科学发展观为统领，坚持解放思想、事实就是、与时俱进的思想路线，创造性地贯彻落实中央的一系列方针政策，努力探索顺应时代发展趋势、符合浙江实际的统筹城乡发展之路。主要有以下几点体会。

（一）必须坚持以以人为本的科学发展观为统领，把促进城乡居民平等全面发展和共享幸福民生作为推进城乡发展一体化的根本出发点

从城乡关系的主要矛盾是“三农”发展明显滞后的实际出发，浙江省坚持把统筹城乡发展的着力点放到解决好“三农”问题上。按照统筹城乡兴“三农”的战略思路，把推进新型工业化、城市化与新农村建设紧密结合起来，加快农业农村现代化建设的进程。近几年来，省委省政府要求各级党委政府把解决“三农”问题的各项任务切实落实到组织领导、战略决策、发展规划、财政投入、工作部署和政绩考核上，坚持党政一把手亲自抓，分管领导具体抓，各个部门合力抓，不断强化农业基础地位，不断加大惠农利农政策力度，城乡经济社会发展呈现互促共进的良好势头。在具体的城乡一体化建设中，坚持从解决农民群众最直接、最关心、最现实的利益问题入手，把工作着力点放到充分发挥农民群众主体作用，增进农民群众民生利益，保障农民群众平等权利，提升农民群众整体素质上，营造有利于调动农民积极性和促进农民全面发展的良好环境，切实做到统筹城乡发展依靠农民群众，统筹城乡发展的成果惠及农民群众。

（二）必须坚持以科学规划为引领，把做好城乡统筹的发展和建设规划作为推进城乡发展一体化的基本前提

省委、省政府根据十六大报告提出的统筹城乡经济社会发展的战略思想和十六届三中全会提出的科学发展观“五个统筹”的要求，率先制定了《浙江省统筹城乡推进城乡一体化纲要》，作为指导全省城乡发展一体化行动的总纲领。同时，把城市化建设规划与新农村建设规划紧密结合起来，按照城市化加速推进的趋势，科学地规划城市发展布局和新农村新社区建设的布局，把城市和乡村的基础设施、土地、人口和产业布局、村镇建设等各个方面的规划有机衔接起来，形成以规划为先导的城乡生产力重组、人口集聚、产业集聚的城乡发展和建设格局，充分发挥区域生产力的最佳功能，实现城乡资源利用的最佳效果。

（三）必须坚持新型城市化与新农村建设双轮驱动，把建立以工促农、以城带乡长效机制作为推进城乡发展一体化的基本途径

从新型城市化是推进城乡一体化的强大动力和新农村建设是推进城乡一体化的基础支撑的科学认识出发，抓住浙江省已全面进入以工促农、以城带乡发展阶段的有利时机，大力实施新型城市化与新农村建设双轮驱动战略，并且在建设实践中，既注意避免脱离农村发展的“要地不要人”的城市化偏差，又注意克服就农村建设抓新农村建设的片面性，这是浙江省城乡发展一体化能走在全国前列的一个非常成功的战略因素。浙江省通过建立包括公共财政引动、投资建设带动、资源要素的流动和体制改革领动，全面建立多层次、多元化、全方位的工业反哺农业、城市带动农村的有效机制。在统筹推进城乡规划建设、产业发展、创业就业、基础设施、社会保障、公共服务和区域经济社会发展方面取得了令人欣喜的成绩。实践证明，只有充分发挥城市对农村的带动作用和农村对城市的促进作用，协调推进新型工业化、新型城市化和新农村建设，才能更快地缩小城乡差距，开创城乡发展一体化的新局面。

（四）必须坚持党政主导、农民主体、市场主推的建设机制，把建设机制的创新作为推进城乡一体化发展的强大动力

统筹城乡发展推进城乡一体化是实现全面小康和现代化的必由之路，既是我们党和政府工作最重要的战略任务，也是广大人民群众创造幸福生活和美好家园的根本利益之所在。浙江省在这几年的建设实践中深刻体会到，在发展社会主义市场经济的新形势下，只有把党政对城乡统筹发展的主导作用转化为促进农民群众为自己的幸福生活而努力奋斗的主动性和积极性，并充分发挥市场机制在优化配置城乡资源要素上的基础作用，统筹城乡发展的各项建设实践，才有事半功倍的良好效果。只有形成党政主导谋建设、由民做主搞建设、市场运作促建设的创新性建设机制，才能扎实有效推进城乡建设一体化，也才能避免违背科学规律的形式主义、教条主义、弄虚作假和形象工程。

（五）必须坚持推进城乡综合配套改革，把扫除城乡二元体制障碍作为推进城乡发展一体化的必要条件

改革是发展的不竭动力，也是推动统筹城乡发展的根本动力。浙江省围绕突破城乡二元结构、构建统筹城乡经济社会一体发展的体制机制，把解放思想、深化改革作为全面推进城乡统筹发展的强大动力。每年根据统筹城乡发展的实际需要，与时俱进地推进体制机制的改革创新。注重总结各地基层干部和群众创造的实践经验，按照不唯上、不唯书、不争论的原则，鼓励大胆地探索、大胆地创新。既有重点地部署嘉兴市、义乌市进行城乡综合配套改革的系统试点，又部署湖州市、台州市、温州市等进行社会主义新农村建设的体制机制创新、农村金融体制创新和民营经济发展创新等专题试点，也鼓励各地因地制宜地进行不同的试点探索，在全省上下形成了改革创新促统筹的良好氛围。

（六）必须坚持求真务实的工作作风，把实施统筹城乡的系列工程项目作为推进城乡发展一体化的有效载体

浙江省这几年在统筹城乡发展的实践中深刻地体会到，一个创新的战略和决策思路只有通过科学的战术部署、具体的工程项目和有效的工作抓手，才能取得预期的成效，否则就会流于形式和口号。从2003年以来，浙江省以统筹城乡发展推进城乡一体化规划为战略导向，制定和实施了包括“千村示范万村整治”、“乡村康庄工程”、“城乡基本公共服务均等化”等几十个具体的工程和行动计划，这些统筹城乡的重点工程和行动计划都是针对浙江省城乡发展中的薄弱环节和人民群众最关切的、最期盼的问题而量身定做的，都有具体的目标任务、专项资金、专门部门负责和考核机制。也正是这一项项紧紧反映百姓呼声、增进百姓利益、维护百姓权益的具体工程项目和行动计划汇成了浙江全民参与、声势浩大、成效卓著的统筹城乡建设的热潮。

三　为率先形成城乡发展一体化的新格局继续努力

这几年来，浙江省坚持以科学发展观为统领，按照中央统筹城乡发展的战略部署和一系列的政策精神，结合浙江实践，进行了积极的探索，取得良好的实践绩效。但是，我们也清醒地看到，统筹城乡发展推进城乡一体化是一个伟大而艰巨的历史任务，不可能一蹴而就，我们取得的成绩仅仅是迈出了统筹城乡发展的第一步，与全国一些先进的省市和地区相比还有不小的差距，与浙江省城乡广大人民群众的愿望更有不小的距离。浙江省的城乡生产力和人口布局还不够合理，

城乡产业结构还需要进一步优化，三大产业的协调度还不高，农业产业薄弱、农业基础不强、农村文明程度不高，城乡收入差距较大，农村社会保障水平还较低，离城乡基本公共服务均等化还有相当距离，影响城乡社会和谐稳定的因素还比较多。同时，影响城乡发展一体化的深层次因素还很多，城乡二元结构体制还没从根本上消除，经济社会发展方式有待加快转变，城市化忽视农民市民化的偏差依旧存在，城乡综合配套改革尚处于艰难的试点探索之中。因此，我们必须进一步增强统筹城乡发展的紧迫感和责任感，正确分析新形势下的挑战，牢牢把握大有可为的战略机遇期，与时俱进地深入推进城乡统筹发展。具体来说，主要在以下几个方面去努力。

（一）强化两新联动：社会主义新城镇建设与社会主义新农村建设联动

就是要抓住我国城市化加速推进的新机遇，进一步发挥城市化对经济社会转型发展的引领作用和社会主义新农村建设巨大的推动作用，纠正当前城镇化推进中存在的“要地不要人、见物不见人、重工不重农、见城不见乡”的偏差，坚持走以人为本、城乡统筹、大中小城市和小城镇协同发展的新型城市化路子，把推进社会主义新城镇建设放到与社会主义新农村建设同等重要的位置，把农民工的市民化和进城务工经商农民的安居乐业作为城镇化的核心内容，充分发挥城市对农村的带动作用，为现代农业的发展和新农村建设提供重要的前提和强大的拉力，同时要以与城镇化建设一样的投资力度来实施社会主义新农村建设，通过进一步推动城市基础设施向农村延伸、城市公共服务向农村覆盖、城市现代文明向农村辐射，把社会主义新农村建设提高到一个新水平，使居住在农村社区的农民也能享受到市民一样的公民待遇和幸福生活，从根本上缩小城乡差距，实现城乡发展一体化。

（二）强化两创驱动：全民创业与全面创新驱动

就是要按照创业富民、创新强省的总战略的要求，把全民创业和全面创新作为统筹城乡发展的动力源泉，进一步引导激励全民创业的政策和社会环境，打破城乡分割的种种限制和障碍，鼓励城乡居民跨区域、多层次、多形式的创业创富活动，让城镇成为农民创业就业的新乐园，进一步发挥创新的驱动作用，按照集成创新的新理念，全面推进观念创新、科技创新、文化创新、管理创新和体制创新，以这种全面创新为扫除城乡二元的体制障碍，摒弃陈旧的思想观念、粗放的发展模式和僵化的路径依赖，为统筹城乡发展、推进城乡一体化开辟新道路。

（三）强化两业协动：现代农业与现代服务业协动

就是要针对当前浙江省三大产业发展协调度不高，现代农业发展落后和服务业发展滞后的状况，从我国正处于改造传统农业、走中国特色农业现代化道路的关键时刻出发，采取更加有力、更为有效的措施，加快现代农业的建设，从我国加快外向型经济向消费拉动为主的内源型经济转变的有利时机出发，借助城镇化的水平的快速提升，加快把服务业做大做强，充分发挥服务业在吸纳劳动就业中的巨大作用及其对一二产业的拉动提升作用，尽快补上现代农业与现代服务业的两条短腿，在现代农业的建设上要紧紧抓住农业生产方式转变这条主线，以现代农业经营主体的培育来推进农业生产经营方式的转变，以农田水利与农业园区建设来推动农业基础方式的转变，以农业主导产业的壮大来推动农业产业结构的优化，以农业体制创新、科技创造、文化创意和能人创业来推动现代农业从产业体系的建设，在现代服务业的发展上，要依托城镇的产业集聚、人口集聚、要素集聚的综合优势，大力发展生产型服务业、生活型服务业，全面提升现代农业和先进制造业的发展水平和三大产业的协调度，为城乡居民提供便捷优质的服务，增强居民的生活幸福感。

（四）强化两基互动：基本公共服务与基层组织建设互动

就是要针对浙江省农村基本公共服务总体水平还不高，离城乡基本公共服务均等化还有一定距离和农村基层组织建设还需要进一步加强的实际，从基本公共服务与基层组织有密切相关性的内在逻辑出发，把强化两基建设作为推进城乡发展一体化的难点加以重点突破，各级公共财政要进一步向农村倾斜，逐年增加财政对基本公共服务的投入，根据财力的可能与农民的日益提高的需求，逐步提高农村基本公共服务的水平，力争在“十二五”期末实现城乡基本公共服务均等化的目标，要把建设服务型的基础组织作为完善和优化城乡基本公共服务的重要组织保障，要努力把各项基本公共服务延伸到城乡基层社区，进一步增强基层社区干部的服务意识，提高服务能力，完善服务手段，增强服务实力，让城乡居民普遍享受到便捷高效的公共服务。

（五）强化两和互动：和谐社会与和美家园建设互动

就是要从和美家园建设是和谐社会构建的重要基础和维护社会公平正义安定团结全面的任务十分紧迫的实际出发，把和美家园建设与构建和谐社会的各项工作更加紧密地结合起来，形成互促共进、两和互动的建设机制，要按照城市化加速推进、不断提高的趋势，根据城乡人口变动的趋势，科学地做好城乡社区的规划，并按照美好家园、幸福生活的要求提高城乡社区的建设水平和社会管理服务水平，努力使城乡社区成为环境优美、设施齐备、服务完备、邻里和睦的和美家园，成为和谐社会建设的重要基础，同时要把形成公平正义平等友爱的社会环境和高效的公共服务作为构建和谐社会的重要任务，努力使城乡一体化的进程在和谐的社会环境中进行，使城乡居民真切地感受到城乡一体化带来的幸福感受。

（六）强化两改领动：城乡综合配套改革与政府管理体制改革领动

就是要从城乡二元结构体制是阻碍城乡发展一体化的最大障碍出发和改革是推进城乡发展一体化的强大动力出发，按照经济转型、社会转型、政府转型的总体要求，以城乡综合配套改革与政府管理体制改革的整体推进，扫除阻碍发展方式转变的体制障碍，建立与城乡发展一体化相适应的新的体制机制，在城乡综合配套改革上要整体推进城乡统筹的土地制度、住房制度、社保制度、户籍制度、金融制度和产权制度等配套改革，实现农业经营集约化、农民工市民化、农民居住社区化、社会保障均等化、要素配置市场化、集体产权股份化。要按照建设服务型政府和统筹管理城乡经济社会发展的要求，加快转变政府职能，强化政府公共服务和社会管理的职责，把改善民生放到政府工作更加重要的位置，建立与城乡发展一体化发展相适应的政府管理和服务体系，切实履行好促进城乡一体化发展的职责。

关于上海统筹城乡一体化发展的若干思考

沈露莹*

统筹城乡发展是贯彻落实科学发展观、破解城乡二元结构的必然要求。对于上海这样一个目标定位于国际经济、金融、贸易、航运中心和社会主义国际化大都市的特大型城市而言，在经历了30年的高速增长和改革开放、形成了较强的经济实力和综合功能的高起点上，如何深化推进城乡一体化发展更是必须回答和积极落实的重大战略性问题。本文从剖析城乡一体化的含义和误区入手，进而对上海城乡一体化发展的历程作了回顾，对所取得的成绩和面临的问题进行了全面分析，在此基础上，结合外部环境和自身发展的要求，提出了上海推进城乡一体化的发展取向，最后结合上海市情特点，对需要重点突破的五个问题进行了深入阐述。

一　城乡一体化的含义和误区

城市和农村构成了经济社会发展在空间上的两种形态。由于国情特点和历史原因，我国在土地、户籍和财政等方面对城市和农村实行的是差异化的制度，从而形成了城乡不同的发展道路和二元化的结构。随着时代的进步和观念的转变，统筹城乡成为贯彻落实科学发展观的重要内容和必然要求，加快城乡一体化发展的紧迫性与日俱增。而从具体含义来看，科学发展理念要求下的城乡一

* 沈露莹，上海市发展改革研究院城市区域经济研究所所长，高级经济师。

体化应当包含经济、社会、空间、制度等全方位内容，并应当避免一些认识上的误区。

（一）主要含义

城乡一体化涉及社会经济、生态环境、空间布局等范畴，不同的学科对其理解有着不同程度的侧重，比较有代表性的阐述主要有四种。社会学和人类学界从城乡关系的角度出发，认为城乡一体化是指相对发达的城市和相对落后的农村，打破相互分割的壁垒，逐步实现生产要素的合理流动和优化组合，促使生产力在城市和乡村之间合理分布，城乡经济和社会生活紧密结合与协调发展，逐步缩小直至消灭城乡之间的基本差别，从而使城市和乡村融为一体。经济学界从经济发展规律和生产力合理布局角度出发，认为城乡一体化是现代经济中农业和工业联系日益增强的客观要求。规划学界从空间的角度对城乡接合部作出统一规划，即对具有一定内在关联的城乡交融地域的各物质与精神要素进行系统安排。生态、环境学界从生态环境的角度，认为城乡一体化是对城乡生态环境的有机结合，保证自然生态过程畅通有序，促进城乡健康、协调发展。

本文认为，城乡一体化是一个发展过程，也是一种发展战略，其实质是城乡两个异质系统在经济、文化、生态、空间、社会等要素上优化组合、交融协同，实现规划建设、产业发展、基础设施、公共服务、社会保障、生态环境等方面的协调发展。具体包括四方面内容。

经济的联动。城乡一体化首先是经济发展的一体化，是城市与农村在经济发展方面的相互渗透、相互服务，主要表现为城乡产业一体化。强化城乡产业之间的协作和联系，促进城市工业尤其是劳动密集型产业向农村转移，加速城市服务业向农村地区扩散，推进农业产业化，使三大产业在城乡之间进行广泛渗透融合，为城乡一体化发展提供坚强的物质基础，最终实现共同繁荣。

社会的趋同。加快缩小城乡之间社会事业和公共服务水平的差距是扭转城乡发展差距扩大趋势的前提。按照有利于逐步实现基本公共服务均等化的要求，整合城乡教育、卫生、文化、体育、就业、社保等各种资源，引导城市社会事业向农村延伸，构筑覆盖城乡、惠及全民的教育、医疗、社会保障等公共服务体系，逐步实现城乡社会事业和公共服务的均衡发展。

空间的融合。针对目前城乡基础设施差异较大、各种功能布局不尽合理、设施共享性差等突出问题，把城市和农村作为一个有机整体来进行统筹规划，着眼于强化城乡设施衔接、互补，着眼于提高土地的集约化利用水平，着眼于优化城乡互动的产业形态，着眼于构筑持续承载的生态环境体系、构建城乡融合的发展空间。

制度的一体。城乡一体化的关键在于体制机制的一体化，要构建城乡平等又有所区别的政策和制度框架，从全局上、根本上突破城乡分治的二元结构。其中，核心是在户籍制度、土地制度、社会保障制度和财政体制、行政体制、投融资体制等方面缩小和逐步消除城乡差别，构建一体化的制度框架。

（二）认识误区

科学理解城乡一体化的内涵，应避免两个认识上的误区。

城乡一体化不等于城乡一样化。统筹城乡、促进城乡一体化发展并不意味着消灭农村、把农村改造成城市，也不是没有农民、或者把所有农民转移到城市中去，而是要消除城市和农村在经济社会发展上的差距，消除由于城乡二元制度差异而导致的城镇居民与农村居民在社会保障、公共服务、福利待遇等方面的不合理差距，保障农村与城市在现代化进程中的同步发展，保障城镇居民和农村居民拥有平等的发展权和发展改革成果的共享权。

城乡一体化不同于城市化。城市化或者城镇化是当前乃至今后很长时期我国经济社会发展的重要动力，也是提升发展水平、改善社会民生的必然要求。城市化与城乡一体化既有关联、又不完全等同。两者的根本目的都是为了推动经济社会全面发展、不断提高人民生活水平，但前者主要解决的是发展问题，以城市化创造发展空间、以城市化提升发展质量，而后者则更多关注公平问题，其出发点是破解城乡之间的二元结构，落脚点是促进城市和农村的协调发展、保障城镇居民和农村居民的平等权益。

二　上海城乡一体化发展的总体判断

作为我国经济发展水平较高、改革开放较早的特大型城市，上海较早地意识到了统筹城乡发展的重要性，并在不同的发展阶段提出了具体的实施方针，有力地推动了城乡一体化发展进程，同时也面临着一些突出问题。

（一）阶段回顾

回顾改革开放以来的发展进程，上海统筹城乡、推进城乡协调发展可以划分为三个阶段。

1. 第一阶段：20 世纪 80 年代，城乡一体化理念逐步形成

1984 年，上海提出“城乡通开”。1985 年，上海首次提出“城乡一体”。1986 年，进一步提出“一二三四”工作方针，即：加快城乡一体化建设，坚持两个立足点（农民口粮立足自给、城市主要副食品供应立足郊区），促进三业协调发展（三次产业），建设四个基地（大工业扩散基地、副食品生产基地、外贸出口基地、科研中试基地）。

2. 第二阶段：20 世纪 90 年代，城乡一体化发展正式起步

1992 年，上海实施“两级政府、两级管理”的体制改革，赋予区县更大的发展自主权。1995 年，上海提出中心城区“退二进三”和郊区农村“三个集中”的发展方针，推动工业向工业园区集中、人口向城镇集中、土地向规模经营集中。1997 年，上海进一步提出“市区要体现繁荣繁华，郊区要体现实力和水平”。2000 年，上海进一步明确了郊区定位，提出农业定位于都市农业、农村定位于郊区、农民定位于现代农业劳动者。

3. 第三阶段：21 世纪以来，城乡一体化进程开始加速

进入新世纪，上海城市发展重心逐步开始向郊区转移。2002 年，上海郊区工作会议第一次召开，并在全国率先实行农村税费改革，标志着上海进入城乡一体化发展新阶段。2003 年，上海提出进一步加快郊区“三个集中”，工业加速向郊区转移。2005 年，上海提出“规划布局合理、经济实力增强、人居环境良好、人文素质提高、民主法制加强”的社会主义新郊区建设战略目标。2006 年，上海市委全会通过决议，提出建设社会主义新郊区新农村，郊区进一步加强基础设施建设，进一步提高城镇化水平。

（二）取得成绩

总体来看，经过多年来全市上下的积极努力，上海城乡一体化发展取得了长足进步，城乡综合经济实力大为增强，城乡基础设施进一步完善，城乡居民得到更多实惠，城乡统筹的新格局初步形成。

1. 经济实力不断增强，郊区县经济地位大幅提升

2009 年，上海 9 个郊区县共实现区域生产总值 5749.2 亿元（属地统计），占全市经济总量的 38.2%。乡镇实力同步提高，截至 2008 年，全市 GDP 达到 100 亿元以上的镇有两个，50 亿元以上的有 16 个；乡镇本级可用财力达到 409 亿元，占全市财力的 16% 以上。

2. 产业布局不断优化，农业现代化水平日益提高

当前，上海中心城区与郊区的产业分工格局已经十分清晰。2009 年，中心城区服务业占比达到 73.3%。郊区现代农业发展势头良好，农业设施化组织化程度进一步提高，产业融合趋势明显，农业旅游不断拓展。2009 年，上海主要农作物综合机械化水平达 71.9%，农业龙头企业达到 419 家，农民专业合作社达到 1850 家，共建成具有一定规模的农业旅游景点 110 多个，年涉农旅游总收入 15 亿多元。

3. 三农扶持力度持续加大，惠农支农的效果显著

近年来，上海实施了粮食种植直接补贴、良种补贴、农机购置补贴等一系列支农惠农政策，加大和完善了农业生产的直接补贴，加大了对粮食、蔬菜、畜禽、水产等生产量大的区县政策倾斜力度。同时，进一步加大改善农民民生的政策力度。2009 年，上海财政支农资金占全市财政支出比重达到 7.3%，三农资金中用于改善民生的比重达到 32.5%。

4. 就业保障制度日益完善，城乡广覆盖基本形成

城乡一体的劳动就业服务体系初步形成，乡镇就业服务机构与区（县）就业服务机构实现信息联网、资源共享，农村居民和城镇居民享受相同的就业政策和就业服务。农村社会保障水平不断提高，基本建成广覆盖、分类施保的农村社会保障体系。

5. 社会事业布局逐步健全，资源配置向郊区县倾斜

上海以均衡城乡教育发展、改善农村卫生医疗条件为重点，综合运用财政扶持、政策引导和激励手段，城乡基本公共服务体系初步形成。农村医疗基础设施建设不断加强。全面启动了“5 + 3 + 1”郊区三级医院新扩建计划，最终实现每个郊区县至少有一所三级医院。城市教育费附加进一步向农村倾斜，农村居民受教育年限达到 8.9 年。

6. 基础设施建设进展加速，建设重点向农村延伸

近年来，上海基础设施投资布局开始向郊区农村倾斜，中心城区和郊区基础设施投资强度比从“十五”期间的2.5∶1提高到“十一五”期间的1.6∶1。各类基础设施建设加快向郊区转移，轨道交通建设向各郊区县全面延伸，行政村公交通达率接近100%。郊区城镇污水处理率达61%，农村生活垃圾无害化集中处理率达到95%，3G网络在农村地区广泛覆盖，行政村电话、有线电视已实现村村通。

（三）主要问题

尽管上海城乡一体化发展已经取得了一定的成绩，但与“四个中心”和国际化大都市的发展定位相比，与要走在全国前列的发展目标相比，上海统筹城乡发展的进程仍显滞后。

1. 从人民生活来看，郊区发展水平逐步提高，但城乡居民收入、就业和社会保障仍存在较大差距

2009年，上海农民人均可支配收入达12324元，是全国农民人均纯收入的2.4倍。但与本市城市居民相比，仍然存在较大差距，且差距在逐年扩大，城乡居民收入比由1984年的1.1∶1扩大到2009年的2.34∶1。农村劳动力普遍存在文化程度较低，缺乏非农劳动职业技能，平均年龄偏高以及就业观念偏差等缺陷，难以适应新兴产业及其岗位的要求，难以在城镇实现稳定就业。农村社会保障无论是覆盖面还是补偿标准与城市社会保障都有较大的差距，农村基本养老和医疗保险尚未实现完全覆盖。

2. 从经济发展来看，郊区发展快速，但城乡之间存在结构性落差，与周边城市存在增长性落差

上海郊区目前已成为先进制造业发展的主战场，总体经济增长速度快于中心城区。但从产业结构来看，城乡服务业发展存在较大差距，中心城区服务业比重已接近80%，个别地区已达到93%以上，而郊区服务业发展严重滞后，大多数地区的服务业比重只占到30%左右，严重制约了上海城市功能的提升。同时，随着苏州、昆山等周边地区的高速发展，无论是经济增长速度，还是招商引资力度，上海郊区都明显落后于周边城市。

3. 从社会事业来看，郊区发展步伐加快，但城乡之间资源配置差距巨大，郊区居民难以享受优质公共服务

上海市公共资源在中心城区过度集中，郊区面临资源总量不足、优质资源缺乏、配置相对滞后等问题。如教育资源的布局，市级重点学校主要集中在中心城区，郊区实验性、示范性中学有 14 所，仅占全市总数的 1/3。再如医疗资源的分布，郊区床位数仅占全市总数的 37.0%，卫生技术人员仅占全市总数的 29.8%，三级甲等医院仅占全市的 12%，约有 40% 的郊区公共卫生体系建设项目尚未完成。

4. 从基础设施建设来看，郊区加快建设步伐，但郊区投入明显不足，城乡之间反差明显

近年来，上海基础设施投资已向郊区倾斜，中心城区和郊区基础设施投资强度比由“九五”期间的 4∶1 增至“十五”期间的 2.5∶1。但从投入水平来看，郊区基础设施投入还是明显不足，一是郊区快速公交体系成网化不足，新城之间、郊区核心商务商业区、公共服务功能区和重点产业园区缺乏交通支撑；二是郊区“断头路”问题严重，公路和村道技术等级和通畅程度低、危桥数量多；三是郊区存在污水纳管率低、给排水管线不足、生活垃圾处理率、河道黑臭淤积现象严重、防洪排涝设施陈旧等问题。

三　上海城乡一体化发展的要求和取向

当前上海推进城乡一体化发展正处于一个十分关键的阶段。一方面，伴随着经济社会的快速发展，城乡二元结构所造成的矛盾愈加凸显，在人民生活、服务功能、公共配套、基础设施等方面都存在明显差距，部分领域的差距还在逐年扩大，必须及早扭转这一趋势，加快推进城乡一体化发展。另一方面，经过多年的高速发展，上海已形成的经济基础、日臻完善的交通网络、不断进步的社会文明以及开始松动的制度壁垒，为促进城乡一体化发展提供了强有力的支撑。值此时点，有必要把握新的发展要求、明确发展取向。

（一）发展要求

推进城乡统筹，必须与国家的宏观走向、自身的发展要求相结合。当前，上海城乡一体化发展面临着前所未有的复杂环境。首先，国际金融危机波澜未平，一场抢占“后危机时代”发展主动权的竞争已渐次展开，各地围绕转方式、调结构，唱响经济发展的主旋律；其次，在以人为本的科学发展观指导下，改善民生、建设和谐社会被提升到前所未有的高度；再次，周边地区快速发展，上海城乡统筹的先发优势逐步弱化，不进则退的压力已经显现。在此新形势下，上海城乡一体化发展面临着新的发展要求。

1. 转变发展方式、加快结构调整要求上海推进城乡一体化

当前，上海正处在发展转型的关键阶段，而城乡一体化发展则是实现调结构、转方式的重要途径。首先，城乡一体化发展有利于启动内需，改变上海依赖投资拉动、出口驱动的传统发展路径。其次，城乡一体化发展有利于加快郊区服务业发展，提高服务业比重，加快全市以服务经济为主的产业结构的形成。再次，城乡一体化发展有利于增强郊区新城的节点功能，形成梯度合理的城市框架体系，破解中心城区单核强势发展的城市模式。因此，上海应当进一步加大城乡统筹的力度，引导资源要素向郊区农村集聚，加快基础设施和公共服务向郊区延伸，形成城乡共同推动上海经济社会发展转型的良好格局。

2. 落实以人为本、着力改善民生要求上海推进城乡一体化

党的十七大以来，民生建设被摆在了十分突出的位置，关注民生、重视民生、保障民生、改善民生，促进社会和谐成为新时期指导经济社会发展的重要方针。由于长期实行城乡分割的二元体制，上海和全国其他地区一样，也面临着城乡差别较大的问题，尤其在关乎民生的收入分配、劳动就业、社会保障、公共服务等方面，差距更为突出。按照贯彻落实以人为本、着力改善民生的要求，上海应当坚持推进城乡一体化发展，从法律、制度、政策上努力营造公平正义的环境，着力解决农民群众最关心、最直接、最现实的利益问题，使广大农民安居乐业、生活富足，使广大农村安定有序、充满活力。

3. 落实“四个率先”、保持领先水平要求上海推进城乡一体化

在前一轮发展中，上海较早地认识到了城乡一体化发展的重要性，并积极付诸实践，走在了全国的前列。近年来，国内不少地区明显加快城乡统筹步伐、加大城乡一体化发展力度。如北京、成都等地先行先试，在户籍制度、社会救助体系、教育医疗服务等方面进行了有益的改革和积极的探索，并取得了显著成效。相比之下，上海城乡一体化发展的领先优势开始出现逐步削弱的迹象。要落实党中央提出的“四个率先”要求，要在新一轮发展中继续走在全国城乡统筹发展的前列，上海必须进一步加大改革创新的力度，加快城乡一体化发展步伐。

（二）发展取向

上海统筹城乡一体化发展的过程，也是城市文明不断向郊区扩散和郊区被日益赋予城市功能的过程，其实质是缩小上海城乡差别，实现城乡融合，共享完善的基础设施和公共服务，共享改革开放带来的文明成果，赋予农民平等的生存发展权利。在新的形势要求下，上海推进城乡一体化向纵深发展，有必要突出以下发展取向。

1. 把握“三化”内涵

城乡发展一体化是一个动态发展过程，随着生产力的发展、在不同的阶段，表现出不同的内涵。当前，上海城乡一体化发展已经站在了一个更高的起点上，相对于过去以基础设施建设、产业转移、人口迁移为主的城乡一体化发展模式，未来上海城乡一体化发展应更加关注人的全面发展和制度的健全完善，逐步实现真正意义上的“三化”。一是公共服务均等化，即城乡之间实现公共资源的均衡配置、公共服务的均等提供，使城镇居民和农村居民无差别地享受各类社会公共服务。二是发展成果共享化，即城乡居民平等参与现代化进程、共享改革发展成果，经济发展不再以侵占农村资源、牺牲农民利益为代价，城乡要素资源体现同等的市场价值，并为全体城乡居民所共享。三是发展权利平等化，即在法律、制度政策上保障居民和农民享有经济、政治、文化、社会等方面的平等权益，确保农村居民与城市居民享有公平的国民待遇和平等的发展机会。

2. 坚持“六字”方针

“工业反哺农业、城市反哺农村”是上海长期以来坚持的发展方针，结合新阶段、新形势下上海城乡一体化发展的要求，有必要在此基础上进一步加大力度。一是坚持“补偿”，针对于城市扩展、产业布局推进中因土地征用等问题造成的农民利益现实侵占，以保护农民的合理权益为前提，综合考虑农民的毕生成本和机会成本进行公平、合理的补偿，通过完善土地补偿、生态补偿等制度，丰富经济补偿、社会补偿等手段，形成以市场为主导的长效补偿机制。二是坚持“反哺”，在资源相对匮乏、经济实力较弱的发展起步阶段，集中力量发展城市地区是普遍规律，而随着城市经济实力的提升，加快利益回归、反哺农村则是可持续发展和公平发展的必然选择，有必要加大转移支付力度，引导资金、技术、人才、管理等要素资源向农村集聚。三是坚持“共享”，让城乡群众共创共享改革发展成果，更加注重人的全面受惠，加强城乡之间的经济社会互动联系，建立、巩固、深化和完善城乡群众共创共享改革发展成果的体制机制，形成优势互补、共享共荣的新型城乡关系，让城镇居民和农村居民共享工业化、城市化和现代化带来的成果。

四 上海城乡一体化发展的突破重点

推进城乡一体化发展是一个长期而系统的工程，特别是对于上海这样一个特大型城市和高度城市化的城市而言，经济发展起步早、国际化程度高，中心城区的繁荣繁华更加映衬出郊区农村加快发展的紧迫性和艰巨性，广大城乡居民对城乡一体化发展的期望也更高、更热切。从客观规律的角度讲，囿于国家层面的制度安排和上海本身的历史因素等，上海要实现真正意义上全方位的城乡一体化发展目标任重而道远。但另一方面，上海必须积极回应来自国家的号召和民众的呼声，在现行制度框架和力所能及的条件下加大推进力度，其中，以下五大重点问题亟待解决。

（一）建立民本位的新型土地制度

土地是农业最基础的生产资料、农村最重要的资产和农民最可靠的财富，但农村集体土地与城镇国有土地的制度差异则是造成城乡二元分割的根本原因之一。随着城市化的加快推进和工业化的不断发展，郊区农村不少土地也逐步纳入了城市建设的范畴，成为工业发展和新城镇建设的重地，为推动城市经济发展作出了巨大的贡献。但与此同时，由于制度上的缺失，原来拥有土地的广大农民却并没有从土地增值和区域发展中获取相应的补偿和公平的回报，甚至丧失了今后赖以谋生的基本保障，从而成为引发种种社会问题的源头。

上海也面临着同样的问题。在现行土地制度下，农民所拥有的承包土地经营权、集体建设用地收益分享权、宅基地所有权往往难以体现其全部的市场价值。在农村土地转变成为城市开发热土之后，失去土地的农民却往往由于缺少非农就业技能、缺少同等社会保障，而成为城市中的弱势群体。因此，破解土地制度瓶颈，构建以农民利益为本、而不是以开发建设为本的新型土地制度刻不容缓。在城乡土地制度差异长期存在的大框架下，上海要充分发挥市场化水平较高的特点，从规范土地流转、体现土地市场价值着手，保障农民合理权益、公平分享改革发展成果。

一是积极鼓励农村土地承包经营权流转。按照依法有偿自愿的原则，鼓励农民以转包、出租、互换、转让、股权合作等多种形式流转土地承包经营权，鼓励发展转移大户、家庭农场、农民转移合作社等规模经营主体，提高农业经营的规模化程度，提高农地产出效率。

二是完善宅基地置换的补偿分享机制。宅基地置换的目的不仅仅是为上海的后续发展腾出建设用地指标和耕地指标或是集约利用土地资源，更重要的是提高农民的生活水平。因此，宅基地置换不能停留在以房换房或是给予一次性补偿，而是要让农民参与土地增值收益的分配，通过股份化的方式，在土地开发中为农民保留一部分权益，建立土地后续开发与促进农民增收相挂钩的长效机制。

三是探索完善农村集体建设用地流转制度。认真总结试点经验，稳妥推进农村集体建设用地流转工作，真正做到农村集体建设用地与国有土地“同地、同权”，切实保障集体经济组织成员权益。

（二）完善相衔接的社会保障制度

一直以来，我国的社会保障制度是依附于户籍制度而存在的，对于城乡不同户籍的人口适用不同的社会保障制度，并在进一步衍生出针对外来人才和外来人口的社会保障制度。

从上海来看，当前社会保障制度的“碎片化”现象较为突出，城保、镇保、农保和综保四种制度同时存在，各种保险制度的缴费基数、缴费比例不同，所享受的保障水平也有较大差距，而且保险制度之间条块分割、相互独立，缺乏沟通和衔接。一方面，在同一保险制度内，各种人员享受待遇不一。以城保为例，机关、事业、企业之间的退休待遇差距过大。尤其是公务员队伍加入到社会养老保险制度后，机关事业单位与企业单位之间的矛盾就更加显性化了。镇保、农保的养老金水平则完全取决于各区、镇的财力。另一方面，各保险制度之间的待遇差距更大。养老保险方面，镇保主要对象是征地农民，是所谓的“土地换保障”，人均月养老金不及城保的1/2，农保实行镇级统筹、各镇各办，养老金只相当于城保的1/6。医疗保险方面，缴纳城保的人员，可以享受所有门诊、急诊和住院的医疗保险，而参加镇保的人员，只享受住院、门诊大病的医疗保险。农保的统筹层次更低，离地农民只能享受养老保险一项内容，保障水平偏低，且实行“个人缴纳、集体补贴”政策，医疗保险实行新农合，但居民医保和新农合分属劳动保障和卫生系统，两项制度之间无法衔接。

在户籍制度不变、社保制度与户籍制度继续挂钩不变的情况下，上海作为一个城市，要全方位统一城乡社会保障制度并不具备可能性和条件。然而，从保障公民平等权益的角度出发，缩小不同保障制度之间的差距、完善城乡社会保障制度，则是上海破解城乡二元结构、推进城乡一体化发展的关键。

其中，尤其需要关注的是镇保，即小城镇保险，这是针对失地农民而建立的社会保障制度，是上海在特殊时期为解决特殊人群的保障问题而设立的特殊保障制度。虽然在特定时期有效满足了特定人群的保障需求，但同时也导致了与大的社会保障体系不接轨的遗留问题。因此，从发展方向来看，镇保只是过渡性的社会保障制度，应当促进镇保与现有保障制度衔接，让镇保与城保逐步并轨，最终消除镇保。考虑到镇保和城保目前在统筹方式和保障水平上存在的较大差异，两种保障制度的衔接和并轨需要政府投入较大的财力支撑，在实施路径上可以采取分步走。对于有条件的地区，可直接推进城保、镇保并轨，逐步将现有制度内按月缴费的郊区企业参保人员并入城保，同时将原镇保中的失业、工伤、生育保险并入城保。对于条件较差的地区，应先建立镇保养老金稳定增长机制，逐年提高镇保养老金水平，待财力允许后实现城保、镇保并轨。

（三）形成有倾斜的长效投入机制

加快推进城乡一体化发展，投入是关键。从上海来看，虽然近年来加大了对郊区农村的投入力度，但与中心城区相比，郊区农村的投入仍然严重不足，郊区农村经济发展、社会事业、公共服务明显滞后于中心城区。要贯彻“补偿”、“反哺”的方针，前提和基础就是要调整公共财政支出结构，进一步明确财政支农、财力向郊区农村倾斜的发展方向，真正形成城乡统筹发展的长效投入机制和各级财政支农资金的长效增长机制。

一是确保财政投入稳定增长。坚决贯彻中央提出的财政支农资金增量高于上年，国债和预算内支农资金用于农村建设的比重高于上年，其中直接用于改善农村生产生活条件的资金高于上年，耕地占用税新增税收主要用于“三农”等要求，在此基础上，结合上海特点，重点加大对郊区基础设施、社会事业和村镇建设的投入。

二是进一步完善生态补偿机制。不断完善生态补偿财政转移支付制度，在实现基本农田、公益林和水源地生态补偿的基础上，逐步增加补偿内容，加大补偿力度，推进有条件的区县建立生态补偿机制。进一步完善相关政策办法，探索引入市场力量，科学规划生态产业发展，形成长效的生态补偿机制。同时，研究探索从生态补偿扩大到公益补偿，从保障发展权的角度加大对承担公益责任地区的补偿力度。

三是鼓励社会资源以多种方式积极参与郊区农村建设。对村镇的基础设施、公用设施和社会服务设施，可根据不同情况，采用招投标、项目融资、特许权转让等市场化手段，广泛吸收社会民间资金参与建设。加强农村金融创新，积极推进小额贷款公司试点，为“三农”和小企业提供金融服务。

（四）构建差异化的城乡管理体制

目前，上海对郊区采取的是与中心城区相同的管理模式，区级政府的管理权限基本没有差异。但事实上，郊区与中心城区在管理内容、管理要求上都存在着很大的区别。郊区地域宽广，正处于城市化进程中，开发建设任务较重，发展仍然是第一要务，而中心城区地域范围相对较小，大的开发建设任务已经完成，城区形态和布局基本定型。因此，对于郊区处于不同发展阶段的郊区和中心城区来说，实际上需要的是事权、财权和审批权相匹配的城乡管理体制，需要的是差异化的管理体制，也只有通过建立差异化的管理体制，才能更有效地破解城乡发展中存在的问题，从而实现真正意义上的城乡一体化。

为加快上海郊区发展，可以考虑在管理体制、机制上进行大胆创新，将管理重心和操作层面下移，给予郊区政府更大的自主发展权，充分发挥基层的积极性和能动性，增强节点新城的发展活力。基本思路是：在不改变原有组织体制的基础上，变革管理方式，弱化条的直接管理，变直接管理为授权管理；下放与郊区经济发展、社会民生、城市管理有关的权限，授权区县政府在服从上海总体发展要求和战略的基础上，对自己辖区拥有相对独立的管理权和决策权。

（五）打造梯度式的城镇空间格局

多年来，上海一直致力于构建层次分明、功能清晰的城镇体系，并试图摆脱城市从中心区向外自然膨胀的“摊大饼”发展模式。但是，发展现状与发展愿望还是存在很大的差距，多层次的城市框架体系迟迟不能形成，其中很主要的原因在于上海多年来一直把发展的主战场放在中心城区，对郊区的发展定位则是以制造业发展为带动，在服务业发展上明显滞后，在社会事业、公共交通等基础设施上配置不足，而且中心城区疏解到新城的功能单一，多为居住功能，与产业结合不强，使得郊区新城始终无法成为功能相对独立的城市，因而也就无法形成立体的城市框架。要改变这一局面，必须突破单中心的城市格局，立足于推进城乡一体化发展，打造以中心城为龙头、节点新城为支撑、小城镇和新农村为基础的梯度城镇空间布局。

1. 聚焦节点新城，完善公共配套和社会服务功能，打造大都市内部城市群

近年来，上海确定了“1966”城镇体系框架，按照行政区划均衡布局，规划建设9个新城。然而，一个新城的建设都需要大量投入，产业与功能也都需要有明确支撑，其难度之大可见一斑，更何况是9个新城，其结果就是资源分散而进展缓慢。因此，要真正建成新城，就不应把9个新城放在同一平面，而是要进一步划分等级，加快其中条件较好、基础较好的新城建设步伐，如松江、嘉定、南桥，完善设施、培育功能，打造成功能性节点新城。着眼于城乡分割的突出问题，一方面要加快完善节点新城的公共服务和商业配套，改变软环境与硬环境不相配的现状，另一方面要着力培育节点新城的社会服务功能，引进国际性的教育医疗和文化体育项目，改变社会文化功能滞后于经济功能的现状。

2. 发挥重大基础设施和产业项目的带动效应，打造特色功能载体

例如，虹桥商务区规划范围涉及嘉定、长宁、青浦、闵行四个区，未来将打造成为上海西部的市中心，承载上海现代服务业的集聚区、上海国际贸易中心的新平台、面向国内外企业总部和贸易机构的汇聚地，以及服务长三角、服务长江流域、服务全国的高端商务中心的功能定位。虹桥商务区强大的辐射溢出效应，实际上已经突破了行政区划的界限，有利于带动嘉定、长宁、青浦、闵行四区发展，并形成一体化发展的格局，因此，作为9个新城之一的青浦新城完全可以融入虹桥商务区发展，而不用另起炉灶，为建新城而建新城。迪斯尼项目在浦东的落户同样也为浦东新区的发展打开了新的空间，把川沙地区提到了浦东开发建设的前沿，依托迪斯尼强大的带动效应，以川沙新市镇为基础，有条件进一步集聚人口、集聚产业，打造以时尚娱乐为特色的新城。

3. 立足于加强区域联动，在对接周边地区的门户地区打造特色城镇

当前，上海郊区与中心城区存在结构性落差，与周边城市也存在增长性落差。随着苏州、昆山等周边地区的高速发展，无论是经济增长速度，还是招商引资力度，甚至是基础设施和区域面貌，上海郊区的部分区域都相对落后。因此，有必要加快推进上海郊区发展，加快推进城乡一体化，尤其是在对接周边地区的门户地区，发展特色经济，因地制宜培育各具产业支撑的工业强镇、商贸重镇、旅游名镇，推动特色产业集聚和能级提升，培育一批具有较强产业承载能力、人居环境优良、功能完善、各具特色的城镇。承担起提升区域实力、服务周边地区的功能，进而增强上海郊区的区域竞争力和服务功能。

就地城镇化：北京蔡家洼村企共建模式的思考

许　锋　马庆斌　李继凯*

城镇化是现代化的重要标志，也是加快经济社会发展的重要途径。实践证明，大力推进城镇化是解决当前我国城乡二元结构和“三农”问题的重要途径。如何按照统筹城乡发展和建设社会主义新农村的要求，引导广大农村地区选择符合我国国情与地方实际的城镇化发展道路，是当前需要认真探讨的重要课题。

近年来，北京市密云县巨各庄镇蔡家洼村依靠北京鑫记伟业集团的带动，按照“生产发展、生活富裕、乡风文明、村容整洁、管理民主”的社会主义新农村建设要求，以“保障农民利益、壮大集体经济、促进企业发展”为前提，把农业、农民、农村发展协调并举，创造了“农业产业化、就业本土化、城乡一体化、环境现代化、生活和谐化”的新型就地城镇化发展模式。

一　蔡家洼村村企共建就地城镇化发展带来的巨大变化

蔡家洼村位于密云县城东，潮河东岸边，东南两面依山，西傍潮河，北临101国道，距京承高速路密云第二个出口500米，距密云县城五公里，环境幽雅，交通十分便利。村域总面积12000多亩，其中农田2500亩，山坡地3400

* 许锋，中华全国供销合作总社；马庆斌，中国国际经济交流中心；李继凯，东北亚研究院产业经济所。

亩，村庄建设占地2200亩，山场约4000多亩。现有住户800户，约2600人。

蔡家洼村原来的主要产业是林果种植和农产品加工业，村民只能靠“天”吃饭，遇到灾荒之年没有收成和产业，村民只能外出打工，或是做点小本买卖，或是在建筑队干点零活，收入增长十分有限。蔡家洼村自2005年4月被北京市定为旧村改造试点村以后，遵照北京市远郊区旧村改造试点指导意见精神，以提高农民生活质量、促进土地集约利用和村域经济可持续发展为出发点，通过与北京鑫记伟业集团村企共建，在短短的6年时间里，将动迁村民全部搬迁至配套设施齐全、环境舒适、格调高雅的住宅楼中。土地流转到村集体后，农民不仅有补偿款，而且每年还享受土地股份分红。村集体和北京鑫记伟业集团还为所有动迁农民提供工作机会，每人每月都可以领取600元保底的工资。2003年蔡家洼村村集体经济总收入仅为2500万元，农民人均纯收入不足3000元，到2009年村集体经济总收入1.5亿元，农民人均纯收入达到2万元，短短6年时间整整翻了两番半，实现了跨越式发展。

二　蔡家洼村村企共建就地城镇化的具体做法及效果

蔡家洼村村企共建就地城镇化发展的主要做法有以下六点。

1. 政策支持、规划先行，制定科学发展路线

2005年，根据《北京市远郊区旧村改造试点指导意见》，蔡家洼村凭借自身的区位优势和资源优势被选定为北京市13个旧村改造试点之一。被定为旧村改造试点后，蔡家洼村聘请上海同济城市规划院编制了蔡家洼村农村建设总体规划，规划编制好后直接上报首都规划委员会，并很快得到肯定与批复。为了缓解蔡家洼村发展面临的资金短缺困难，密云县政府还专门针对蔡家洼发展的实际需要出台相应优惠政策。政策规定将密云县所得蔡家洼村税收分成部分全部返还，用于支持村里基础设施建设。2009年该笔资金支持已经达到1000万元。北京市发改委、环保局等部门也针对蔡家洼村试点的具体情况，特事特办，相应出台了多项支持政策。

2. 村企共建、优势互补，实现资源有效整合

2004年，台资企业——北京鑫记伟业集团入驻蔡家洼村后，按照“蔡家洼农业产业化、就业本土化、城乡一体化、环境现代化、生活和谐化”的发展思路，加速推进蔡家洼村的就地城镇化。未来5年，将有近百亿元的资金陆续投入到这片土地上，这些资金将主要由鑫记伟业集团投资或融资。鑫记伟业集团的投资或融资并不是简单追求短期利润，而是本着“村企共建、以人为本、合作共赢、科学发展”的可持续经营理念，积极探索“蔡家洼村农业现代化、工业观光化、旅游个性化、生态体验化”的现代农村经济发展模式。

蔡家洼村村企共建就地城镇化发展能够取得成功，在于它不仅发挥了村两委的领导优势、带头作用，也充分发挥了企业在资本、市场运营方面的经营优势，从而实现了资源的有效整合。

3. 通过土地流转入股，盘活发展空间，促进村民稳定增收

针对农村土地资源浪费严重的实际情况，蔡家洼村以流转合同的形式把承包地从村民手中有偿流转到村集体，再由村集体统一出租给鑫记伟业集团经营，达到了有效整合土地资源、盘活发展空间的效果。流转后的土地承包权仍归村民所有，并且每年村民还可以获得三部分收入：一是鑫记伟业给予的每年每亩地1000元租金；二是村民动迁后全部可以到鑫记伟业或村集体企业上班，每月领取至少600元的保底工资；三是土地股份分红收入。土地流转统一归村集体管理后，村集体一方面积极通过土地参股企业的方式获得企业经营的股权收益，另一方面还积极为村里企业提供供水、供暖、供气、道路维护、绿化、污水处理、垃圾清运等物业管理服务，收取物业管理费用。除去各项日常维护成本，村集体剩余收益的80%都通过土地股份分红的形式返还给了村民，从而给蔡家洼村民提供了获得长期稳定收入的保障。

农民保有土地承包权，村集体拥有土地所有权，企业具有土地使用权，这是蔡家洼村就地城镇化能够取得成功的一条重要经验。

4. 村民参与、科学设计，集中建设动迁房，为产业发展预留空间

为了成功实现村民动迁，北京鑫记伟业集团在蔡家洼村党委的积极配合下，在坚持以人为本的原则基础上，动迁房的户型设计充分尊重村民意愿，既新颖实用、功能完备、贴近自然，又充分考虑了区域地形特点和当地村民居住习惯，强调适居性、安全性和经济性。按照“节能、节水、节地、节材”环保节能型住宅的建设要求，动迁房的建设中大量使用了节能保温材料，并全部安装了绿色门窗和太阳能热水器。居住区内的公共服务设施完全按照城市居住区建设标准建造，配套了物业管理、副食日用品商店、社区卫生服务站、幼儿园、储蓄所、电信等附属服务设施，统一供水、供电、供暖、供气、污水集中处理。搬迁上楼采取宅院置换的方式，人均楼房面积60平方米，在平均标准范围内不用村民出一分钱。

自2006年启动动迁房建设，现在村民已基本搬迁上楼。原来占地2200亩的散落式民房被全部拆除，节省出了1800亩村庄建设用地，从而为蔡家洼发展第二三产业预留了足够空间。

5. 通过产业生态化和多样化，带动本地农民就业，实现蔡家洼村经济可持续发展

北京鑫记伟业集团先后在蔡家洼村投资15亿元规划建设了以生态农业、精细农业为主的都市型现代农业园区，以农产品深加工为主的观光工业园区和以旅游、休闲、会议、培训为一体的绿色旅游商务区。

现代农业园区占地5000亩，投资5亿元，园区以栽植大樱桃为主，同时通过发展设施大棚，辅以多品种热带水果、蔬菜和花卉，形成“一年四季有花、一年四季有果”，吸引游客一年四季观光采摘，形成规模化的特色观光采摘园。目前园区内已建有北京地区最大的樱桃采摘基地、热带果树观赏基地和玫瑰主题公园等项目。园区完全建成后，每年可接待游客5万人次，年创收入1亿元，利税可达1000万元，安置劳动力就业600人。观光工业园区占地400亩，总投资10亿元，总建筑面积21.5万平方米，以最大满足休闲观光者对企业产品生产全过程观摩为出发点，集工业生产、现场观摩、餐饮品尝、产品采购和休闲娱乐为一体。观光工业园区全部建成后，可安置劳动力就业2000人，年实现销售收入15亿元、利税2亿元。绿色旅游商务区占地约1300亩，总建筑面积约150万平方米，总投资约50亿元，建设中高档宾馆、会议中心、医疗中心、文化创意馆、休闲养生公寓等，集度假、旅游、休闲、会议、培训为一体的多功能综合商务旅游区。全部建成后，可安置劳动力就业8000人，年接待游客200万人次，实现销售收入20亿元、税收2亿元。

截止到2010年，三大园区已直接拉动农民就业2000多人，增加农民人均纯收入近千元。不仅实现了蔡家洼本地村民充分就业，而且还吸引周边村子的村民到蔡家洼就业，真正使村民成了“上班族”。

以一产促进二三产发展，以二三产带动一产，形成三大产业多元联动发展，这是蔡家洼成功实现农村经济可持续发展的又一条重要经验。

6. 传统文化和企业文化齐抓并举，促进农民生活习惯和行为方式转变，实现蔡家洼村的全面城镇化

城镇化不仅仅是农民户籍性质的改变，还应包括农民的居住城镇化、就业城镇化，进而是生活习惯和行为方式的城镇化，最终实现农民向市民的完全转换，实现全面城镇化。蔡家洼村的农民收入提高了，村民的文化娱乐生活也愈加丰富。村企合作共同修建了文化广场、数字影厅、成人学校和图书室等。蔡家洼村的“五音大鼓”是北京市非物质文化遗产，由李茂生等五位老艺人组成的民间说唱组合是北京硕果仅存的“五音大鼓”传人。在村老年活动中心，经常能见到五位老人沉浸在“五音大鼓”的旋律中。

北京鑫记伟业集团通过企业自身人性化的管理文化，积极引导村民熟悉现代企业管理制度、适应现代企业管理方式。村民们开始花俏了，以前是一年只穿一件大衣，又破又脏，现在，农民也开始注重形象、追赶时髦、打扮自己。按照老习俗，蔡家洼村的老人都是土葬，分散在各个山坡上。开了采摘园后，鑫记伟业集团在村里选了一个“风水宝地”，兴建了墓园，将坟地集中起来，迁一座坟还补偿800元钱。目前，蔡家洼90%的坟地已经迁到了新墓园。以往清明的时候，村集体各个山头都要派人，就怕村民祭拜引起山火，企业建了新墓园，村集体再也不用担心祭拜起火了。

在传统文化和企业文化的双重影响下，蔡家洼村村民的生活习惯和行为方式成功实现了由农民向市民的转变。

三　对蔡家洼村村企共建就地城镇化模式的思考

我国城镇化总体上已进入“工业反哺农业、城市反哺农村”的发展阶段。在这一阶段，就地城镇化模式将发挥积极重要作用。蔡家洼村与北京鑫记伟业集团村企共建的就地城镇化模式，以企业经济实力为基础，以“土地流转”为纽带，以一产生态化、绿色化为支撑，不仅有效保护了农村生态环境，提高了资源利用效率，而且还有效促进当地农民实现稳步增收。实践证明这种做法是切实可行的，效果显著，农民欢迎。

“农业丰则基础强、农民富则国家盛、农村稳则社会安”。蔡家洼村的就地城镇化经验表明，加强三农工作，建设社会主义新农村，构建社会主义和谐社会，积极发展现代农业，关键在于农村本地资源再造，有效地将动迁农民“变负担为资源”，使有限的土地资源和人力资源最大效用地得到利用。通过村企共建，不仅让企业找到了产业发展的组织载体，而且使农村分散的生产要素找到了合适的集中平台，进而实现规模化、组织化生产，提高农业产业化、现代化程度，并以此带动农村的综合发展。蔡家洼的“村企共建”使当地村民成功实现了就地城镇化，体现了发展成果全民共享的包容性增长原则，从而为我国就地城镇化的健康发展提供了有益借鉴。

针对当前我国村企共建发展的具体情况和形势，提出如下政策建议。

一是要科学地进行规划引导。村企共建的本质是企业与村民的共建、形式上是企业与代表村民利益组织的共建，因此，探索村企共建模式的核心就是探索企业与相关组织之间的联结模式。要科学地判断村企共建的基础条件是否成熟，在条件成熟的情况下，要对农村发展进行积极的规划引导，促使村企共建取得实效。

二是要完善政策支持体系。要进一步完善农村土地使用权的流转机制、引导企业进入农村投资兴业。要加强对涉农龙头企业的扶持，特别是对农业产业化发展前景较好、支持新农村建设力度大、效果明显的龙头企业，要予以重点支持。对企业在新品种和新技术的引进和推广、农民培训、基地认证、农业基础设施建设等方面的投资要予以一定的财政补助或者奖励。

三是要搭建村企合作的服务平台。政府要进一步强化服务职能，重点搭建村企对接、厂商对接、银企对接、研企对接的平台，促进农村与龙头企业、金融机构、科研院所的有效对接，实现农村资源与企业资源、社会资源的有效整合，提高村企共建的效率和水平。

统筹城乡发展的核心是保障农民权益

布和朝鲁*

城乡二元结构是历史形成的，与经济社会发展阶段有关，而城乡二元结构的实质是城乡居民基本权利的二元化，农民享有的基本权利不平等。统筹城乡经济社会发展，是破除城乡二元结构的重大方略，其核心是保障农民的权益。统筹城乡发展，要以保障农民权益为出发点和落脚点，着力推进城乡经济社会发展一体化，推动科学发展、促进社会和谐。

2002 年，党的十六大第一次提出了“统筹城乡经济社会发展”的重大方略。这是党中央正确把握新世纪我国经济社会发展的时代特征和主要矛盾，致力于消除城乡二元结构，破解“三农”难题，全面建设小康社会提出的重大战略决策，具有极强的时代性、创新性和针对性，具有极为重要的战略意义，表明党的农村工作指导思想的重大转变、解决“三农”问题思路的重大创新，标志着城乡发展理念、发展方式的重大突破。2007 年，党的十七大第一次提出“形成城乡经济社会发展一体化新格局”的战略要求。如果说统筹城乡经济社会发展是城乡发展的新思路、新方略，那么，形成城乡经济社会发展一体化新格局是贯彻这一新方略的根本要求和战略举措。统筹城乡发展，推进城乡经济社会发展一体化，才能彻底消除城乡二元结构。

一　城乡二元结构及其制度性特征

城乡二元分割是人类社会发展进程中的一个必然现象，是城市出现并不断发

* 布和朝鲁，内蒙古自治区人大常委委员，内蒙古党委原副秘书长。

展特别是工业化进程加快的产物。城乡二元分割形成了城乡二元结构，包括城乡二元经济结构和城乡二元社会结构。城乡二元经济结构一般是指以社会化大生产为主要特点的城市经济和以农业小生产为主要特点的农村经济并存的经济结构。我国城乡二元经济结构主要表现为：城市经济以现代化大工业生产为主，而农村经济以传统的小农经济为主；城市的道路、通信等基础设施发达，而农村的基础设施薄弱等。城乡二元社会结构一般是指城市基本公共服务体系较为完善、农村基本公共服务发展滞后，以户籍制度为主的一系列制度将城市人口和农村人口分开，并由此形成基本权利不平等的两类人群并存的社会结构。我国城乡二元社会结构主要表现为：城市的教育、科技、文化、卫生等社会事业发展较快，而农村的社会事业发展滞后；农村人口远比城市人口多，而城市人均消费水平远比农村人均消费水平高等。

城乡二元分割即城乡二元结构的本质是城乡人口的二元分割即农民与市民的不同身份及由此产生的各项基本权利的不平等。这种不同身份和各项基本权利的不平等是由城乡二元制度固化的，城乡二元制度是农民与市民政治、经济、文化和社会地位不平等在制度上的反映。

城乡二元分割的历史性决定了消除城乡二元分割也需要一个历史过程，归根到底关系经济社会发展阶段。城乡二元分割不仅是中国发展中的突出问题，也是制约所有发展中国家发展的难解之题。2004 年 9 月，胡锦涛总书记在党的十六届四中全会上明确提出了“两个趋向”的重要论断，指出：“综观一些工业化国家发展的历程，在工业化初始阶段，农业支持工业、为工业提供积累是带有普遍性的趋向；但在工业化达到相当程度以后，工业反哺农业、城市支持农村，实现工业与农业、城市与农村协调发展，也是带有普遍性的趋向。”在 2004 年的中央经济工作会议上，胡锦涛进一步强调指出：“我国现在总体上已到了以工促农、以城带乡的发展阶段。我们应当顺应这一趋势，更加自觉地调整国民收入分配格局，更加积极地支持‘三农’发展”。把握我国发展阶段性特征，遵循“两个趋向”规律，坚持以工促农、以城带乡，统筹城乡发展、消除城乡二元结构，我们需要认清城乡二元结构的具体存在形式。

发展经济学理论认为，社会二元结构的本质是制度性的。我国城乡二元结构不仅是历史形成的，而且是在特定历史阶段的政治文化制度下形成的。我国城乡二元制度的差异性反映在教育制度、卫生制度、就业制度、社会保险制度、劳动保护制度、人才制度、兵役制度、婚姻制度、生育制度、粮食供给制度、副食品与燃料供给制度、户籍制度等诸多方面。

比如，城乡分割的教育制度。教育公平是社会公平的基础。按照政府公共职能，政府应当实行城乡公平的义务教育制度，但实际上存在很大差异。拿世纪之交的2000年看，我国小学在校学生的生均预算内经费，城镇为658元，农村仅为479元，只相当于城镇的72%。而且农村初中和小学义务教育经费只有60%~70%由财政预算内经费解决，其余30%~40%由集资办学、学费杂费和其他经费来源解决，增加了农村基层和农民的负担。2006年我国实施农村义务教育经费保障机制改革，2007年农村义务教育实行免费，从2008年秋季新学年开始免除城乡义务教育阶段1.6亿学生的学杂费，这意味着我国开始全面实行免费义务教育。但农村教育和城市教育，无论在办学条件、教学环境，还是在师资队伍、教学质量方面，都还存在不小的差距。农村学生和城市学生在发展的起点和机会上仍然存在不平等。

再比如，城乡分割的医疗卫生制度。健康是人全面发展的基础，人人应该享有基本医疗卫生服务。人人享有就是城乡居民公平享有，把基本医疗卫生制度作为公共产品提供给城乡居民，努力使群众少生病、看得起病、看好病。改革开放以来，我国医药卫生事业得到较快发展，群众的健康水平有了较大提高。但城市和农村的医疗卫生服务差距仍然比较大，农村三级医疗卫生服务体系还不健全，公共卫生服务能力还比较弱。2003年开始实施新型农村合作医疗制度，但一场突如其来的“非典”疫情，集中暴露了公共卫生体系薄弱，突发公共卫生事件应对机制不健全等问题。

又比如，城乡分割的就业制度。就业是民生之本，是城乡居民获得一份工作、拥有一份收入，使就业者及其亲属能够过上正常生活的重要条件，是缩小贫富差距的有效途径，是就业者后代健康成长的重要保证。实现充分就业是经济发展的重要目标，是检验科学发展、和谐发展的主要标准。在以往传统的就业制度下，国家只负责城市非农业人口在城市的就业安置，不允许农村人口进入城市寻找职业。改革开放以后，这种城乡分割的就业壁垒逐步被打破，数亿农民工在城乡之间“候鸟式”流动，在城市里打工就业，但还没有建立城乡统一的劳动力市场和城乡居民平等的就业制度，农民工的各项权益得不到有效保障，农民工工资偏低，子女就学、公共卫生、住房租购等方面与城镇居民难有同等待遇，劳动条件较差，工伤、医疗、养老保险还不能覆盖农民工。

还比如，城乡分割的户籍制度。传统的户籍制度严重阻碍农村人口向城市转移，把农民束缚在土地上，成为城乡之间的户籍壁垒，造成了城乡对立的格局。20世纪50年代实行了控制户口迁移的政策，1958年的《户口登记条例》规定："公民由农村迁往城市，必须持有城市劳动部门的录用证明，学校的录取证明，或者城市户口登记机关的准予迁入的证明，向常住地户口登记机关申请办理迁出手续。"这一规定标志着我国以严格限制农村人口向城市流动为核心的户口迁移制度的形成，农民没有自由流动和迁徙的权利。改革开放以后，开始允许农民进入城市经商或打工，但农民仍然没有在城市定居的权利，而是实行暂住证制度。暂住证制度既是城乡二元分割壁垒存在的标志，也是弱化这种壁垒的一种措施。

城乡二元结构及一系列二元制度的危害不容忽视，主要是长期以来积累了诸多难以解决的社会矛盾和问题，如城乡差距扩大、贫富差距扩大、农民与城镇居民收入差距扩大、农民与市民的科学文化素质差异加深、地区发展不平衡等，已经成为影响和制约经济社会发展、实现现代化的突出问题。第一，其阻碍了农业发展。城乡二元经济结构使农业与工业分割，或者农业支持工业、为工业提供积累很多，而工业促进农业、工业反哺农业很少，农产品市场难以不断扩张，农业生产难以持续增长，农民收入难以持续增加，农业发展受到严重影响。农业发展不稳定、农产品不充裕，反过来制约了农产品加工业的发展。第二，其阻碍了农村发展。城乡二元经济结构使农村与城市分割，或者农业支持城市很多，而城市带动农村很少，对农村的投入力度不大，农村基础设施建设滞后，农民生产生活条件改善缓慢，制约了农村经济发展。农村经济的落后导致农村需求不足，反过来影响了工业和城市的发展。第三，其阻碍了消费扩大。城乡二元经济结构使城乡市场分割，城乡居民收入水平与消费水平差距不断拉大，农村消费品与城市消费品档次不断拉大，受农民收入水平的制约，在城市市场趋于饱和的中高档耐用消费品无法向农村市场转移，农村需求结构制约了供给结构调整，从而影响了产业结构升级。第四，其阻碍了要素流动。城乡二元经济结构使要素市场分割，资金、技术、劳动力等生产要素难以在城乡之间顺畅流动，导致农业产业化进程难以加快、乡镇企业资产难以重组、物流业难成气候，不仅影响了农村经济的快速发展，而且影响了城乡统一市场的形成和国民经济的协调发展。第五，其阻碍了社会公平。城乡二元社会结构使社会发展分割，城乡社会事业发展差距拉大，导致教育、科技、文化、卫生和社保等基本公共服务不均等，农民综合素质上的差异造成就业机会不平等，而就业机会不平等又造成收入机会不平等。这种“不平等”链条使农民的各项基本权利和人格尊严受到了侵害。

总之，城乡二元结构及其制度影响，造成了城乡之间、工农之间、贫富之间、市民与农民之间及干群之间程度不同、形式不同的矛盾，构成了政治、经济、文化、社会发展中的结构性障碍。统筹城乡发展，就要从改革城乡二元分割的制度入手，破解二元分割制度带来的一系列突出的结构性矛盾和问题，破除城乡二元经济结构和二元社会结构，形成城乡经济社会发展一体化新格局。

二　用城乡一体化保障农民权益

（一）我们党始终重视保障农民权益

统筹城乡发展，形成城乡经济社会发展一体化新格局，根本目的是要保障农民的权益。我们党立足于在推动经济社会发展进程中逐步消除城乡二元分割，始终高度重视保障农民权益。1978 年，党的十一届三中全会强调指出，调动我国几亿农民的社会主义积极性，“必须在经济上充分关心他们的物质利益，在政治上切实保障他们的民主权利”。1998 年，党的十五届三中全会《中共中央关于农业和农村工作若干重大问题的决定》重申“调动农民的积极性，核心是保障农民的物质利益，尊重农民的民主权利”。2008 年，党的十七届三中全会《关于推进农村改革发展若干重大问题的决定》把“坚持保障农民物质利益和民主权利”作为我国农村 30 年改革发展的 5 条重要经验之一，并作为实现 2020 年农村改革发展目标任务必须遵循的 5 项重大原则之一强调指出：“必须切实保障农民权益，始终把实现好、维护好、发展好广大农民根本利益作为农村一切工作的出发点和落脚点。坚持以人为本，尊重农民意愿，着力解决农民最关心最直接最现实的利益问题，保障农民政治、经济、文化、社会权益，提高农民综合素质，促进农民全面发展，充分发挥农民主体作用和首创精神，紧紧依靠亿万农民建设社会主义新农村。”

改革开放 30 年来，我们党始终坚持经济上充分关心农民的物质利益、政治上切实保障农民的民主权利，极大地调动亿万农民的积极性，不断解放和发展了社会生产力。特别是党的十六大以来，党中央提出了一系列推进农村改革发展的新理念、新思路，从“统筹城乡经济社会发展”到“全党工作的重中之重”，从“两个趋向”的重要论断到建设社会主义新农村战略任务的提出，再到“形成城乡经济社会发展一体化新格局”的根本要求，体现了党对保障农民权益的关切，体现了党对中国特色社会主义建设规律认识的深化。在党的“三农”工作新思想、新理论指导下，我国农村改革30年迈出了三大步。第一步是以家庭承包经营为核心，建立农村基本经济制度和市场机制，保障农民生产经营自主权，一举解决了中国人的吃饭问题。第二步是以农村税费改革为核心，统筹城乡发展，调整国民收入分配关系，保障农民物质利益，“三农”工作出现重要转机，粮食连续7年增产，农民收入年均增长超过6%。第三步是以促进农村上层建筑变革为核心，实行农村综合改革，解决农村上层建筑与经济基础不相适应的一些深层次问题，保障农民民主权利，农村改革发展已进入重在制度建设的新阶段。

（二）用城乡一体化制度保障农民权益

形成城乡经济社会发展一体化新格局，这是党的十七大提出的重大战略任务，是推进农村改革发展的根本要求，是破解农业、农村、农民工作难题的根本出路，是破除城乡二元结构、缩小城乡差别的根本途径。一般认为，城乡经济社会发展一体化是指城乡之间生产要素自由流动、公共资源均衡配置、基本公共服务均等化，城乡居民平等参与现代化进程、共享改革发展成果，城乡经济社会良性互动、协调发展、融合一体。其实质在于从法律、制度和政策上切实保障农民政治、经济、文化、社会等方面的合法权益。

城乡二元结构的本质是制度性的，城乡二元制度把人分为农民、市民两类基本权利不平等的人群。统筹城乡发展，形成城乡经济社会发展一体化新格局，必须从统筹城乡规划、产业发展、公共服务、社会发展和社会管理上切入，建立促进城乡经济社会发展一体化制度，切实保障农民各项合法权益。

1. 推进城乡规划一体化

规划的本质是立足于发挥规划对象的功能，调整布局结构，合力配置资源，实现科学发展。城乡规划分割，甚至只搞城市规划、不搞乡村规划，规划不顾人的权益和人的发展，这是以往制订规划中存在的问题。统筹城乡规划，应统筹安排县域城镇建设，为农民就近转移创造条件；土地利用、农田保护、产业聚集、村落分布、生态涵养等结构布局，应有利于农民生产生活条件的改善，切实保障农民的各项权益。

内蒙古鄂尔多斯市东胜区在统筹城乡发展中从该区生态环境恶劣、农村人口较少、农业生产条件极差的实际出发，注重规划先行，统筹规划城市建设、园区建设、基础设施建设、产业结构布局、社会事业发展、生态自然恢复，推动农村人口向城市转移，基本实现了城乡一体化发展。以该区罕台城乡统筹示范区规划为例，2008 年底开始规划建设的一期工程已建成进城农民住宅楼 126 栋，即将入住生态移民 3554 户 12083 人；从旧市区迁来羊绒加工、制约、食品加工三个行业 100 多家劳动密集型的中小企业，将为进城农民提供 3 万多个就业岗位；建设 1 所医院、2 所小学、3 所幼儿园、5 万平方米商户，在社区配套建设 5 处文化活动中心、医务室和远程教育课堂，这些服务机构和设施以及环卫、绿化行业又能提供数量可观的就业岗位。农民转移进城，关键是能就业、有收入，享有平等的基本公共服务，有尊严地工作生活，真正融入城市。鄂尔多斯市东胜区通过城乡规划一体化及实施一体化规划，使农民平等享有各项基本权利。该区 2008 年就统一城乡户籍管理，取消农业户口，按居住地登记“居民户口”；推进农村土地承包经营权规范流转，发展生态、旅游、休闲经济；转移安置的生态移民、矿区移民按相关政策得到相应补偿，全部实现住有所居，劳动力在二三产业就业；享有平等甚至高于市民的基本公共服务（包括 12 义务教育）和社会保障；面向全国招标确定 27 家职业教育培训机构为劳动力转移培训基地，定岗、定向、订单培训，增强农民的职业技能，提升其综合素质。截至 2009 年底，东胜区有 6.1 万人农村人口转移进城，仅有 6000 人在生态恢复区从事护林员工作，城镇化率达到 99%，进城农民的人均收入由进城前的 7200 元增加到 3 万多元。

2. 推进城乡产业发展一体化

长期以来城乡产业分割，农村产业结构单一，农业生产规模小、链条短、服务缺、效益低，城镇生产要素难以向农村流动，二三产业不能与第一产业融合，导致农民增收缓慢，城乡居民收入差距不断扩大；城镇产业发展较少考虑农村富余劳动力转移就业，产业结构以第二产业为主，大项目、大企业为主，服务业发展滞后，包括一些县城在内的中小城镇甚至缺少产业支撑，且不说对农村的带动能力弱，自身发展的内生动力也不足。

统筹城乡产业发展，应坚持以工促农，促进农村生产、加工、销售一体化发展，推动农业产业化经营，但龙头企业必须与农民建立紧密型利益联结机制，让农民分享加工、销售环节的利润；应坚持发展多种形式的适度规模经营，提高农业经济效益，但必须按照依法自愿有偿原则，通过土地承包经营权流转市场规范流转，保障农民对承包土地的占有、使用、收益等权利；应培育扶持农民专业合作社，发展各种农业社会化服务组织，着力提高组织化程度，但必须按照服务农民、进退自由、权利平等、管理民主的原则，使之健康发展，使农民受益；应完善城乡平等的要素交换关系，坚持市场竞争与政府宏观调控相结合，从制度层面上彻底改变农村土地、劳动等要素价格低于城市的制度，禁止城市廉价征用农村集体土地，实现农村劳动力与城市劳动力同工同酬，通过政策性金融引导农村储蓄主要用于农村发展，引导城市资金、技术、人才、管理等生产要素向农村流动；应坚持以城带乡，强化城镇产业支撑，加快发展城镇服务业、劳动密集型产业，加快发展中小企业、个体私营经济，创造更多的就业岗位和创业机会，促进农村劳动力向二三产业转移，农村人口向城镇聚集。

内蒙古包头市九原区阿嘎如泰苏木[①]在新农村新牧区建设中，针对草场严重退化、传统农业效益低下的突出矛盾和问题，对38万亩草场实行全面禁牧，把乌兰计五村的2000亩耕地改造为设施化种植。同时，该苏木面向大城市包头，充分发挥农牧结合、离市区较近、交通便利的优势，利用暖棚设施发展绿色蔬菜种植，柏树沟嘎查发展种公羊舍饲养殖，近百户牧民从山里搬到牧民新村别墅里发展“牧家乐”旅游业，还将整合乌兰计五村农民集中居住以后的宅基地发展物流业。这样，该苏木产业将实现由城乡分割的传统放养畜牧业、大田种植业向连接城乡的技术含量高、经济效益好的现代农牧业、旅游业和物流业转变。阿嘎如泰苏木从2008年实施产业结构调整以来已经取得初步成效，农牧民人均纯收入由2008年的8700元增加到2009年的10500元。阿嘎如泰苏木的做法说明，建设新农村新牧区，发展现代农牧业，要从自己和周边环境的实际出发，善于充分发挥优势，善于把劣势转化为优势，做好城乡产业一体化发展的文章。

3. 推进城乡基础设施和公共服务一体化

长期以来由于经济社会发展阶段的原因，特别是国家有限的投入主要向城市倾斜，对农村水、电、路、气、通信等基础设施和教育、科技、文化、卫生等各

① 苏木是牧区乡级基层单位，嘎查是牧区村级行政区域。

项社会事业投入较少，农村普遍存在挑水吃、点煤油灯、烧柴禾、信息闭塞、行路难、上学难、看病贵、买东西远、科技缺少、文化落后的现象，农民与市民在分享基础设施和公共服务方面的差距越来越大。改革开放特别是新世纪以来，随着经济社会加快发展，财政对“三农”的投入逐步加大，推进城乡基本公共服务均等化，农村基础设施不断改善，社会事业不断发展，多数行政村通了电、有了自来水、接通了硬化路面和通信设施、搞了沼气，农村教育经费由县财政统筹，95%以上的农民参加了新型农村合作医疗，新型农村养老体系正在建立，一些发达地区的农村正在与城市接轨，那里的农民与市民的差距正在逐步缩小。但从总体上看，城乡基础设施建设和公共服务的差距仍然很大，农村各类基础设施还不适应农业生产发展和农民生活改善的需要，各项社会事业还存在覆盖面不全、布局不合理、保障水平低等问题。

统筹城乡基础设施建设和公共服务，应切实强化政府对改善农村基础设施的责任，优先发展社会共享型基础设施，促进城市基础设施向农村延伸，在全面提高财政保障农村公共事业水平的同时，调动和引导社会资金在内的各方面力量加强对农村水利、电力、交通运输、燃气、电信、商业网点等基础设施的投入，扩大基础设施的服务范围、服务领域和受益对象，使乡村联系城市的硬件设施得到尽快改善，让农民同样分享基础设施；应切实强化政府保障农村基本公共服务供给的基本职责，加快健全公共财政框架，调整财政支出结构，建立城乡一体的财政支出体制，投入更多资金提高保障能力，完善城乡统一的公共服务制度，努力实现城乡教育、科技、文化、卫生资源均衡配置，促进城市社会事业向农村覆盖、城市文明向农村辐射，加快农村公益事业建设，提升农村公共服务水平，促进社会公平正义。

4. 推进城乡劳动就业一体化

就业是民生之本，城乡居民只有就业才有收入，有了收入才能改善生活，也才能扩大居民消费，进而扩大内需；城乡居民享有平等就业的机会，也是促进社会公平正义的题中之意，是城乡居民有尊严地工作生活的基础和前提。在计划经济体制下，由于经济社会发展阶段的原因和城乡二元就业制度“樊篱”，农村居民只能从事农业生产，农民不能到城里就业，农民与市民没有平等的就业机会。改革开放以来，由于乡镇企业的异军突起，农民可以“离土不离乡”地在乡镇企业就业。随着东南沿海地区的率先发展和工业化、城镇化的加快推进，一个数以亿计的“候鸟式”流动就业的庞大群体——农民工的出现，冲破了分割城乡就业的“樊篱”。但城乡居民平等就业的制度性障碍依然存在，城乡统一的劳动力市场还没有建立起来，农民进城就业的机会不平等，权益难保障，环境和条件亟待改善。

统筹城乡劳动就业，就要把促进城乡居民就业放在经济社会发展的优先位置，实施更加积极的就业政策，加快建立城乡统一的人力资源市场，逐步实现农民与市民享有同等就业机会，引导农民有序外出就业；就要把提高农民就业能力放在农村教育培训工作的优先位置，加快建立提升农民综合素质和职业技能的长效机制，增强农民在二三产业就业和自主创业的能力；就要把大力发展服务业、劳动密集型产业、中小企业和个体私营经济放在县域经济结构调整的优先位置，扶持农民工返乡创业，创造更多就业机会，鼓励农民就近转移就业；就要把解决农民工问题放在保障和改善民生的重要位置，加强农民工权益保护，逐步实现农民工劳动报酬、子女就学、公共卫生、住房租购等与城镇居民享有同等待遇，改善农民工劳动条件，保障生产安全，扩大农民工工伤、医疗、养老保险覆盖面；就要把实施《社会保险法》① 作为解决城乡社会保险二元结构问题的契机，逐步实现新型农村社会养老保险制度与城镇居民社会养老保险制度合并实施，逐步把新型农村合作医疗制度纳入基本医疗保险制度，进城务工的农村居民和其他职工一样依法参加社会保险，依法解决被征地农民的社会保险问题，建立覆盖城乡居民的社会保障体系，切实维护农民参加社会保险和享受社会保险待遇的合法权益，不断提高各项社会保障水平，使农民共享发展成果，促进和谐社会建设。

5. 推进城乡社会管理一体化

社会管理的二元分割表现在很多方面，但最重要、最根本的是现有户籍管理制度，户籍上附着了农民与市民诸多的基本权利不平等，长期以来城镇户口与农村户口成为城乡之间难以逾越的鸿沟，户籍背后隐藏着公民身份的差异和享有基本公共服务、社会福利的不平等。

统筹城乡社会管理，最根本的是推进户籍制度改革，实现户籍管理城乡统

① 我国《社会保险法》从1993年开始起草，历时17年，2010年10月全国人大常委会通过，将从2011年7月开始实施，其一大亮点是致力于解决城乡二元结构，把城乡各类用人单位和居民都纳入了社会保险适用范围。

一，完善公民信息管理系统，城乡居民凭合法固定住所证明登记户口，破除长期以来束缚城乡居民自由迁徙的制度障碍，尊重城乡居民双向自由迁徙的权利，户口随居住地变动而变动；实现登记前提城乡统一，登记户口不以农民放弃原有利益为代价，农民进城落户可以不放弃农村宅基地使用权、土地承包经营权、林地承包经营权，就业、参加社保不以放弃承包地为前提，农民的各项权益不因居住地的迁徙、职业的改变而受到侵害；实现公共服务城乡统一，城乡居民在统一户籍管理制度下享有平等的教育、科技、文化、卫生、住房、社保等基本公共服务和社会福利，农民进城不进城完全尊重农民的意愿，不进城的农民同样享受政府提供的基本公共服务、社会保障和社会福利；实现失业登记城乡统一，建立城乡统一的就业失业登记管理制度，统一失业保险待遇标准和城乡统一的社会保险制度，建立城乡统一的就业援助扶持制度，使一部分新增农业人口、失地农民及时得到就业失业登记和就业援助的政策保障，达到城乡社保公平；实现住房保障城乡统一，建立分区域统一的城乡住房保障体系，对城乡居民符合住房保障条件的家庭，统一纳入城乡住房保障体系，以廉租住房、公共租赁房、经济适用住房以及租房、建房补贴等方式解决其住房困难，实现城乡居民人人都能住有所居的目标。

内蒙古乌海市是以发展工矿产业为主的城市，农村人口较少。2004 年，乌海市在全国地级市中率先推进城乡经济社会一体化发展，取消农村户口，将全市 4.7 万农村人口全部登记为城镇人口。乌海市并没有要求农民放弃宅基地使用权和土地承包经营权，农民与城镇居民一样享有平等的教育、科技、文化、卫生、住房、就业、社保等基本公共服务和社会福利。截至 2010 年，仍有 1.8 万农民从事农业生产，其余 3 万人在二三产业就业。在乌海市，“农民”的称谓已经不再是身份的标识，而仅仅是一种职业。农民人均纯收入由 2004 年的 3886 元增加到 2009 年的 8226 元。

三　关于统筹城乡发展的几点启示

统筹城乡发展、推进城乡经济社会发展一体化的实践和一些先行先试地区的做法经验，给我们提供了以下几点启示。

第一，全面落实统筹城乡经济社会发展的重大方略，是坚持科学发展，更加注重以人为本，更加注重保障和改善民生，促进社会公平正义的内在要求。从整体上讲，农民仍然是弱势群体，以人为本首先要以农民为本，保障和改善民生首先要保障和改善农村民生。

第二，全面落实统筹城乡经济社会发展的重大方略，是坚持扩大内需战略，建立扩大消费需求长效机制的迫切需要。扩大内需的战略重点是扩大消费需求，而扩大消费需求的重点是释放城乡居民特别是农民的消费潜力，必须多渠道增加农民收入，增强农民消费能力。

第三，全面落实统筹城乡经济社会发展的重大方略，要从科学发展、促进和谐的战略全局和时代发展要求的高度，牢牢把握保障农民权益这个核心，把使农民与市民一样享有各项基本权利、基本公共服务和社会福利作为统筹城乡经济社会发展的根本出发点和落脚点。

第四，全面落实统筹城乡经济社会发展的重大方略，要牢固树立城乡全域理念，坚决同城乡分割的传统思维定式决裂，想问题、出思路、做决策、搞规划、定目标、提措施，都要从城乡全域考虑，同样重视城市和农村，平等对待市民和农民，甚至按照“重中之重”的要求优先考虑农村和农民。

第五，全面落实统筹城乡经济社会发展的重大方略，要坚持推进城镇化、建设新农村双轮驱动，通过推进城镇化辐射带动农村发展，吸纳农民进城就业；通过建设社会主义新农村，加快培育新型农民，加强农业基础地位，在工业化、城镇化深入发展中同步推进农业现代化。

第六，全面落实统筹城乡经济社会发展的重大方略，要针对城乡二元结构的制度性特点，从改革创新制度、完善体制机制入手，破除城乡二元分割、二元结构制度，建立城乡经济社会发展一体化制度，健全保障农民享有各项基本权利、基本公共服务和社会福利的长效机制。

第七，全面落实统筹城乡经济社会发展的重大方略，要增强机遇意识和忧患意识。城乡二元分割、二元结构是历史形成的，解决也需要一个历史过程。胡锦涛总书记提出的“两个趋向”重要论断以及我国的发展阶段表明，我们已经具备了解决问题的基本条件。抓住机遇，乘势而上，我们定将彻底破除城乡二元结构，形成城乡经济社会发展一体化新格局。

Integration of Urban and Rural Areas

—A New Liberation of China's Productivity

Ma Qingbin

Foreword

The proposition, "integration of urban and rural areas: a new liberation of China's productivity" was proposed based on the review and summarization, made by researchers in China Center for International Economic Exchanges (CCIEE), of the profound economic and social changes in China after the foundation of the People's Republic of China, especially during the three and more decades after the reform and opening-up began, as well as their consideration about the unprecedented challenges posed to the traditional economic growth pattern of China since the international financial crisis, and their deep understanding about the urgency of accelerating transformation of the economic growth pattern as proposed by the Central Government. The reform of household contract responsibility system in the countryside and the reform in the urban economic system, which were implemented in the past, were in the process aiming at motivating the people and liberating the productivity. However, the current proposal of "integration of urban and rural areas: a new liberation of China's productivity" is put forward under a new context, i.e. though steady and fast economic development has been maintained for quite a long period owing to years of proactive implementation of the strategy of "driving with two wheels" including urbanization and new rural construction, environmental pollution, resource and energy shortage and the domestic consumption that hangs around at low-level have become prominent. The traditional economic growth pattern is faced with challenges and the mission of accelerating transformation of economic growth pattern becomes more urgent especially under the context that requires our efforts to deal with the international financial crisis. In order to make material breakthroughs in strategic adjustment of economic structure in future five years, and to maintain a steady and fast economic development of China

* PhD and Associate Researcher in China Center for International Economic Exchanges (CCIEE).

in the long-run, we must make breakthroughs in the urban and rural relationship and realize the integration of urban and rural areas. An important approach to realize these objectives is to promote all-round, free and bidirectional flow of urban and rural elements.

The coming year 2011 is destined to be a special year. It is the beginning of the second decade after the mankind entered the 21st century, the year marking the perfect close of the 11th Five-year Planning period of China, and also the year in which the 12th Five-year Planning period begins. As it was proposed in the *Suggestions on the 12th Five-year Planning* that accelerating transformation of the economic growth pattern shall be the focus of our efforts in the future five years, therefore, 2010 will, in a sense, mark the beginning of our practices and explorations in the third "thirty-year" period since the foundation of the People's Republic of China. In the first "thirty years", China successfully developed into an independent country with relatively intact industrial and agricultural economic foundation from a semi-colonial and semi-feudal country. In the second "thirty years", through reform in the rural and urban economic systems, China has released great productivity and developed completely from a weak and closed country into a strong, open and democratic country that ranks second in the world in terms of economic volume. The third "thirty years" is destined to be a crucial period for the Chinese nation to revitalize in all aspects. During this period, further integration of the urban and rural areas will undoubtedly liberate the productivity of China again and push forward steady and fast economic development of China.

Looking into the future five years, both the economy and society of China will be faced with profound and all-round "transformation". It will be the crucial period for China to carry forward integration of urban and rural areas. We need to accelerate the reform in the countryside, establish integrated urban and rural systems and mechanisms, so as to lay important foundation for transforming the economic growth pattern as well as achieving fairness and sustainable development. Carrying forward the process of integration of urban and rural areas will greatly change the economic and social facades of China, liberate China's productivity again, smoothly lift China from the "middle income pitfall" and cause the country to embark on the track of building a moderately prosperous society in all respects.

Steady urbanization is a long-standing momentum that enables steady and fast economic development of China in a long term, and also the origin of force that accelerates transformation of the economic growth pattern. As historical experience indicates, many countries have been trapped in the "middle income pitfall" of stagnating income per capita during this economic transformation process. To run out of this pitfall and stride forward into the queue of high income countries, China needs to find out a new, strong and long-lasting economic power source. To create this power source, we have to treat proactive and proper propulsion of urbanization as the important power origin of stimulating domestic demand and the important approach of pushing forward strategic adjustment of the economic structure, and meantime, stick to the strategy of new rural construction, eliminate system obstacles that restrain economic development as soon as possible, and gradually bridge the gap between urban and rural areas to achieve the integration of planning, industries, employment, social management and factor markets between urban and rural areas. The urbanization rate of China has reached 46.6% in 2009 and is expected to reach 47.6% in 2010. For a certain period in the future, the urbanization of China will maintain steady and fast development, and China will start speeding up its development into an industrially modernized country with strong agricultural basis from the current status as an agricultural country with giant industrial basis.

Therefore, the key to the success of urban and rural integration lies in coordinated propulsion of agricultural modernization, urbanization and industrialization. It is difficult to carry on urbanization and industrialization without agricultural modernization. Our practice of driving agricultural development solely with governmental fiscal input has begun to show disadvantages. The excessively decentralized rural land operation model, which confines much workforce in the countryside, is difficult to provide labor force for the ongoing urbanization and industrialization of China and consumption market for products of manufacturing industries such as agricultural machinery products. Thus, we should establish a healthy mechanism that associates abundant social capital with agricultural modernization, and through family farms, large family-based specialized enterprises, rural cooperatives and by encouraging leading enterprises of agricultural products to expand into plantation and livestock breeding, cultivate new agricultural operation entities and continuously improve the labor productivity of agriculture as well as land yields, so as to put an end to the prevailing phenomenon of growing disparity between urban and rural areas (i.e., the productivity of the urban economy that is mainly composed of the second and third industries is much higher than the productivity of the rural economy that is mainly composed of decentralized agricultural operations.) In the future 10 to 20 years, we will steadily push forward urbanization and actively carry forward agricultural modernization, so that we can enable immigration of 10 to 20 million peasants into the urban areas each year and realize the ultimate objective of transferring a labor force of 200 to 300 million rural residents to the second and third industries with higher efficiency in 10 to 15 years. Meantime, we will make rural lands circulated to persons who have expertise of the market, technologies and modern agriculture, so as to enable scale-based operations of the lands which are now experiencing fragmented operations, improve agricultural productivity and bridge the gap between average labor productivities of urban and rural areas. Scale-based and modernized agricultural operations, in addition to narrowing down the urban and rural gap, will motivate the development of China's agricultural manufacturing industry and provide a larger market for the agricultural machinery industry. Also, rural population who immigrates into the urban areas, because of their income growth, will improve their consumption level and size, which will considerably drive the consumption market. Ultimately, these measures will enable coordinated development of the first, second and third industries and the formation of a new pattern of economic growth jointly driven by consumption, investment and export.

I Overview of Integration of Urban and Rural Areas

(1) Historical Context When the Theories of Urban and Rural Integration Were Proposed

Since the reform and opening-up, the reform of household contract responsibility system in the countryside and the reform in the urban economic system have released great productivity. The macro economy of China grows rapidly and shows favorable momentum in general. However, we should also note that the deep-level conflict caused by the urban-rural dual sector structure are still evident, the gap between urban and rural areas in terms of social undertakings and public service level is still large, the disparity between incomes of urban and rural residents has been widening, and the economic disparity is increasingly enlarged year by year between urban and rural areas. Income of urban residents is already 3.33 times the income of rural residents, and the multiple is expected to grow faster year by year. The average income of rural residents in 2007 was equal to that of urban residents in 1995, which means that income level of the rural areas is 12 years behind the income level of the urban areas.

The slow increase in rural residents' income and the widening gap between incomes of urban and rural residents directly affect peasants' consumption and constrain the market scale of the rural area from expanding. They are also important causes of excessive industrial capacity in the recent years.

The separation of factor markets in the urban and rural areas also blocks the channel of "promoting agriculture with industry and driving rural development with urban development". The urbanization process tends to be slowing down. The growth rate of urbanization decease to about 0.8% and 0.9% in recent years from the historical average rate of 1.4%. A large size of rural surplus labor force is stuck in agricultural sectors, which constrains the agricultural productivity from improving and hinders the development of agricultural production. Eventually, it is difficult to realize the scale-based and modernized agricultural operation model. Objectively, the income grow rate of peasants are constrained by these factors.

Through three decades of reform and opening-up, the dual-level operation model combining unified management with independent management that was implemented in the past has relieved great productivity of China. "Independent management", to a significant extent, has inspired peasants' positivity in production. However, as the agriculture of China is increasingly involved in global competition, the traditional operation model of agricultural production that features household or family-based operation requires transformation as soon as possible. Meantime, as urbanization proceeds, a large number of lands need to be operated in a centralized manner. At the next stage, therefore, our focus will need to be shifted from "independent management" to "unified management", and we will have to unify the dispersing peasants through cooperatives or organizations of other forms, so as to adapt to the changeful market and embark on the track of modern agricultural production. Another reason for the shift is that fragmented land cultivation and operation are difficult, either to accommodate with modern large-size agricultural machinery, processing and funds, or enable modernized agricultural production. Of course, we have to push forward "unified" management with market means under the precondition of protecting peasants' interests, but not by taking the approaches like the one that Latin-America took which disregards interests of small peasant households at relatively disadvantageous position.

(2) Breakthroughs in the Theories and Policies of Urban and Rural Integration

1. Theoretical studies abroad

The theoretical studies of urban and rural integration are comparatively mature abroad. The typical theories include Lewis' "Dual Sector" model of "driving rural development with urban development", the theory of "promoting urban development with rural development" proposed by scholars represented by Lipton and Todaro, and McGee's "urban and rural integration model". In his model, Lewis believes developing countries have a "dual-sector" economic structure in which urban areas are essential in the urban and rural economic relationship. The theory stresses that with urban areas as the focus, the mobilization of resource elements between urban and rural areas eventually will drive development of the rural areas. The second theory believes that urban and rural relationship with "urban preference" tends to take shape during the urban and rural development process. According to this theory, we should give more autonomy to rural areas in our policies, encourage export from, re-construct infrastructure in and improve the self-productivity of rural areas, gradually develop "township construction plans", make agriculture commercialized, increase agricultural production volume and trade surplus, and enable development in the rural areas. The idea of MaGee's model is that since the Second World War, industrialization and urbanization processes in developing countries, especially in Eastern Asian countries, become faster, big cities tend to develop and expand rapidly, and in the outer areas of cities which benefit from the traffic lines along them, urban and rural integration zones of large scale take shape.

2. Domestic theories and policies

With respect to urban and rural integration, Chinese scholars generally believe that integration does not equal to identity of the urban and rural areas; urban and rural integration does not mean to waive the traditional household-based model of agricultural operations; given that urbanization with Chinese features should be a process of synchronous development of agricultural modernization, industrialization and urbanization, we should not promote urbanization at the price of agriculture, but must promote agricultural modernization, industrialization and urbanization concurrently.

Domestic scholars analyze the mechanisms of urban and rural integration from the perspectives of system reform, township enterprises and small town development, and analyze the impact of labor force mobilization as well as the reform of family register system on urban and rural integration. At the policy level, the Central Government also has important predication regarding the urban and rural relationship. In the Fourth Plenary Session of the Sixteenth Central Committee of the CPC, comrade Hu Jintao first proposed the important predication of "two tendencies", i.e. "an overall analysis of the development process of some industrialized countries reveals that at the beginning of industrialization, there is a general tendency that agriculture supports industry and provides accumulation for industry, but when industrialization reaches a certain level, there is also a general tendency that industry contributes to agriculture in return, the urban areas supports the rural area, and the coordinated development between industry and agriculture as well as between urban and rural areas is realized." It was pointed out in the Third Plenary Session of the Seventeenth Central Committee of the CPC, that China in general has entered the stage of promoting agriculture with industry and driving rural development with urban development, has come to the crucial moment of accelerating renovation of the traditional agriculture and starting the journey of developing modernized agriculture with Chinese features, and has entered the important period of focusing on eradicating the urban-rural dual sector structure and developing a new pattern of integration between urban and rural economic and social developments. In particular, we should seek to realize integration of the six aspects,including urban and rural planning, industrial development, infrastructure construction, public services, factor market, and social management.

3. Five development stages of urban and rural integration in China

A summarization of the changes in the urban and rural relationship in the past six decades is of significant reference value for us to objectively understand the present urban and rural relationship and carry forward urban and rural integration. Objectively, the development of urban and rural relationship in China mirrors our countermeasures against the current domestic and foreign environments.

(1) The stage of urban and rural accommodation (1947-1957). As the large-scale industrialization construction under the 1st Five-year Planning proceeded, the urbanization rate of China increased to 15.39% from 10.64%. The guiding principle of urban development of "focusing on construction and making process steadily" proved to be successful in general. During this stage, urbanization appeared to follow the positive circle of "communication between urban and rural areas, and mobilization without stagnation", which promoted the sound development of the economy and society of China.

(2) The stage of driving development of "small" cities with "big" countryside (1958-1978). During this stage, we focused on developing heavy industry, accumulated funds for industry by means of scissor difference with respect to agricultural products, and meantime kept down urban population and capital input in urban development in order to provide fund necessary for industrial development. However, urban development experienced ups and downs in this stage. During the three years of "Great Leap Forward", the rural population which immigrated into cities was seriously out of control and urbanization rate soared from 15.39% to 19.75%, which was not accommodated by the economic development at that time. After the "Great Leap Forward", the country entered the three years of economic difficulty and adjustment stage, 26 million urban people were mobilized to return to the countryside and the urbanization rate dropped from 19.75% to 17.98%. Policies and measures developed during the adjustment process, including control by means of family register, restriction of population mobilization, and cancellation of urban planning, have profound impacts even till this date. The urbanization rate during this stage paced up and down around 17%.

(3) The stage when rural and urban areas were reformed by turns and developed synchronously (1978-1991). During this stage, both urban and rural areas developed considerably primarily owing to relief of the urban and rural productivities that have been constrained for years through reform of the household contract responsibility system in the countryside and the reform in the urban economic system. During this period, the mobilization of population between urban and rural areas started, there was increasingly extensive exchange between persons and resources, and a large number of cities and designated towns sprang up. From 1985 to 1990, the numbers of cities and small towns increased respectively by 29 and 589 each year, which greatly improved the urbanization rate of China and also improved the ability of cities to absorb surplus labor force from rural areas. The urbanization rate of this stage grew by 0.7% per year.

(4) The stage when urbanization accelerated and the gap between urban and rural areas

gradually widened (1992-2009). After 1992, China recognized the household contract responsibility system in the countryside under the Constitution Law, which strengthened the strong momentum of agricultural development. On the other hand, the reform of socialist market economy significantly motivated urban development. Urbanization rate rose to 45.68% in 2008 from 26.41% in 1990, increasing by an annual rate of 1.07%. Especially from 2001 to 2005, the urbanization rate grew by about 1.4% annually. In the following years, though the growth rate of urbanization somehow decreased due to several reasons, it still went up and down at about 1%. During this stage, capital, technologies and residents massed into urban areas at a greater speed, urban areas developed rapidly, but objectively, the growth rate of agricultural production efficiency was slowed down and rural areas were marginalized. Eventually, developments in urban and rural areas became imbalanced. A typical representation of this imbalance was the widening ratio between urban and rural incomes, which reached its historical height of 3.33 in 2009 since the reform and opening-up.

(5) New period of urban and rural integration (2010-). Due to the impact from the international financial crisis, it is more urgent to transform the economic growth pattern. As was proposed under the *Suggestions on the 12th Five-year Planning*, we have to "promote agricultural modernization and speed up construction of a new socialist countryside" and "proactively, and prudently carry forward urbanization". Urban and rural integration will enter a new era of development.

II Integration of Urban and Rural Areas Will Liberate Productivity Again

(1) Promoting Steady and Fast Development of China's Economy

1. Stimulate consumption in urban and rural areas and promote consumption structure upgrading

The focus of urban and rural integration is the free, bidirectional and all-round flow of urban and rural elements. Future economic growth of China will depend on stimulation of consumption, especially consumption of residents, which is further divided into consumption of urban residents and consumption of rural residents. Presently in urban areas, consumption of urban residents is generally directed to be upgraded from basic consumption to consumption of higher level, and therefore it is unlikely to expect larger consumption market of traditional commodities in respect of which productivity is surplus, including automobiles, television sets and steel. In rural areas, however, the rapid increase of peasants' incomes in recent years makes peasants evidently more able to buy. But the savings balance of rural residents has been higher than the increase in peasants' incomes during the same period. Therefore, we can infer that peasants do not use the large volume of cash held by them to buy but save them instead. In face of the bottlenecks in urban and rural consumptions, we can only promote upgrading of urban and rural consumption structure by carrying forward urban and rural integration, so as to break through such bottlenecks.

2. Urbanization is the fundamental driving force for integration of urban and rural areas

Steadily pushing forward urbanization has become the primary driving force of steady and fast economic development of China in the certain period in the future. New rural construction can improve the living facilities and basic production conditions in rural areas, but cannot activate the huge consumption market in such areas. Under such circumstance, we may allow peasants to share in dividends of urbanization through means of lands during the urban and rural integration, especial during land resource integration process. There are five reasons why we should consider urbanization as the driving force of steady and fast economic development of China in the certain period in the future. First, weak growth in foreign demands will be a long-lasting tendency; second, strategic emerging industries are difficult to become the new growth point of economic development in a short term; third, it will be the best time for China to promote urbanization in a cost-effective way for a certain period in the future; fourth, urbanization will be essential for digesting excessive production capacity and stimulating investment demands for a certain future period; and fifth, urbanization is the primary approach through which we may stimulate consumption demands in a certain future period.

(2) Creating Demands Between Modern Sectors

Many are worried that peasants who walk out of the countryside during the urbanization process will be difficult to subsist once hit by any economic crisis, and hence will lead to social instability. They support their argument with the fact that many peasants returned to the countryside after the present financial crisis. As a matter of fact, modern economic development requires the shift from traditional agricultural employment to creation of demands between modern sectors for the purpose of providing employment opportunities. While ensuring that grain production meets demands, we should bring the ecological and tourist functions of agriculture to full play. For example, currently in the outskirts of Beijing and in Sichuan Province, some joyous peasant's houses (small restaurants, farms or inns in rural areas) and ecological tours are running quite successfully. They have improved the functions of agriculture itself in non-agricultural employment and increasing non-agricultural incomes of peasants. Furthermore, compared to developed countries, the service industry in China is still backward and the industrial structure still has much room for upgrading. For example, service industry contributes to 70% of the GDP in the United States and over 60% of the GDP in the UK, France, Germany and Japan, respectively, but only accounts for 33% of the GDP in China. Therefore, there is a gap of at least 20 to 30% between China and these developed countries in terms of industrial development. Urban areas in China still have much room for providing non-agricultural employment opportunities. During the financial crisis, service industry is a key field that can help stabilizing employment. According to relevant data, after the outburst of the financial crisis, peasant workers flow even faster to the Yangtze River Delta and Beijing-Tianjin Region where service industry is more developed. It indicates that the employment preference of the new generation of peasants and university graduates tends to be "softened". The heavy industrialization process of economy causes drastic drop in the employment flexibility of GDP, especially of the second industry. Compared to industry, service industry is more flexible in providing employment, and is less affected by periodic changes of economy. Take Changsha as example, of all peasant workers who returned to Changsha, respectively 63%, 15% and 6.5% returned from Guangdong and the Pearl River Delta, Shanghai and the Yangtze River Delta, and the Beijing-Tianjin-Tangshan Region. It shows that service industry is not only an important approach for receiving labor force, but also a buffer-zone for coping with the unemployment caused by crisis. An analysis from the perspective of the internal structure of service industry shows that, although traditional consumption-based service industry has absorbed more labor force, with the upgrading of industrial structure and transformation of production pattern, production-based service industry will become the primary sector that absorbs labor force. Therefore, vigorous development of production-based service industry will play an important role in absorbing high-level human capital arising from the expanded university admission, as well as in solving unemployment problem of university graduates.

(3) Overall Conditions for Implementing Urban and Rural Integration Have Become Mature

1. The economic development of China in general has embarked on the track of rapid development

It took 15 years for China to increase its GDP to RMB10000 billion in 2002 from RMB1000 billion in 1987. However, it only took four years for it to create one more RMB10000 billion: Its GPD was a record height of more than RMB20000 billion in 2006. Shortly two years after that, in 2008, its GDP reached RMB30000 billion. These data indicate that the economy of China has embarked on the track of steady and fast growth. At the same time, the total fiscal revenue of China steadily increased year by year. After surmounting RMB2000 billion in 2003, the fiscal revenue increased, respectively as compared to the previous year, by RMB468.122 billion, RMB525.282 billion and

RMB711.091 billion from 2004 to 2006. The fiscal revenue in 2007 was RMB5,130 billion, increased by over RMB1,250 billion compared to that in 2006. The above data reveals that the material foundation required for shifting from quantitative economic growth to qualitative economic growth is already in place.

2. We have come to the stage of pressing urbanization ahead steadily, and urban areas have much room for providing non-agricultural employment opportunities

During the three decades before the reform and opening-up, the urbanization rate had grown by only 10.6%, about 0.3% per annum. For a certain period during these three decades, the urbanization rate even went up and down considerably. In the three decades after the reform and opening-up, however, urbanization rate has grown by 27.75%, i.e. 0.9% per annum. Especially from 2001 to 2005, the average growth rate reached about 1.4%. For years thereafter, the growth rate of urbanization dropped due to several reasons, but still remained at about 1%. In 2008, due to the impact from the global financial crisis, the growth rate of urbanization dropped to 0.8%. In 2009, though we have made phasic progress in dealing with the financial crisis, urbanization only grew by about 0.9%.

The history of urbanization development in developed countries reveals that urbanization grows following a S-curve. Since the periods required for creating and applying inventions and new technologies become shorter and shorter, the industrialization progress in countries that develop later speeds up, leading to acceleration of their urbanization, though initiated later than urbanization in developed countries. In 2009, the urbanization rate of China was 46.6%. It indicates that the urbanization of China has entered the accelerating period and is approaching the "peak rate" stage, as it is recognized that urbanization would accelerate when it reaches the rate of between 30% and 70% and will proceed at peak speed when it reaches the rate of 50%. Provided that the systems and mechanisms including the household register system, land control system and the mechanism of equal access to public services are improved, it is completely possible that the annual growth rate of urbanization in China will be accelerated to 1.4%, the rate that was once attained.

3. We have accumulated rich experience in the practice and exploration of reform in rural property rights that is focused on land circulation

China's rural reform started with land operation modes, whereas its urban development started with value development of lands. The discussions and practices with respect to land issues are always the important pathways through which China makes reforms and realizes economic growth. Firstly, land circulation within rural areas has reached a certain scale. Circulation of rural land contracting and operation rights first appeared in the beginning of 1980s, and gradually expanded from coastal regions to inland regions. The scale of circulation remained stable for quite a long period. In recent years, the circulation tends to speed up. By the end of 2007, circulation of rural land contracting and operation rights across the country involved a total area of 63.72 million Mu, accounting for 5.2% of the total farmlands contracted by peasant households. Especially since 2008, circulation of land contracting and operation rights becomes remarkably faster. In addition, parties involved in circulation tend to be diversified. On the basis of land circulation among peasant households, given the fact that some industrial and commercial enterprises, leading enterprises of agricultural industrialization and specialized cooperative organizations of peasants begin to engage in agricultural operations in recent years, increasingly diversified parties get involved in circulation. According to statistics, currently, 63.9% of the total circulated rural lands are circulated among peasant households, while 36.1% are transferred to enterprises and other entities. Circulation at the time being appears to be sound and steady. With the active exploration of local places, gradual transfer of the rural population and continuous progress in modern rural construction, land circulation tends to develop gradually. Secondly, explorations are made between urban and rural areas regarding multiple forms of land increase and decrease under the precondition of maintaining total farmlands unchanged. Such explorations include the practices of "exchanging rural residential lands with residences" in Tianjin, "two separations and two exchanges" in Jiaxing, "golden land project" in Sichuan, and "land note market" in Chongqing.

4. The new generation of peasant workers is more able to adapt to work and life in modern cities

In order to push on urban and rural integration, the most crucial thing is that we must ensure steady employment of peasants after they immigrate to urban areas. According to data published by the State Bureau of Statistics, in 2009, there were altogether 230 million peasant workers in the whole country. 150 million peasant workers went out for work, and 61.6% of them were between 16 to 30 years old. Inferring from such data, we can estimate that in 2009, the number of new generation of peasant workers is about 89 million. If we take the new-born groups of peasant workers who transfer within their own counties into account, we can estimate that the total number of the new generation of peasant workers at the current stage is about 100 million. It means that the new generation of peasant workers has already accounted for about a half of the 230 million of peasant population. They are not only the main force of urban modern industrial workers, but also the major power that will push on future urbanization. As the new generation peasant workers are new-born groups of peasant workers who are born and grow under the historical context of reform and opening-up as well as accelerated social transformation, they apparently bear time labels that make them different from traditional peasant workers. Meantime, due to the special age group that they belong, new generation peasant workers also show personality characteristics that are commonly found in all youth of similar age. They are more familiar and seasoned with urban living environments than with rural living environments. And compared to ordinary peasant workers, they are more capable of fitting into modern cities.

Ⅲ Present Status of and Problems with Integration of Urban and Rural Areas in China

China in general has entered the stage of promoting agriculture with industry and driving rural development with urban development, has come to the crucial moment of accelerating renovation of the traditional agriculture and starting the journey of developing modernized agriculture with Chinese features, and has entered the important period of focusing on eradicating the urban-rural dual sector structure and developing a new pattern of integration between urban and rural economic and social developments. According to the *2009 Statistical and Monitoring Report on the Process of Building A Moderately Prosperous Society in All Respects in China* issued by the State Bureau of Statistics, 74.6% of the whole process for building a moderately prosperous society in all aspects has been completed and in the eastern regions, 83.5% of the process has been completed. We have come closer to the objective of a society that is moderately prosperous in all aspects.

(1) Present Status about Integration of Rural and Urban Areas

1. Remarkable achievements have been made in urbanization

By the end of 2009, the urban population of China has reached 620 million, twice the number of the total population in the United States and exceeding the population of the European Union by 1/4. The urbanization coverage ranked the first in the world. Currently, China has reached the intermediate level of urbanization and entered the stage of rapid urbanization. Along with the booming development of urban economy, people's livelihood is gradually improved, the living standards of residents have been significantly increased, employment has been increased by a big margin, and the consumption market also tends to be more prosperous. In 2009, the disposable income per capita of urban residents across the country reached RMB17200, and the number of private civil sedans maintained across the country was 26.06 million, with an annul growth rate of 33.8%. Meantime, construction of rail transportation and public transportation facilities were speeded up nationwide. Due to the acceleration of housing system reform and welfare housing implementation, housing quality and residential environments were significantly improved, and the rate of apartments to residential areas in terms of gross floor area exceeded 80% in cities and towns.

2. Implementation of the new rural construction strategy has significantly changed rural facades

Significant progress has been made in rural infrastructure construction. Since 2006, altogether RMB59 billion from the Central Government has been arranged to invest in the construction of safe drinking water projects in rural areas, and eventually 215 million rural residents as well as teachers and students in rural schools are accessible to safe drinking water. During the first four years of the 11th Five-year Planning period, 1.56 million kilometers of rural highways were renovated or built, which significantly increased the total rural areas accessible to highways and expedited traffic in the rural areas. The power grid covered over 95% of all rural population, and basically, electricity for daily use was able to be supplied to both urban and rural residents from the same power grid at the same price. The country also vigorously supported rural areas to develop clean energy, and it is expected that total number of households that use methane will reach 40 million in 2010. The unsafe housing renovation project was started in rural areas. By the end of 2009, the operation rate and completion rate of the expanded pilot mission of rural unsafe housing renovation across the country were 91.1% and 64.9%, respectively. In addition, progress has been made in all aspects in the development of social undertakings in rural areas. Free compulsory education covered all rural residents, and we began to provide free intermediate vocational school education to rural students whose families have financial difficulties and to students whose majors involve agriculture. The pilot program of new rural cooperative medical service system realized complete coverage and the number of rural residents who have participated in the program reached 833 million. The system of giving incentives and supports to rural families who implement the birth control policy was implemented all over the country. The system of rural minimum life guarantee was also established nationwide. The pilot program of new rural social pension insurance system was carried forward successfully.

(2) Problems Arising from or to Be Dealt with in Urban and Rural Development

1. The gap between urban and rural incomes tends to be widening

According to relevant data, the disposable income per capita of urban residents was RMB17175 and the net income per capita of rural residents was RMB5,153 in 2009. The average income of urban residents in this year, therefore, was 3.33 times the average income of rural residents, a little bit bigger than the multiples of 3.32 in 2007 and 3.31 in 2008. It was the historical height since 1978. Beneath the widening gap is the excessively slow increase in salary income and property income of peasant workers. In other words, the gap is caused by the widening difference between urban and rural productivities. By applying "dual comparable coefficients" (i.e. comparison between agricultural and non-agricultural comparable labor productivities) in analyzing the causes of widening gap between urban and rural incomes, some scholars found that since 2000, the urban-rural dual sector structure have been strengthened and a new imbalance arose between urban and rural areas.

2. More financial supports are required in rural public service utilities

In recent years, medical service conditions in rural areas were remarkably improved, and the new rural cooperative medical service system is being built. However, due to the low proportion of investment in rural medical service utilities and unreasonable allocation of medical resources, medical management and services in rural areas lag behind. The capital input of the country in rural public service facilities, including education, medical services and pension, was obviously insufficient. In 2009, the national fiscal budget of education was RMB311.4 billion, of which, RMB99 billion, 31.79% of the total budget, was allocated to compulsory education in rural areas. The proportion was much lower than the proportion (i.e. 69.91%) that rural population bore to the national population. By the end of 2008, the rural population that accounted for 69.91% of the national population was only entitled to 20% of the overall medical resources; as the average data from nationwide indicates, there were 5.41 medical professionals for per 1,000 urban residents but only 2.21 for per 1,000 rural residents.

3. The financial system that supports "agriculture, rural areas and peasants" needs to be strengthened. The financial system that supports "agriculture, rural areas and peasants" is comparatively weak, and rural banks are still "pumping" capital from rural areas

By the end of June, 2009, there were 2945 townships which were not covered by business outlets of banking or financial institutions, of which, 708 were still not covered by any financial services. Presently, the approval thresholds for borrowing under the "agriculture, rural area and peasant" program are still too high; it is still a prominent problem that peasants are difficult to apply loans. In 2009, of the RMB39900 billion of loan balance of banking institutions nationwide, only RMB9,140 billion involved agriculture, accounting for merely 22.9% of the totally balance. Of all such loan amount involving agriculture, merely 24.1%, i.e. RMB2200 billion, was extended to agricultural households. Only less than 1/3 peasant households were granted small-sum credit loans and joint-guarantee loans. In 2007, the difference between savings and loans in the rural financial system was over RMB6000 billion. We may say there is a world of difference between the large size of capital outflow and the size, i.e. RMB1600 billion, granted to support agriculture.

4. Urban and rural social insurance systems need alignment

Currently, both urban and rural areas have their own systems in respect of social security. Therefore, the urban and rural pension insurance systems require to be aligned, and the medical service insurance program for urban residents and the new rural cooperative medical service system need to be coordinated. Presently, the focus of basic social security system in China is still laid on urban areas, and the construction of social security system in rural areas lags behind. In urban areas, social securities in respect of all basic sectors including pension, medical services, unemployment and work-related injury compensation were all started earlier than in rural areas, and comparatively improved systems and mechanisms have took shape. On the contrary, the rural pension insurance system has not been crystallized, the rural social salvation system, which provides limited guarantee, is still unstable. In view of such situations, in 2007, the Chinese government decided to establish the system of rural minimum life guarantee across the country and incorporated eligible poverty-stricken population in the rural areas into the scope of guarantee. The system focuses on providing guarantee to rural residents who have life difficulties all year round, including those who are ill, unable, old, physically weak, or have lost the ability to work. Although the number of rural population covered by the minimum guarantee program increases rapidly, the system of rural minimum life guarantee still lags behind the minimum life guarantee system implemented in urban areas in terms of construction, guarantee scope and extent. In addition, the 200 million and more of peasant workers who work in urban areas are still hindered by systems from access to welfare items, including those in connection with family register, low-income guarantee and housing.

5. Rural immigrant workers and their families are separated by space, and the concentration of urban production is disconnected from the deconcentration of potential consumption market in rural areas

1. Sampled data indicate that only less than 10% peasant workers, i.e. about 20 million, uprooted their whole families to urban areas. Most went to urban areas for work alone for a long term, leaving "left-behind" children and the elders at home. The left-behind phenomenon, which is unique in China, has given rise to increasingly more social issues. In addition, since a considerable share of rural population is distributed at remote and undersized concentration points, the cost of commodity transportation and distribution is so high that domestic consumption growth is refrained. Each Spring Festival, the mobilization of over 100 million persons who travel to visit their families and friends does not only cause pressure to the limited transportation capacity, but also diverts the resources available for tourism and other consumptions. As a matter of fact, under this model, a large number of rural immigrant workers concurrently occupy both rural and urban land resources, i.e. rural residential land and land for urban construction land.

6. There is gap between the statistical coverage of urbanization and public service coverage

As of the end of September 2009, China has 242 million peasant workers, including 152 million rural immigrant workers and 90 million who worked in townships at the place of their family registers. All peasant workers who have lived in urban areas for over half a year are deemed urban residents for statistical purpose. The fact is these persons have not been actually entitled to the urban welfare items that are incidental to family registers, such as medical services and education in urban areas. Hence we need to establish a more modernized public service system so that it will cover more people provided that the financial ability can be ensured.

7. Urbanization of land is growing faster than the urbanization of population, while urbanization in general is growing slower than industrialization

Due to the concern that rural immigrant workers, once becoming local residents, may bring about vast fiscal pressure, local governments typically have a strong disfavor for the conversion of rural immigrant workers to townspeople. In addition, due to the system motive of land finance, local governments have the impulse of acquiring land grant premium to increase their fiscal ability by enlarging urban built-up areas. According to relevant data analysis, from 2002 to 2007, the urban built-up area of China increased by 1861 square kilometers annually at a rate of 7.7%, much faster than the urbanization speed. It makes farmlands, which are already insufficient, to be swallowed by urban areas at a faster speed. The urbanization rate of China is still too low compared to the proportion, i.e. 48%, of industry to the GDP. Therefore, we will have to vigorously develop service industry with high flexibility of employment in the future based on the development of advanced manufacturing industries.

8. Resource and environmental pressures become prominent

The industrialization and urbanization of China develop rapidly during the 30 years since the reform and opening-up. Since the industry of China have been basically developing under an extensive economic model that features high input, consumption and pollution and low benefits, we may also say that the industry of China is developed at the price of vast input of natural resources and increased burdens to the environment. According to relevant data, the atmospheric pollution of China is typically caused by bituminous coal, and of all types of damages from atmospheric pollution, dust fall and acid rain are most hazardous. Currently in each month, there are over 50 tons of dust fall per square kilometer in the northern cities, and even over 100 tons in some places. Each year, 40 million Mu of farmlands in China are contaminated by acid rain, leading to an economic loss of about RMB2 billion. Of the 110 important reaches of the seven water systems and inland rivers, 32% fall under Classes I and II, 29% fall under Class III and 39% fall under Classes IV and V of the *Quality Standards for Surface Water Pollution*. Furthermore, the present area of soil and water loss in China reaches 3.67 million square kilometers, accounting for 38.2% of the total territory of China. Of the 3.67 million square kilometers, 1.79 million square kilometers involve water erosion and 1.88 million square kilometers involve wind erosion. Soil and water loss occurs, to different extents, to all provinces, autonomous regions and municipalities directly under the Central Government.

Ⅳ Practices of and Experiences from Typical Urban and Rural Integration Developments of Foreign Countries

According to relevant studies, the gaps between urban and rural incomes in the United States, Japan and South Korea have also gone though the process of widening and narrowing down. In addition to pushing forward industrialization with great efforts, these countries also sought to realize urban and rural integration by improving the ability of cities to absorb more peasant population, as well as by increasing input in agriculture and rural areas. For example, in the United States, the ratio between urban and rural incomes reached 2.49 in 1930, and then decreased gradually. During 1970 and 1990, the ratio moved around 1.28 and 1.33. After 2002, however, urban and rural incomes have become basically equal to each other. In Japan, the ratio between urban and rural incomes had been about 3.13 since 1930. But as from 1960, it was fundamentally improved and by 1970, there was already scarcely any difference between urban and rural incomes.

Foreign countries also have failures in dealing with urban and rural relationship. The cases in point are the failures of Latin-American countries. At the end of the 19th century, some Latin-American countries started up their modernization process and had achieved tremendous results in urbanization. The urbanization rate of these countries in 1980 had already reached 65.6%. However, in their waves of urbanization, Latin-American governments kept down prices of agricultural products for a long period and only paid attention to the development of export-oriented agricultural sectors. Their credit policies gave greater priority to large-size agricultural enterprises. Poor investment was made in rural infrastructure and the basic benefits, rights and interests of peasants were neglected. Throngs of peasants, due to loss of lands and bankruptcy, flooded into urban areas. Eventually, massive slums sprang up in cities owing to lack of specialized skills and employment opportunities.

The successes and failures of urban and rural integration process indicate that successful urban and rural integration must be based on sound urbanization, protection of benefits of peasant households at disadvantageous positions, as well as the supports from policies which aim at ensuring equal social guarantees, pushing forward the reach of public services to rural areas, protecting agriculture, and revitalizing rural areas. In particular, the following measures should be taken:

(1) To guide development opportunities towards rural areas with economic means

By adopting consumption tax that is more preferential for outskirts and rural areas, the United States drove development of rural economy and increased non-agricultural employment opportunities. Specifically, it implemented consumption tax rate of 9.25% in more developed states such as California, and adopted a rate of merely about 6% in some comparatively backward inland states. Therefore, residents with higher incomes would purchase bulk commodities of same quality standards from inland states. In this way, consumption opportunities spread to inland states with comparatively backward economy, and the development of outskirts and rural areas were promoted. In France where urbanization has been achieved generally across the country, the rural population accounts for only 10% of the total population. In order to avoid "vacant shell" and aging of rural areas, the French government sought to facilitate the young's employment in rural areas by such means as providing interest free loans, allowances and trainings.

(2) To pay close attention to the important role of small and medium-sized enterprises (SMEs) in pushing forward urban and rural integration

In the United States, the government has provided many preferential taxation and fiscal support policies to SMEs primarily out of consideration of two reasons: firstly, most SMEs in the United States are located at outskirts or the countryside, therefore thriving development of SMEs will help bridge the gap between urban and rural developments; secondly, the development of SMEs will significantly decrease unemployment rate. Some practices of Paris, France are also worth learning too. For example, in Paris, high-tech industrial parks are established in Issy-les-Moulineaux at its southern outskirts, and in France's "Silicon Valley" to the south of Paris. In Aubervilliers at the north outskirts, there is a Chinese commodity wholesale market which is the largest in Europe, and in the proximity of Orly Airport at the south outskirts, there is a fresh food wholesale area, which is also the biggest in Europe. Since these three kinds of parks or areas are places where SMEs and self-employed entrepreneurs concentrate, they drive employment in outskirts and rural areas and thus add to the tax revenue from these areas.

(3) To establish a mechanism which enables free bidirectional flow of urban and rural resources

In Japan, through fundamental system arrangements, the government manages to extend the same policy treatments to urban and rural residents in respect of housing register, political rights, social security and personnel mobilization, eliminate the barriers which hinder mobilization of personnel, capital and other economic elements between urban and rural areas, and promote the flow of various resources to rural and backward areas. While allowing influx of rural population into urban areas with such equal treatments, the Japanese government encourages urban population to reside or invest in rural areas and promotes intensive agricultural production by establishing a comparatively improved system that enables circulation of farmlands and rural residences.

(4) To take comprehensive measures to avoid slums

Social issues such as slum are likely to arise during the rapid urbanization process. To prevent these problems, the US and French laws stipulate to the effect that, a property developer who is to erect a commercial residential building will not be granted the construction license unless it provides appropriate welfare apartments (low-rent apartments) in the same building. Such provisions, to some extent, curb polarization between the rich and the poor, because people who can afford to buy commercial residences become neighbors of those who live in welfare apartments. Thus the separation of "poor districts" and "rich districts" is also avoided.

V Practices of Urban and Rural Integration in China

Owing to the imbalance between economic and social developments of the regions across the country, the government and the market play different roles in our exploration towards urban and rural integration. In inland regions where economic development is still comparatively backward, coordinated urban and rural development is primarily driven by fiscal supports from the government, with the aid from market forces, while in the coastal developed regions, the urban and rural integration process only requires strengthened guidance from the government after the economic and social development has reached a certain level.

(1) Chengdu: Integration of six aspects with focus on "three concentrations" and "returning rights and empowering"

As the experimental area under the Pilot Comprehensive Reform for Coordinated and Balanced Urban-rural Development of the State Council, Chengdu has implemented series of reforms in coordinated and balanced urban and rural developments and pushing forward urban and rural integration. It initiated coordinated and balanced urban and rural developments by starting solving the problems in relation with "agriculture, rural areas and peasants", taking into account the actual circumstances of "driving big countryside with big cities". Specifically, Chengdu makes all-out efforts in pushing forward integration of six aspects, including urban and rural planning, industrial development, infrastructure, public services, administration system, and market mechanism, by tackling key and difficult problems in relation with them. The "three concentrations" are taken as the focus and "returning rights and empowering" are treated as breakthrough points.

1. Pushing forward new industrialization, new urbanization and agricultural modernization jointly with "three concentrations"

Based on the actual circumstances of the city, Chengdu, by adopting coordinated and balanced approach, pushes forward the "three concentrations", including concentration of industries in industrial parks, concentration of peasants in townships and new communities, and concentration of lands for operations of moderate scale. With the joint effect of these concentrations, it carries forward new industrialization, new urbanization and agricultural modernization. As industries are caused to concentrate in centralized development areas, the industries is enabled to develop in a centralized and intensive manner. Chengdu expressly required "concentration of industries in industrial parks" as early as the beginning of the pilot program. According to the *Planning Outlines of Chengdu on Industrial Development Layout (2003-2020)*, Chengdu merged 116 industrial parks into 21 centralized industrial development areas. As from 2007, according to the principle of "one owner for each area", Chengdu conducted uniform planning for the whole city and decided the industrial positioning of 21 industrial parks in the city again. Owing to the centralized, intensive and cluster development of industries, a new industrial development pattern wherein all industries have their own unique features, complement each other with their advantages and carry out dislocation competition is taking shape. Peasants who are made or encouraged to concentrate in townships change their production and life styles, starting from farming. One year after implementation of the "three concentrations", over 10000 peasants were immigrated from Xinjin County at the outskirts of Chengdu, and employment opportunities were offered to about 8000 peasants in Dayi County who have lost their lands. During the new urbanization process, Chengdu has tackled the problem of "family register" that constrains peasants from immigration, motivated township concentration of peasants from developed, less developed and backward areas by turns. It also directed, level by level, peasants to transfer to townships and second and third industries and convert into townspeople. By the end of 2006, about 270000 peasants of Chengdu have already moved to and settled in townships and rural new communities. Chengdu has made a planning to establish 558 rural new communities, 167 peasant new housing projects and several compact communities of central villages, in order to direct concentration of peasant residents in townships, central villages and compact communities. In its efforts to steadily push forward concentration of lands for operations of moderate scale, Chengdu has implemented industrial operations on agriculture to push on the transformation from traditional agriculture to modern agriculture. In 2004, Fuxing Township of Pujiang County at the outskirts of Chengdu increased 3332.3 Mu of farmlands by sorting out lands in five villages, and currently with the associated means of implementing industrial operations on agriculture, causing centralized residence of peasants and developing environmental construction. From 2005, Chengdu actively explored a joint-stock cooperative model for agricultural lands, and incorporated peasants' production and development chain as well as subsistence and development chain into its uniform planning. To support the "three concentrations", Chengdu implemented three major projects including industrial operations on agriculture, environmental construction for the purpose of rural development, as well as rural development for the purpose of helping the poor. These projects have boosted the development and prosperity of vast rural areas in general. By the end of 2006, 1.538 million Mu of lands in Chengdu were under scaled-based operations, various agricultural industrial operating entities have liaised and given impetus to 1.235 million peasant households, 59.2% of the total number of peasant households in Zhongshan. In 2007, Chengdu started to implement coordinated and balanced urban and rural development with the conception of "Panoramic Chengdu". Through the basic approach of "three concentrations", it pushed forward "four in one" development that covers the economy, politics, culture, and social construction of all administrative regions of Chengdu, so as to structure a new urban and rural form in which modern city harmoniously accommodate with modern countryside, and historical culture and modern civilization add reliance and beauty to each other. Guided by the prospective of "Panoramic Chengdu", through the "three concentrations", Chengdu integrated development resources of different regions, and promoted resource complementation and industrial cooperation within the whole city. For example, production bases in Wuhou District were moved to Jintang County and Chongzhou District; Jinjiang District cooperated and matched with Jintang County, and developed high-end manufacturing industries and service industry on vacated lands. "Industrial enclave" and "agricultural enclave", which are brought into being by the invisible hand of the market, dynamically integrated the efficient utilization of resources and upgrading adjustment of urban and rural industries. Furthermore, Chengdu deepened its practices of coordinated and balanced urban and rural development, and infused new development connotations into the "three concentrations". In the process of causing "concentration of industries in industrial parks", Chengdu did not only enabled centralized, intensive and cluster development of industries, but also improve the level and explore new development pathway for such development by adapting to the general rules of socialized production. In the process of causing "concentration of peasants in townships and new communities", Chengdu allowed peasants to immigrate to urban areas while maintaining their rural property rights in accordance with the law. It also created conditions to support and direct a large number of surplus labors to transfer to the second and third industries and centralized residential areas including cities, townships and central villages. Under the precondition of giving full respect to the public's will, Chengdu is now gradually making fundamental changes to peasants' production and living conditions as well as their dwelling environments, and is exploring a new urbanization pathway which integrates urban and rural areas and pushes forward coordinated and balanced development. In the course of causing "concentration of lands for operations of moderate scale", Chengdu developed modern agriculture to boost prosperity of the rural economy by actively structuring all kinds of rural market economic entities. As a result, new rural areas with joint-stock land ownership, industrial-like agricultural operations, enterprise-based production, urban residential style and diversified incomes gradually take shape.

2. Returning rights and empowering: Exploring new mechanism for protecting farmlands and intensive and economical use of land

Under the *General Pilot Program on Comprehensive Reform for Coordinated and Balanced Urban-rural Development of Chengdu*, which was approved by the State Council on May 7, 2009, Chengdu proposed to make innovations to farmland protection mechanism, regulate the circulation of land contracting and operation rights, gradually narrow down the scope of lands subject to expropriation, and carry out such projects including the pilot program of circulating use rights of collective construction lands in rural areas. While given greater priority to allocation of fiscal resources to rural areas and peasants, Chengdu concurrently initiated land system reform. By redefining relevant rights, Chengdu aimed at ensuring that both urban and rural residents' interests are taken into consideration in a better way during the process when differential incomes of lands generated from accumulation and concentration of economic resources are distributed. In 2009, Chengdu took the lead in exploring areas including "land bank" and "joint-stock land title ownership", to "encourage and support land-based economy of moderate scale". Furthermore, it launched land improvement (including farmland improvement and village control) campaign extensively over the whole city (it should be noted that the huge sum needed for rural territorial control is unlikely to be funded by rural areas and peasants, but can only be funded by land proceeds that are obtained during urbanization process.) With respect to the conception and practice of "land bank", the threshold of "farmland title identification" must be overcome. Accordingly, Chengdu started the reform named "Overcoming Difficulties of Key Links ", a reform on land title identification, in March 2008. The titles to be identified include property rights, titles and interests of peasants and collective economic organizations in the contracted lands, rural residential lands, collective construction lands, rural houses and forest. For the purpose of land title identification, Chengdu developed a set of practicable procedures which comprise of encouraging peasants to take initiative, family survey, on-site measurement, village-wide deliberation and public summon, statutory public summon, and license issuance by government at county level. The practices of Chengdu indicate that, by making full use of the rules of differential land proceeds, we can not only allocate urban and rural space and resources more reasonably, but also provide strong financing and work platform for coordinated and balanced urban and rural development. Coordinated and balanced urban and rural development can give rise to positive interaction between urban capital and idle land resources in rural areas, so that land resources, which become increasingly rare, can be used in a more intensive manner during the urbanization process, and economic basis can be provided for a more impartial distribution of differential land proceeds.

(2) Chongqing: "One Circle Plus Two Wings"+"Land Note"

According to the guidelines of "overall reform, making focused breakthroughs, developing mechanism, promoting development, and setting examples as pilot places" of the Central Government on experimental areas, Chongqing pushed forward its urban and rural development by focusing on solving the key problems in connection with the development and by adopting strategies and practices of "one circle plus two wings", "three-tier model" and "land notes" that correspond with each other. It made market arrangements for relevant land circulations in accordance with the government's administration system under overall space deployment.

1. Implementing the "one circle plus two wing" strategy to slow down income gap widening

"One circle" refers to the 23 districts and regions around the "one-hour economic circle" that are covered by Chongqing's main urban areas; "two wings" refer to the southeastern and northeastern areas of Chongqing. The focus of the "one circle plus two wing" development strategy is to establish one-to-one or multiple-to-one matching and supporting relationships between "one circle" and "two wings", and to enable population from the "two wings" to immigrate to the "one circle" by providing as many employment opportunities as possible through joint interaction of industries. Every year, each district or county belonging to the "one circle" is required to provide fiscal supporting fund, either with capital or in kind, which if converted to value, shall equal to not less than 1% of its fiscal revenue at the county or district level, to the district or county to which it has established matching relationship. This requirement has already been taken as a quantitative assessment indicator. The establishment of the supporting mechanism of the "one circle plus two wings" has slowed down the pace of gap widening that has been lasting for years between the "one circle" and "two wings", and as a result, coordinated regional development is also strengthened. Presume that the GDP per capita of the "circle" is 100, in 2006, the GDP per capita in northeastern areas and southeastern areas of Chongqing were 40.8 and 39.6, respectively. It was expected that, provided all the conditions for comparison remain unchanged, the GDP per capita in these two areas would rise to 41.9 and 39.7 in 2007 and to 43.6 and 43.1 in 2008, respectively. In addition, Chongqing gradually improved the three-tire planning system covering districts(counties), townships(towns) and villages, implemented the new mechanism of allocating peasant support resources through tendering, and set up municipal agricultural committee within municipal departments that involve agriculture, so as to ensure that funds for supporting "agriculture, rural areas and peasants" are uniformly arranged in a better way. Especially, the fiscal expenditure at municipal level has been controlled at a level not exceeding 25% of the fiscal resources of Chongqing to ensure that at least 75% of the fiscal resources are applied to development of districts, counties and rural areas. All these strategies and measures have played important role in promoting the coordinated development of urban and rural areas belonging to the "one circle plus two wings".

2. Implementing "three-tier model" in uniform urban and rural planning

By "three-tier model", it means that Chongqing developed uniform planning for the coordinated development of three spaces and administrative scopes including regional areas, municipal areas and township areas. At the regional level, Chongqing has launched preparation of planning for Sichuan -Chongqing urban township group. The planning covers six aspects, including strategic positioning, development objectives, construction of regional comprehensive traffic facilities, and areas for key development. Sichuan-Chongqing urban township group includes Chongqing's 23 districts and counties (i.e. one-hour economic circle), and 85 counties (cities, districts) of Sichuan under the administration of 14 cities at regional level. The economic volume of the township group accounts for respectively 1/4 and 5% of the economic volume of Western China and the country as a whole. It is the most populated region in Western China and also a rarely found township group with two cores. At the municipal level, Chongqing carried out preparation of overall planning for the "one hour economic circle" and the northeastern and southeastern areas of the city. In respect of the metropolitan areas, it has completed planning for the east, west and north parts of the central city areas, and finished preparation of control planning for the "four mount areas". In addition, Chongqing has also initiated district planning for Jiulongpo, Dadukou and Beibei as well as the pilot program for preparing overall urban and rural planning for five districts and counties including Yongchuan, Bishan, Hechuan and Dianjiang, and have made preliminary results in these regards. In succession, it has completed review and filing work in relation to the overall urban planning of 9 districts and counties, including Wanzhou, Kai County, Shizhu, Fengjie, Yunyang, Wushan, Wuxi, Changshou and Nanchuan. At the township level, Chongqing has selected one or more pilot townships from each pilot district or county for preparing overall township planning. Currently, it has started the pilot practice of overall planning for Huangshui Town of Shizhu County, Chengxi Town of Dianjiang District, Yunlong Town of Liangping County and Dalu Town of Bishan County. By 2020, Chongqing will complete planning at township level for about 495 small towns. The urban and rural overall planning of the districts and counties include two parts, i.e. planning for rural areas, and planning for counties at outskirts. Planning for urban areas is started with area division planning, taking all urban areas as a whole. Counties at outskirts, which are deemed another kind of development unit, include central townships and the vast rural areas.

3. Motivating urban and rural capital interaction with "land note"

"Land note", in short, is a written voucher of quota of construction land, which becomes available as a result of land reclamation. The generation of a "land note" involves the following steps: (1) rural collective construction lands, including idle rural residential lands and the surrounding lands for erecting attached facilities of rural residences, lands used by township enterprises, lands used for the purpose of rural public utilities and welfare undertakings, are reclaimed and changed to farmlands that meet the requirements of growing crops; (2) quota of construction land is vacated accordingly after the reclaimed lands are strictly checked and accepted by land authorities; and (3) "land note" is issued by the municipal land administration authority as the voucher for requesting the construction land of area indicated in the "land note". "Land note" is beneficial for protecting farmlands, for urban areas to contribute to rural areas in return, for establishing an urban and rural uniform land market, as well as for increasing peasants' incomes and improving their life guarantee level and development abilities after immigration into urban areas. For example, each year, the total area of construction lands requested by the 40 districts and counties in Chongqing exceeds 250 square kilometers, but only 100 square kilometers of incremental construction lands are approved. However, through implementation of "land note", increase of urban and rural construction lands is linked to the decrease of such lands and vice versa, and idle construction lands in urban areas are integrated. "Land note" therefore has become one of the important options for Chongqing to solve difficulties in supplying lands for urban use. To this date, Chongqing has initiated three "land note" transactions that involved 11 lots. Deals, involving a total amount of RMB284 million, were closed for a total area of 3500 Mu. In the future, Chongqing will no longer issue land use quotas for profit-oriented lands in the major city areas, but will solve this problem through "land notes" instead. "Land note" transaction is one of the integrated stage of land improvement and the comprehensive project of linked urban and rural construction lands. It involves the interests of both rural areas and urban areas. The reason why "land notes" can emerge as a commodity is that peasants are willing to transfer quotas of construction lands and do have the potential to transfer such lands. According to computation of Chongqing, averagely every peasant in Chongqing currently has about 250 square meters of village construction lands, but after village improvement and moderately concentrative residence of peasants, at least 170 square meters of such lands can be spared from each peasant. Provided that peasants retain lands for developing and running businesses on their own, there will be still a considerable volume of lands left for meeting the demands of urban construction lands. Peasants who transfer quotas must obtain satisfactory funds as consideration; the demands for purchasing quotas arise as a result of rare quotas of urban construction lands. With respect to the urban construction lands that are released annually, the government, instead of granting or transferring them through quotas, conducts physical transactions through the process of tendering, public listing and auction via land trading centers. After acquiring the quota, a land note purchaser will not obtain the land unless land expropriation and trading procedures are completed in accordance with stipulations. The price of the land note is higher than urban construction land price, so it comprises of one more cost item than land offered subject to planned quota. The additional cost item is reasonable, for otherwise there will not be as many lands as available for offering. However, the increased cost could also be mendacious because the government can give compensation after land transfer or in the follow-up stages, under which case the acquisition prices for same lands will be the same and therefore the differences of acquisition with "land note" and acquisition with planned quota are eliminated. Nevertheless, "land note" transaction has made some breakthroughs in the existing land control system. Firstly, through "land note", quotas of rural construction lands are separated from the physical land lots, the boundary of collective economy is crossed over, so it is able to seek reasonable combination within the city or the province. In this sense, "land note" provides another approach for optimizing urban and rural construction land structure. Secondly, market mechanism is introduced in the "land note" practice. The introduction does not only provide conditions for reasonable land resource allocation through market mechanism in the future, but may also enable peasants to participate in construction land transactions, or in other words, makes peasants possible to become a real component of check and balance regarding urban construction lands in the future.

(3) Heilongjiang: Procuring Convergence of Lands to Proficient Farmers for Scale-based Operation

As proposed in the report of the Seventeenth National Congress of the Communist Party of China, a market for circulating land contracting and operation rights shall be improved according to the principle of transferring out of willingness for consideration in accordance with the law. In some qualified places, as proposed, various forms of operations of moderate scale may be developed. The practices of Keshan County in Heilongjiang evidence that, development of scale-based operations through land circulation is an effective approach for constructing modern agriculture, an effective method to push forward labor division in rural areas and also a valid measure to increase peasants' incomes. Keshan County, located in the north of Qiqihaer, is a typical agricultural region. It has a farmland area of about 2.5 million Mu and a population of 480000. Averagely each peasant in the county has 7 Mu of farmlands. In recent years, based on the requirements of developing modern agriculture and rural economy and increasing peasants' incomes, Keshan County vigorously pushes forward circulation of land contracting and operation rights and scale-based agricultural operation in tune with the will of the public, by starting from solving the conflict that household-based decentralized operation constrains modern agricultural development, transfer of rural surplus labor and peasant income growth. Keshan has achieved inspiring results in this regard. In 2007, 1.973 million Mu of lands, accounting for 79% of all farmlands in Keshan, were circulated. Of these circulated lands, 1.53 million Mu of lands, accounting for 78% of the total circulated area and 61.3% of total farmlands, were operated on a scale of over 100 Mu; 53,6000 Mu of lands (i.e. 27.2% of the total circulated area and 21.5% of total farmlands) were plantation fields, each stretching for over 300 Mu, that were partitioned by farmland shelter forest. To this date, one township, 12 villages, 13 *Tuns* (small villages in northern China) and groups in the county have circulated all their lands. Altogether 52700 peasant households, accounting for 58.2% of total peasant households, are involved in land transfer. 5317 peasant households, accounting for 5.4% of total peasant households, have accepted land transfers, each involving over 100 Mu. Urban productivity has been considerably developed as a result of land circulation. Land circulation has three major contributions to productivity development. First, it pushes forward scale-based agricultural operations. Vast area of lands, after being circulated, can be effectively combined with such elements as capital, technologies, extensive mechanical application and labors. Thus, through land circulation, Kenshan County breaks away from the traditional household-based plantation model of small scale but having the full set of components required for farming. In stead, it develops regional, specialized and intensive scaled-based operation and greatly improves the agricultural production efficiency. Second, land circulation speeds up technological process and standardized production of agriculture. Because circulated lands can be joined into stretches for operation, the functions of large agricultural machinery can be brought into full play. Third, land circulation effectively promotes rural labor transfer and labor division in rural areas. Land circulation has excused the peasants who want both to retain contracted lands and go out for work or business operation from fear of disturbance in the rear, speeds up transfer of rural surplus labors, enables more refined internal labor division in rural areas, and promotes the development of livestock breeding as well as the second and third industries in rural areas.

In Keshan, land circulation is carried out in various forms. Based on its actual circumstances, Keshan County actively explored effective approaches of land circulation and scale-based operation, and has developed six models of land circulation and scale-based operation with unique features. The first one is family subcontracting model. Under this model, peasant households subcontract the land contracted by themselves to relatives or friends or any other peasant households for farming on its behalf. It is a form of initiative circulation. This model primarily solves two problems: peasants who have little lands in possession and are financially difficult to contract land from others may get lands this way; peasants who go out for work and unable to operate lands by themselves may circulate their lands to others. The model features small scale, flexibility, handy operation and being easily accepted by peasants. All together 243000 Mu of lands in Keshan, accounting for 12.3% of total circulated farmlands in the county, have been circulated through this model. The second is big household operation model. It is the major form of land circulation and scale-based operation. The primary feature of this model is that peasants who are familiar with agricultural planting techniques and have certain strength in terms of machinery and fund contract lands circulated by other peasant households through lease and contracting, and carry out scale-based operations on such lands. Since lands can be operated on big scale and are able to be joined into stretches for plantation, this model can greatly increase the economic effects of land operations. To this date, lands circulated under this model account for 67% of all circulated farmlands in Keshan County. The third is joint operation model. It is a model that peasant households without major labors work on and cooperatively operate their farmlands, and at the year end, calculate and distribute incomes from their lands based on the farmland areas that they operate respectively and their respective labor inputs. Under this model, production materials of peasant households are complemented with each other and integrated. It also solves the difficulty arising from the problem that after labor transfer, labor force specializing in agricultural production is primarily comprised of women, the old, the ill and the physically disabled, with few men and young or middle aged persons. To this date, lands operated under this model account for 6.6% of all circulated farmlands in Keshan County. The fourth is joint-stock cooperation model. Under this model, able persons drive the establishment of land operating companies, or peasant households make capital contributions to leading enterprises with lands, capital or agricultural machinery; the companies or enterprises are uniformly managed and dividends are distributed at the year end according to equity percentages. The model features high degree of market-oriented and intensive land operation. By now, all together 168000 Mu of lands in Keshan, accounting for 8.5% of total circulated farmlands in the county, have been circulated through this model. The fifth is reverse lease and subcontracting model. It means that the collective organization of the village leases the contracted lands in return from peasant households, and then subcontracts them to households with much agricultural machinery or proficient farmers for operation. The sixth is collective operation model. Under this model, collective economic organization in the village, after leasing lands back from peasant households in the village, manage the lands uniformly with supports from the mechanized farming team of the collective or agricultural machinery operating cooperatives. This model can increase peasants' income and add to the strength of the collective too.

(4) Ningbo: Pushing Forward Urban and Rural Integration with "System Accommdation, Sharing Resources, and Win-win Development" and "Three Coverages"

In 2007, the income per peasant of Ningbo surmounted RMB10000 for the first time, and the ratio of urban residents' income to rural residents' income reduced to 2.219 from 2.29 in 2003, much lower than the average ratios in the country and in Zhejiang Province. For five consecutive years, the annual average net income of rural residents in Ningbo kept two-digit growth, higher than the increase in the disposable income of urban residence. In 2008, the annual average net income of rural residents in Ningbo was RMB11450, ranking the first in the 15 cities at vice-provincial level across the country, and the ratio of urban resident's income to rural residents' income was 2.210:1. 85.4% of the rural areas in Ningbo are already moderately prosperous in all aspects, which percentage is 4.3% higher than the average level in Zhejiang Province. Over 80% peasants are engaged in the second and third industries.

1. "System accommodation, sharing resources, and win-win development"

Coordinated and balanced urban and rural development essentially requires us to make uniform planning for, and take into account of, both urban and rural development. According to such requirement, when pushing forward faster urban development, we have to bring the guiding role of government into full play to establish urban and rural uniform systems, establish the mechanism of driving rural development with urban development and promoting agriculture with industry, optimize the allocation of various resource elements between urban and rural areas, and motivate progress of rural society in all aspects. "System accommodation" is the core content and system basis of coordinated and balanced urban and rural development. Ningbo aims to gradually do away with the urban-rural dual sector structure, eliminate the differences between urban and rural systems, and create integrated system environments that facilitate equal development of urban and rural areas. Therefore, from the outset of designing systems, Ningbo seeks to ensure free flow of resource elements between urban and rural areas, and ensure that both urban and rural residents can participate in market competition fairly and are equally entitled to public services. For such purposes, Ningbo has taken two sets of measures. Firstly, while deepening the reform in urban and rural family register systems, it implements unitary employment system for both the urban and rural residents as supplementation, by starting from eliminating the unfair access to rights and interests that arises as a result of identity discrimination attached to family register. It also implements system reform in respect of social security, compulsory education, birth control and etc, for the purpose of urban and rural alignment. These measures effectively solve problems including restrictions on urban employment of peasants, difficulties in receiving education, difficulties in getting family register in urban areas, and inaccessibility to guarantee. Secondly, in order to speed up immigration of rural population to urban areas, Ningbo Government, by taking practical guarantee of peasants' rights and interests in collective economy as the starting point and footing, issued directive opinions on the community joint-stock operation system of rural collective economy, and allocated the rights to share proceeds from asset of collective economic organizations of villages to each peasant based on two criteria including number of household members and the duration of "agricultural career", and steadily pushes forward the reform of joint-stock cooperation of economic cooperatives of villages. Up to now, 286 villages in Ningbo have established joint-stock economic cooperatives. In 2009, these cooperatives distributed dividends of over RMB500 million. Averagely each shareholder was distributed RMB1789, and the largest sum of dividend paid to a shareholder exceeded RMB20000. "Sharing resource" is the pathway through which coordinated and balanced urban and rural development can be realized. We have to break the existing resource allocation pattern in which urban and rural areas are provided with different treatments, and create resource allocation environment in which urban and rural areas are considered uniformly and equally, transfer and allocate resources to each other and share resources together, so that, as a result, rural areas may access to the excellent natural resources of rural areas and rural areas may access to premium social resources of urban areas, urban and rural areas will complement with each other with their own advantages and interact with their own functions, and urban and rural resources can be allocated effective and utilized in an optimized way. For such purposes, Ningbo has taken two sets of measures. First, it actively set up a pubic fiscal system that covers all urban and rural areas, defines the public products and public services provided primarily by the government to rural areas, and gradually develops the mechanism aiming at steadily increasing fiscal funds for supporting agriculture. For the short period since 2005, the fiscal fund input by Ningbo in new rural construction has reached RMB10.15 billion. Second, with the focus of ensuring peasants' share in the proceeds of collective lands and the increased value of such lands after the intended purposes thereof are changed, Ningbo has implemented and improved the land expropriation and compensation system under which lands are expropriated at comprehensive price of the whole regions in which such lands locate, and compensation against collective reserved lands are deemed focus. To the same end, it also implemented and improved the system under which the proceeds of governments at municipal and county levels from rural land grant should be refunded, either in part or in whole. For example, in order to support immigrants from mountainous areas to become prosperous, Ningbo expropriated 201.3 Mu of lands in outskirts and built two new immigrant's villages in these places. The immigrants return their rural residential lands for reclamation and are allowed to purchase houses in these two villages on preferential terms. Since each immigrant household originally has a rural residential land that covers about 0.5 Mu on average, but centralized resettlement of each household needs 0.1 Mu only, 0.4 Mu of land is thus saved in respect of each household. In this way lands can be saved and used intensively, stock lands are reused, and incomes of villagers and village collectives are increased. "Win-win development" is value orientation of coordinated and balanced urban and rural development. In order to change the status of impeded rural progress, when developing the urban areas, we must cause urban areas to give more supports to rural areas and cause the industry to contribute more to agriculture in return, and speed up rural development. As a result, we may ensure urban and rural constructions are pushed forward synchronously, urban and rural developments are basically balanced, and both urban and rural areas share the results of civilization, any may bring about the scenario in which both urban and rural areas are prosperous and the public are generally benefited. For such purposes, Ningbo has taken three sets of measures. First, it has established the system of special fiscal transfer payment to rural education, medical services and cultural undertakings and the system of ecological compensation, and gradually increases the input in social undertakings and ecological construction in rural areas year by year. Second, by applying economic leverages, it directs the involvement of abundant social capital of Ningbo in construction of infrastructure, public utilities, ecological environment, tourism and trading in the rural areas, so as to develop a "win-win" pattern for the government as well as enterprises and peasants. Third, it supports and encourages the establishment of agriculture guarantee agencies and the development of policy insurance for agriculture and peasant housing, for the purpose of reducing borrowing difficulties of peasants and SMEs in the rural areas, mitigating natural risks of agriculture, and improving peasants' ability in post-disaster reconstruction.

2. Highlighting "three coverages", i.e. facility coverage, service coverage and civilization coverage

In particular, infrastructure and public services are extended to urban areas, expenditure of fiscal revenue is more focused on urban areas, and social guarantee covers urban areas. Each year, governments at municipal and county levels in Ningbo set aside a certain proportion of net proceeds from land premium as special fund to strengthen support on construction of urban infrastructure, including roads, power and water supply, and telecommunications. Up to now in Ningbo, altogether 269 villages are built into villages that are moderately prosperous in all aspects, and environment of 1,836 villages have been improved, accounting for 70% of all administrative villages in Ningbo. A centralized rural litter disposition system comprised of four stages including "collected by households, gathered by village, transported by town and disposed of by county" is built, and the preliminary connection and alignment of rural infrastructure with urban infrastructure have been completed. Though execution of projects including "Demonstration with 100

Villages, Improving 1,000 Villages", "Broad Road Building in Villages", "Thousand Li of Clean River Channels", and "Safe Drinking Water for Million of Peasants", remarkable progress has been made in network construction of infrastructure in respect of rural traffic, power supply, telecommunications, information and litter disposal. In addition, Ningbo further pushes on the networking of urban and rural water supply systems, rural sewage treatment and rural highway network construction, gradually increases the coverage of fuel gas supply, digital TV signals, and broadband in rural areas, and increase the types of urban and rural infrastructure that are networked, so as to increase the extent to which rural areas share in resources, and improve the intra-city effect of economic and social development. Furthermore, Ningbo procures the extension of urban modern civilization to rural areas, i.e. by giving play to the advantages of urban civilization as being open and embracing, it causes faster transmission of urban civilization to rural areas, so as to inject modern elements into rural civilization and direct peasants to keep up with the times. By taking the construction of civilized villages and towns as the carrier and taking joint construction of urban and rural civilizations as the important approach, Ningbo carries out cultivation education of modern civilization extensively, and steers peasants to set up awareness of rights and obligations and the awareness of democracy and rule of law, so that they may consciously safeguard their rights, perform obligations, abide by rules, and develop habits of life that are typical in modern civilization. As the cultural undertakings in rural areas develop continuously, the life style, consumption idea and even sense of values and view of life of rural residents are changing gradually and imperceptibly. Eventually, such changes will become the important source of power for driving modernized process in agriculture and rural areas.

(5) Xinxiang City in Henan Province: Solving the Problems with "Agriculture, Urban Areas and Peasants" in Coordinated and Balanced Urban and Rural Development Process

In the less developed central regions of China, it is even more necessary to implement effective strategies of coordinated and balanced urban and rural development and break away from the urban-rural dual sector structure for the purpose of rural prosperity and affluence. Therefore, since 2006, Xinxiang in Henan Province takes the structuring of integrated urban and rural development system as the breakthrough point of building a moderately prosperous society in all respects as well as pushing forward rural industrialization, urban and rural integration and agricultural modernization. Through over three years of exploration and practice, Xinxiang has found a practical pathway. The pathway is detailed as follows: firstly, through execution of systematic project of "three in one" that comprises of three components, including strengthening functions of central urban areas, strengthening economy of counties, and constructing new rural areas, Xinxiang causes the urban production elements to flow to rural areas and closely integrate with urban production elements. On the basis of ensuring steady agricultural growth, it lays focus on developing industry, commerce and service industry to develop an economic pattern in which the first, second and third industries promote each other and develop in a coordinated way; secondly, Xinxiang seeks to enable synchronous development and complementation of urban and rural areas in respect of industrial layout, infrastructure, public services, employment and social management, by pushing forward their development with uniform planning; thirdly, based on the foregoing, Xinxiang gradually urbanizes the living environment, employment structure, life style, and consumption level in rural areas. Currently, urban and rural economies in Xinxiang show a favorable momentum of steady and fast development.

1. Firmly strengthening the fundamental position of agriculture and driving agriculture towards modernization

Xinxiang is a traditional agricultural production region and a major commercial grain base of China. In its development strategies of coordinated and balanced urban and rural development, it is expressly demonstrated that Xinxiang will not seek to realize new industrialization and new urbanization at the price of agriculture and environment, but instead, will still work hard on grain production and maintain their efforts in farmland protection without "crossing the lines". In recent years, farmland area and crop planting area in Xinxiang have not decreased by a bit, but instead, have increased. Government authorities at all levels continuously increase the input in agriculture. Since 2006, fiscal expenditure on agriculture grows by 30% annually. By taking the construction of the national core areas for grain production as the carrier, Xinxiang steadfastly strengthens basic construction of farmlands and water conservancy, improves the level of materials, technologies and equipment for agriculture, makes innovations to agricultural technological system, and improves the comprehensive production ability of agriculture. The grain yield and commercial grain volume keep increasing. In the latest three years, Xinxiang provides 2.65 billion kilograms of commercial grain to the country. On the basis of stabilizing household contract responsibility system in a long run, Xinxiang steers peasants to join hands in developing cooperative economy, so as to push on industrialized operations. 1042 cooperatives of different types mushroom across rural areas in Xinxiang. All these cooperatives are independently run by peasant households, and provide series of services before, during and after production. Over a third of all peasant households have joined cooperatives, and incomes of cooperative members are at least 20% higher than those general peasant households who have not joined cooperatives. About 40% of the agricultural products in Xinxiang enter the market through cooperatives. By now, there are 1580 industrialized agricultural processing enterprises in Xinxiang. They have involved 56% of all peasant households in Xinxiang. In rural areas, these enterprises have built 27 production bases each covering an area of over 10,000 Mu. The total area of these production bases accounts for about a half of the total farmland area in Xinxiang.

2. On the basis of ensuring steady growth of agriculture, laying focus on developing industry, commerce and service industry in urban areas

Xinxiang builds industrial concentration zones in a planned way, primarily in central urban regions, county seats, town centers and other places with industrial foundation. Concentration zones break down boundaries between urban and rural areas and between different regions. All infrastructural facilities within the zones, including water, power and roads, as well as public services in respect of communications and finance, are equally provided to urban and rural entities. Thus, concentration zones have become platforms in which competitive industries and all kinds of production elements concentrate. Each industrial concentration zone is led by leading local fist products and major enterprises that have market competitiveness. In the zone, specialized production and socialized collaboration are enabled, and there are supporting raw material base and sales network, corresponding information, design and R&D institutions. Thus, concentration zones can quickly respond to market changes and are able to concentrate such production elements as capital and technologies, and hence are increasingly competitive in the market. Up to date, Xinxiang has built 30 industrial concentration zones, and has developed seven industrial groups covering hoisting, refrigeration, textile and medical devices. Over a half of the labor force in Xinxiang are engaged in the second and third industries, which has brought about fundamental change to the rural employment structure.

3. Pushing on progress of urban and rural infrastructure, public services and social security undertakings with uniform planning, and striving to bridge the gap between urban and rural areas

Xinxiang considers the development of an integrated urban and rural system as an important mission of implementing the strategy of integrated and balanced urban and rural development. It applies uniform planning to urban and rural areas, constructs both areas concurrently as a whole, and administers both areas with the same management systems to push forward synchronous progress of urban and rural areas. First, Xinxiang vigorously develops an integrated urban and rural infrastructure system. It strengthens construction of rural infrastructure with focus on water, power, road and gas. Since 2006, Xinxiang has input RMB26 billion on such construction. On the basis of improving main highway networks, it has laid the focus on rural road building, agricultural network renovation, farmlands and water conservancy. Second, Xinxiang vigorously develops a uniform planning system in respect of social undertakings, under which urban and rural areas are integrated. It pushes on the balanced development of urban and rural educations, implements the policy of "two exemptions and one allowance" across the city, and improves the mechanism for guaranteeing fiscal input in compulsory education in rural areas. In addition, it also improves the rural public medical service system, and has preliminary established a rural public medical service network that is led by central hospitals in cities (counties), has hospitals of townships as the hub and clinics of central villages as the basis. Thirdly, Xinxiang vigorously structures an integrated urban and rural social security system. It establishes and improves a rural social security system that primarily covers pension insurance, medical care insurance, minimum life guarantee and social aid, and procures the system to gradually align with the urban social security system. In 2003, Xinxiang took the lead in Henan Province in implementing municipal uniform planning for pension insurance. It was also the first place in Henan Province that established rural minimum life guarantee system and the system for aiding rural destitute households, both in 2005. Also in 2005, Xinxiang became the first in Henan Province whose new rural cooperative medical service system has covered almost all peasants: 99.06% of all peasants have participated in the system.

4. Pushing on construction of urban and rural residences and living environment with uniform planning, so that rural residents can gradually benefit from dwelling conditions like those of urban residents

By combining the construction of peasants' new residences with new rural construction, Xinxiang integrates peasant housing construction with construction of infrastructure and public service facilities. In a planned way, Xinxiang builds new rural residential communities with reasonable layout, complete infrastructure and public service utilities as well as improved community services and management systems in selected administrative villages that have comparatively developed second and third industries, more convenient traffic and bigger resident population. Each community is uniformly planned and designed. Peasants can build high-standard houses by themselves, and the houses are supplied with water, heat and gas from uniform networks. It has been proved that construction of new rural residential communities is not only conducive to promoting new rural construction and the urbanization process of rural areas, but also helps to save land resources and drive domestic demands in rural areas. After completion of the 127 new rural residential communities in Xinxiang, construction of which has been started, 65,000 Mu of lands can be saved. Further, Xinxiang will complete construction of 329 new residential communities in five to eight years. The construction will need RMB3.1 billion fund for infrastructure construction, but can stimulate consumption investment of RMB74 billion. In other words, it is 24-times leverage.

VI General Idea about, and Suggestions on Major Tasks of, Urban and Rural Integration in Future

(1) General Idea

The author believes that urban and rural integration is a systematic and intricate economic and social project. Therefore, it must proceed step by step and related work must be executed by categories. The focus of urban and rural integration is to realize integration in respect of planning and construction, factor markets, industrial development, employment and self-employment or entrepreneurship, public services, and social management as soon as possible. The difficulty lies in how to enable comprehensive, free and bidirectional flow of urban and rural elements such as capital, technologies and talents as soon as possible. Still, a more highlighted mission is to actively explore systems and mechanisms on rural land circulation and establish an integrated urban and rural land control system under the precondition of safeguarding farmland preservation "red line" and the "red line" of peasants' reasonable and lawful interests.

(2) Suggestions on Major Tasks of Urban and Rural Integration

1. Choice of urbanization model

According to the gist of the *Suggestions on the 12th Five-year Planning*, we should take it as an important task of urbanization in future five years to gradually convert rural immigrants who are eligible to be granted urban family registers into urban residents. Big cities should strengthen and improve population control, while small and medium-sized cities and small townships should, according to their actual circumstances, lower the thresholds of granting local family register to immigrants. We should attach importance to protecting peasant workers' rights and interests at system level. Also, we should reasonable define urban development boundaries, increase population density of built-up areas, and prevent over-expansion of areas of ultra-big cities. In urban planning and construction, we should lay stress on putting people first, saving land and energy, highlighting features, protecting cultural and natural heritages, as well as on eco-environmental protection, safety and practicability. We should strengthen the binding power of planning, intensify construction of urban public utilities, prevent and treat "urban diseases". Actually, the author believes choice of urbanization model at the macro level is more important. In 2009, the urbanization rate of China has already reached 46.6%, and in general, three typical urbanization models have taken shape. These three types of models include city groups with ultra-big cities and big cities as the core, small and medium-sized cities and small townships, and local urbanization model. City groups have been benefited from a complementary combination of abundant employment opportunities in big cities with low living cost in small and medium-sized cities. As the next step, city groups should, as soon as possible, structure the systems of internal infrastructure construction, coordinated industrial development and public service alignment within them, so as to promote economic integration of the internal regions of city groups. Small and medium-sized cities and small townships have become the primary carriers of "retracing" urbanization. Quite a lot of peasant workers, after accumulating some funds and techniques in big cities, will elect to "retrace" to small and medium-size cities and small townships with lower thresholds to seek employment or start up their own businesses, and eventually will settle down in these places. Because of the faster transfer of industries from the eastern areas to provinces located in central or western China in the future, the trend of "retracing" urbanization will be strengthened. "Local urbanization" is a positive complement model of urbanization in the new times. It will become a typical trend in the future. For a long time, peasant workers who mobilize to places away from home on a large scale have been a new leading force in driving the urbanization of China. However, given that it takes a long time to gradually make changes to systems, peasants will have to wait some time before they can really become urban citizens. Another emerging urbanization model will become possible once the system obstacles that hinder urban technologies and capital from reaching out to rural areas are eliminated and free and bidirectional flow of urban and rural resources is realized.

2. Defusing the risk of soaring property price

Since urbanization in China is accelerating, we have rigid demands for housing. Under the current fiscal system and political performance assessment system, local governments are apt to push land price and housing price higher. Since the outburst of the financial crisis, people expects low profit margins from the real economy of China, therefore a large sum of speculative capital influxes to the property market, boosting the bubble in the market and leading to steep rise in housing price. In addition, the housing price is so exorbitant and growing at such an excessively fast speed that urbanization thresholds are raised too rapidly, development of service industry which offers flexible employment becomes costly and thus is slowed down. Meantime, a large number of newly increased labor forces, including fresh graduates and peasant workers, become the so-called "sandwich class" in cities. They are difficult to subsist and find jobs in cities with high housing price. Hence, a property threshold emerges in addition to the system threshold of family register. If the property threshold is not removed, the steadiness of China's future macro economy and the objective of steady and fast urbanization will be impacted. We need to strike a balance of fairness and efficiency between seeking economic growth and highlighting the guarantee function of housing, because the pure pursuit of either one is not accommodated with the economic development features of China at the time being.

3. Achieving combination of welfare housing construction with urban and rural integration

Over concentration of population in big cities is one of the important reasons why property bubble occurred to Japan despite that welfare housing still accounted for as high as 44% of all residences. In Germany, the property sector has been steady, not only because Germany has an improved property market system, but also because it has adopted a quite unique urbanization approach. Currently, over 60% of the Germany population lives in small cities and towns other than big cities. The soaring housing price of big cities in China is primarily due to the over concentration of population into cities at this stage. According to relevant data, over 60% peasant workers flow into medium-sized and big cities above county level. Beneath are two reasons: on the one hand, big cities offer more employment opportunities; on the other hand, infrastructure and living environments in small and medium-sized cities and small townships still desire improvement. Given the current trend of urbanization, we need to and should take welfare housing construction as an important means for directing urbanization in the future. Firstly, in big cities with big population and high mobilization, we should provide more low-rent apartments to meet actual demands and avoid over population. Secondly, in small and medium-sized cities and small townships which are encouraged to develop, we should construct more inexpensive residences, and improve infrastructure as well as public service utilities as soon as possible, so as to attract more population to come and settle down in these places. Thirdly, we should give more policy supports to the model of urbanization in local or nearby places as soon as possible, increase our efforts in improving the environments and public service utilities of rural areas which already meet urban standards. Meantime, we should adopt welfare housing planning under which allowance or other supports are granted, so as to avoid resource waste and environmental pollution caused by peasants' frequent and repetitive housing construction, and also to procure more peasants to build houses that better accommodate urbanization needs.

4. Structuring integrated urban and rural land control system.

It was proposed under the *Suggestions on the 12th Five-year Planning* that "the existing rural land contracting relationship should be maintained steady and unchanged in a long run. We should improve the market for circulating land contracting and operation rights based on the principles of transfer out of willingness for consideration in accordance with the law and based on our strengthened services. We should also develop various forms of operations on moderate scale". The Suggestions also pointed out that "we should improve the relationships of fair factor exchange between urban and rural areas. We should procure that proceeds from land value increase and bank savings of rural areas are primarily applied to agriculture and rural areas." Land is the primary production factor in rural areas. Production factors in a market economy must be liquid. We must cause rural lands to circulate and build relationships of equal factor exchange between urban and rural areas, because they indicate the further establishment and improvement of socialist market economy in rural areas. It was also pointed out in the *Suggestions on the 12th Five-year Planning* that "we should carry forward the reform in the land expropriation system according to the requirements of economical land using and guaranteeing peasants' rights and interests. We should proactively and prudently carry forward improvement of rural lands, and improve the mechanism for circulating collective profit-oriented construction lands in rural areas and for controlling rural residential lands." When expropriating lands and circulating collective profit-oriented construction lands in rural areas, we should pay even more attention to peasants' interests. The author believes that we should stick to the principle of combining "moving forward" with "moving back". In respect of farmland, construction land, social insurance and education of offspring, we should establish the uniform planning system for urban and rural areas as soon as possible. While gradually making the new generation of peasant workers accessible to urban low-rent apartments and urban social insurance, we should design policies to encourage them to return the residential lands and farmlands in rural areas. Only with these measures can we solve the conflict that peasant workers have no house to reside in cities but leave a large sum of empty houses and villages in the countryside. It is also the only way that helps us get rid of the current situation that fragmented farmland operation makes scale-based operation and branding difficult to be realized. For example, the practice of "two separations and two exchanges" (i.e. exchanging residence with rural residential land, and exchanging social insurance with farmland) in some southern places is a beneficial exploration that requires our further study. Furthermore, we have to vigorously push on the pilot program of linked circulation of rural construction lands and urban construction lands to realize "identical rights and prices for same lands". Also, we have to enable the new generation of peasant workers to build their wealth in urban areas, through the pilot program of monetizing the usufruct attached to rural residential lands and making it eligible for mortgage.

5. Urging the new generation of peasant workers to fit into urban areas faster

The steady and fast growth of the macro economy in China in future 10 to 20 years will depend, to a material extent, on the proper progress of urbanization. With the rigid constraint of slower population growth and land "red line", mobilizing peasant workers will gradually become the primary force of urbanization. The frequent occurrence of "peasant worker shortage", to some extent, corroborates that the labor market in China has come to the Lewis turning-point, i.e., in general, the market with surplus labor force become a market will labor shortage, rising labor cost and land cost directly lead to the quick increase of urbanization cost, and thus the economic threshold for the rural population to settle and live in urban areas becomes higher. However, seemingly "peasant worker shortage" also indicates that China becomes stuck in a dilemma. We have to raise salary, but we are stumbling around the low-end of the global industrial chain. On the other hand, the population in China as a whole, especially in big cities such as Beijing and Shanghai, will become aging soon. We need steady immigrating population to enrich the demographic structure of these big cities. If we cannot make peasant workers who go back and forth urban and rural areas settle down in urban areas as soon as possible, once the demographic dividend disappears, it will be even more difficult to urbanize the large number of agricultural population and China's economic development will be faced with even more demanding challenge. Therefore, we must, as soon as practically possible, enable peasant workers to access to public services such as medical services and education as equally as urban citizens do.

6. Enabling comprehensive, free and bidirectional flow between urban and rural resources

It was proposed in the Third Plenary Session of the Seventeenth Central Committee of the CPC that "we have to establish a system that promotes the integration of urban and rural economic and social developments. We must make breakthroughs in the integration in respect of urban and rural planning, industrial layout, infrastructure construction and public services as soon as possible, promote the balanced allocation of public resources and free flow of production factors between urban and rural areas, and push on the integration of urban and rural economic and social developments." Comprehensive, free and bidirectional flow of production factors between urban and rural areas is the core of urban and rural integration. Currently, because urban and rural areas adopt different land control, housing and family register systems, rural labors are hindered from immigrating into urban areas smoothly, and quality resources in urban areas, such as capital, technologies and management resources, are restricted from entering rural areas too. To solve these problems, some places in the country are making constructive explorations. For example, Chengdu is now popularizing a trial approach that allows urban residents to contract rural lands and run joyous peasant's houses on rural residential lands. We may say that without bidirectional flow of urban and rural resources, such as labors, lands and residences, it is difficult to achieve real urban and rural integration and motivate peasant workers to enter rural areas more efficiently.

7. How to increase employment

The employment rate of fresh graduates is still too low. As of September 1, 2010, employment rate of fresh graduates is 74%. Given the fact that a million students who graduated last year are still unemployed, fresh graduates this year are under even more severe employment pressure. Of the newly increased urban labors, over 12 millions are difficult to find jobs. Employment is the crucial problem that we must solve in order to enable urban immigration of peasants, because jobless peasants will become vagrants and paupers in urban areas and sound urbanization is impossible without employment. Currently, processing trade in the southeastern coastal regions and the third industry can absorb a large number of peasant workers. If the employment proportion of the third industry increases by 10%, 25 million more employment opportunities can be provided. Therefore, if we increase our policy supports in these two fields, we can provide the material portion of employment opportunities required for peasants who immigrate into urban areas. The favorable employment situation in developed coastal regions is owing to the public's entrepreneurship and improved systems. In the central and western regions, however, there are still many policies and regulations which constrain the public from starting their own business, and local governments need further mental liberation. Local governments must bravely open their minds. They should propose the idea of allowing and encouraging the public to start business in fields whichever are not prohibited, so that the public may find fields to start their own businesses. In addition, they should vigorously develop grass-root finance to serve the development of SMEs.

8. Vigorously developing the integrated urban and rural financial service system

It was proposed under the *Suggestions on the 12th Five-year Planning* that "we should deepen reform of rural credit cooperatives, encourage competent regions to establish community banks in counties, develop small rural financial organizations and microloan, improve agricultural insurance system, and improve rural financial services." Thus China began implementing the pilot program of village and town banks in 2007. In the *Suggestions on the 12th Five-year Planning*, it was proposed that we should establish community banks in countries. In addition to this, we should also gradually establish and improve the rural financial system to provide better financial services to peasant households and SMEs. As the next steps, we should actively improve the rural financial organization structure, relax policy for entry of rural financial institutions, and encourage social capital to get involved in the establishment of new rural financial institutions including village and town banks, rural mutual cooperatives and microloan companies; we should also actively launch policy-based agricultural insurance, and through government subsidies and market-oriented operations as well as other approaches, steer and encourage insurance institutions to operate in policy-based agricultural insurance, so as to improve the scope covered by agricultural insurance; and we should also make exploration as to how usufruct of rural collective lands can be mortgaged for loan.

9. Formulating strategic planning of poverty reduction in urban and rural areas

Given the fact that the poverty-stricken population of China concentrates in rural areas, for a long time, the country focuses its efforts of helping the poor in rural areas and its approaches of helping the poor are designed against the poverty in rural areas.

Currently, about a half of the Chinese population has regularly settled down and got employed in urban areas. In the future 10 to 20 years, China will gradually become a country with urban population accounting for the majority of the demographic structure. Poverty in urban areas is significantly different from poverty in rural area in terms of mechanism from which it arises, its scale and distribution, and the social problems that it causes. We need to develop comprehensive strategies that cover housing, unemployment remedies and employment trainings for poverty-stricken population in urban areas as soon as possible. Presently, a large number of peasant workers regularly reside and live in urban areas. Among them, many poverty-stricken persons, especially those who have lost their lands in the urbanization process but have not got any jobs, are not included into the statistics of urban poverty-stricken population. Usually, they are also neglected by rural areas too. It is advised that statistical work should be improved as soon as possible to establish alignment mechanism in respect of the standards for recognizing, and coverage of, urban poverty-stricken population. We should collect statistics according to the principle of territory, and formulate relevant poverty reduction strategies.

10. Following the path of green, low-carbon urbanization

For a certain period in the future, one of our important missions is to deal with climate changes. Therefore, it will be a significant task to provide green, low-carbon planning, technologies, as well as policy guidance and supports to construction, traffic and other related aspects for the urbanization process. Of course, the environmental problem under the global context is not just about pollution, but essentially, is about regional competitiveness and development ability. Therefore, the process that we deal with climate changes does not only involve carbon emission, but also involve the consideration of economic and social development prospects of countries and regions with different development levels all over the world. When pushing on "low-carbon" production and living in urban areas, we must take the subsistence rights and development rights of developing and less developed countries into consideration coordinately. To better illustrate this issue.

Ⅶ Explanations about This Report

This general report is an integral part of the series of think tank research reports of China Center for International Economic Exchanges (CCIEE). It summarizes the domestic and foreign theoretical studies on urban and rural integration, and proposes the overall idea of, and several policy suggestions on major tasks of, the urban and rural integration in certain future period, based on the analysis of the current status and problems and the review of China's urban and rural integration, as well as the summarization of typical practices in the eastern, central and western regions of China.

The sub-report highlights theoretical analysis and summarization of practices. Theoretical analysis is carried out with focus on problems in respect of urbanization, finance, fiscal revenue, taxation, land, and government management in connection with the urban and rural integration process. The summarization section is the overview of practices of urban and rural integration in some places of China, summarized by young scholars of CCIEE, and experts and public officials in Shanghai, Beijing, Changsha of Hunan Provinces and other places. We are very grateful to them for their contributions, without which this research report can not be issued smoothly.

图书在版编目（CIP）数据

城乡一体化：中国生产力再一次大解放/马庆斌主编.
—北京：社会科学文献出版社，2011.1
（CCIEE 智库研究）
ISBN 978－7－5097－2070－7

Ⅰ.①城… Ⅱ.①马… Ⅲ.①城乡结合－一体化－研究－中国 Ⅳ.①F299.2

中国版本图书馆 CIP 数据核字（2011）第 000080 号

·CCIEE 智库研究·

城乡一体化

——中国生产力再一次大解放

主　　编／马庆斌

出 版 人／谢寿光
总 编 辑／邹东涛
出 版 者／社会科学文献出版社
地　　址／北京市西城区北三环中路甲 29 号院 3 号楼华龙大厦
邮政编码／100029
网　　址／http：//www.ssap.com.cn
网站支持／（010）59367077
责任部门／皮书出版中心（010）59367127
电子信箱／pishubu@ssap.cn
项目经理／邓泳红
责任编辑／周映希
责任校对／邓雪梅
责任印制／蔡　静　董　然　米　扬

总 经 销／社会科学文献出版社发行部
（010）59367081　59367089
经　　销／各地书店
读者服务／读者服务中心（010）59367028
排　　版／北京中文天地文化艺术有限公司
印　　刷／北京季蜂印刷有限公司

开　　本／787mm×1092mm　1/16
印　　张／18.75　字数／338 千字
版　　次／2011 年 1 月第 1 版
印　　次／2011 年 1 月第 1 次印刷

书　　号／ISBN 978－7－5097－2070－7
定　　价／49.00 元

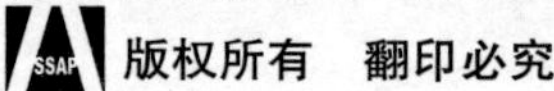